3. Auflage November 2011

Löwenherzverlag

www.loewenherzverlag.de

Dessau

ISBN 978-3-943081-00-8

Wach auf
und

Lebe
Dein
Leben

Ein Weckruf an Dich

Marco Leonard

Löwenherzverlag

Themen Übersicht

Inhalt

Dieses Buch ist eine Textsammlung mit Auszügen aus Marco Leonardos Seminaren und Beratungen, die aufgezeichnet und mitgeschrieben wurden. Außerdem sind Texte aus Briefen und Einladungen an seine Freunde enthalten.

Einleitung

Hast Du schon einmal ein Kind beobachtet, wie es Schmetterlingen hinterherläuft oder Muscheln sammelt am Strand? Die Augen des Kindes strahlen. Voller Staunen erlebt es jeden Augenblick. Jede Blume, jeder Stein, alles ist bedeutsam. Für das Kind ist alles ein Wunder. Eines ist sicher, das Kind lebt im Paradies. Nicht etwa, dass das Paradies ein besonderer Ort ist. Es ist einfach der klare Zustand unseres Bewusst-Seins, unser natürlicher Zustand. Das Paradies befindet sich nicht irgendwo "dort", es ist immer "hier und jetzt". Ein Kind ist noch ohne Ego, es kennt nur die Gegenwart. Deshalb besitzt das Kind etwas, was der Erwachsene verliert. Dieses "etwas" muss wieder gefunden werden, denn es ist das Kostbarste auf der Welt, unser wahres Sein.

Dieses Buch ist eine Erinnerung daran, dass das Kostbarste in jedem von uns nur darauf wartet, wieder entdeckt zu werden. Egal in welcher Situation wir uns im Leben befinden, egal welche Erfahrungen hinter uns liegen, in dem Augenblick, in dem wir uns für unser wirkliches Leben entscheiden, im gleichen Augenblick beginnt der Neuanfang. Schluss damit, ständig in den Rückspiegel zu schauen, das, was vor uns liegt, ist das, was zählt und wir sind frei in diesem Augenblick ein neues Leben zu beginnen. Glück ist nichts, was man suchen muss. Wir haben unser Glücklichsein, unser wahres Wesen nur „aus den Augen verloren", wir haben nur vergessen, wer wir wirklich sind. Wir sind „eingeschlafen" und haben uns mit allen möglichen Meinungen „betäubt" und identifiziert. Wir glauben zu wenig an uns selbst und zu sehr an das, was andere über uns sagen.

Die gute Nachricht ist: Wir brauchen uns nur an uns zu „erinnern". Wer sich an sein wahres Selbst erinnert hat, der lacht über seine bisherige Selbstvergessenheit und spielt das Spiel „Das Leben erwacht" mit Freude. Diese Zeilen sind für Menschen, die bewusst und frei leben und ihre Vision verwirklichen wollen.

Die Odyssee beginnt

Eine Odyssee ist eine Irrfahrt, eine lange, mit vielen Hindernissen verbundene Reise. Ist nicht auch unser Leben eine Reise durch unbekanntes Land? Ein ständiges Wandern und Suchen ohne wirklich zu wissen, wonach man eigentlich sucht? Der Fisch im Wasser ist nicht durstig - das weiß jeder.

Nimmt man aber den Fisch aus dem Wasser, dann wird er sich zum ersten Mal bewusst, dass er im Wasser war, dass das Wasser seine Existenz bedeutet, dass es sein ganzes Leben ist. Jetzt entsteht die Sehnsucht, der Fisch ist „durstig", er will zurück.

Auf die gleiche Weise verliert ein Kind seine Kindheit, seine Unschuld, seine Ursprünglichkeit, seine Klarheit und nach langer Suche muss dieses wie-ein-Kind-sein wieder gefunden werden. Der tiefe Wunsch, nach Hause zu kommen, aufzuwachen – das ist das Gold, nach dem die Alchemisten gesucht haben, eine zweite Geburt, eine zweite Kindheit, wenn das Bewusstsein im Menschen zu sich selbst erwacht.

Ein Lachs kann einen Süßwasserstrom riechen, selbst wenn er viele Meilen weit draußen im Ozean schwimmt. Aber es kommt noch besser. Der Lachs kann sogar erkennen, dass dieser Frischwasserstrom sein Geburtsort, sein zu Hause war.

Genau wie dieser Fisch dem feinen Geruch in einem riesigen Ozean folgt, so müssen auch wir unserem Herzen folgen zu unserem wahren zu Hause. In Wirklichkeit haben wir unser zu Hause nie verlassen, außer in unserem Traum. Diesen Traum, für viele ist es ein Albtraum, diese Illusion nennt man das Ego. Das Ego ist ein ganz natürliches Stadium in der menschlichen Entwicklung, aber es ist nicht das Ziel, sondern nur ein Durchgang, eine Passage. Es geht noch weiter. Solange wir aber diese Illusion aufrechterhalten, leben wir als Jemand, der wir in Wirklichkeit gar nicht sind. Deshalb gibt es so viele unglückliche Menschen auf der Welt, denn als Ego zu leben heißt, unendlich leer zu sein. Ein Ego findet nie Erfüllung.

Erst wenn wir „genug" davon haben, wenn wir den Albtraum des Ego nicht mehr aushalten und die Sehnsucht in uns erwacht, wirklich aufzuwachen, zu Bewusstsein zu kommen, authentisch als Individuum zu leben und wir selbst zu sein, erst dann fällt alles Falsche und von außen Aufgesetzte von uns ab und das wirkliche Leben kann beginnen.

Dieses Buch soll Dich daran erinnern, dass das, wonach Du Dich tief in Deinem Herzen sehnst, ganz real existiert, dass es Erfüllung wirklich gibt. Ganz sicher wirst Du Dich auf den nächsten Seiten wieder finden. Du bist richtig „hier“, sonst hieltest Du dieses Buch nicht in der Hand. Betrachte es als eine Einladung. Eine Einladung, Dein Versprechen, das Du Dir selbst einmal gegeben hast, einzulösen. Dieses Versprechen heißt umschrieben: Erkenne Dich selbst. Sei Du selbst. Lebe Dein Leben. Verwirkliche Deine Vision. Was das im Einzelnen für Dich bedeutet, das findest Du am Besten selbst heraus. Wenn Du jetzt fragst, wie Du das herausfinden sollst, dann hast Du auch die Antwort - in Dir! Du hast sie nur vergessen. Und wenn Du sie vergessen hast, brauchst Du Dich nur zu erinnern. Dieses Erinnern geschieht ganz leicht. Neugierig? Wenn Du bereit bist aufzuwachen und Deine Wahrheit zu leben, dann komm und folge – zu Dir. Folge in eine wunderbare Welt voller Möglichkeiten. Eine Welt der Freiheit. Diese Freiheit gehört Dir, sie ist Dein wahres Erbe. Man kann ein Erbe ausschlagen oder man nimmt es an. Wenn Du beginnst Dich selbst anzunehmen, dann erschließt sich immer mehr von dem, was in Dir darauf wartet, sich zu entfalten. Jemand hat einmal gesagt: Mit dem menschlichen Geist verhält es sich wie mit einem Fallschirm. Er nützt nur etwas, wenn er sich entfaltet. Die Götter haben den größten Schatz des Universums im Menschen selbst versteckt. Wer nach Innen geht und sich erinnert, der ist der wahrhaft reichste Mensch auf der Welt. Träumen und erwachen, vergessen und erinnern, davon handeln diese Zeilen und ich bin sicher, am Ende des Buches sagst Du mit Freude: Ich lebe mein Leben und ich fange jetzt damit an. Und wenn ich Dich bei der Verwirklichung Deiner Wünsche, Ziele und Visionen begleiten und unterstützen kann, dann lass es mich wissen, denn „darum“ bin ich hier.

Das einzige Glück heißt, Du selbst zu sein

Es ist Dein Leben. Du musst niemanden um Erlaubnis fragen, um glücklich zu sein. Befreie Dich von allem, was Dich davon abhält, Dein Leben zu leben. Lass alle nutzlosen Überzeugungen los! Lass Dich nicht länger daran hindern, Du selbst zu sein! Es braucht Mut, seinen eigenen Weg zu gehen, denn die Leute reden ... Lass Sie! Dieses Buch wird Dich daran erinnern, dass es nur eine Wahrheit und eine Stimme gibt - DEINE.

Ist die Blume egoistisch, weil sie blüht?

Die Blume liebt sich selbst, sonst könnte sie nicht wachsen. Ist diese Blume deshalb egoistisch? Ist der Vogel egoistisch, weil er sein eigenes Lied singt? Ist die Sonne egoistisch, weil sie scheint? Nein, all das ist nicht egoistisch sondern einfach nur natürlich und authentisch. Also, folge Deiner wahren Natur, Deine Natur ist Dein Bewusstsein, nicht die Persönlichkeit. Am besten wachsen wir in Liebe. Liebst du dich selbst genug, um wirklich zu leben?

Jeder Mensch hat Wünsche, Ziele, eine Vision, einen Lebenstraum. Damit dieser Traum Wirklichkeit wird, muss man vor allem zuerst erwachen und dann diesen Traum in Wirklichkeit verwandeln. In Wahrheit sind wir alle Zauberer, aber wir sind eingeschlafen, wir haben uns vergessen und das Zaubern verlernt. Darum dieses Buch mit dem Weckruf an die Zauberin und den Zauberer in Dir. Wach auf und lebe Dein Leben. Ein weiser Mann hat einmal gesagt: "Ihr seid allesamt schlafende Götter." Wenn das stimmt, dann sind diese Zeilen für Götter, die erwachen wollen, die ihr Leben bewusst gestalten wollen.

Wach auf und lebe Dein Leben – Ein Weckruf an Dich

Alle Bäume leben ihr Leben, alle Blumen, alle Vögel, alle Lebewesen leben ihr Leben. Sie leben echt, ehrlich und authentisch. Lebe Dein Leben ist das Natürlichste von der Welt. Eigentlich sollten die Worte „Lebe Dein Leben" eine Selbstverständlichkeit beschreiben, aber es ist offensichtlich, dass es nicht so ist. Überall in der Natur ist es normal, außer beim Menschen. Nur ganz selten einmal gelingt es einem Menschen, wirklich zu seiner wahren Größe heranzuwachsen.
Aber was ist mit den Menschen? Der Mensch scheint das einzige Lebewesen zu sein, das sich gegen seine wahre Natur entscheidet oder dazu verleitet wird. Das mag die Freiheit des Menschen sein. Menschen können wählen, sie können „gegen sich selbst kämpfen", Tiere können das nicht. Darum sind die Tiere so glücklich, weil sie als eine natürliche, gesunde Einheit leben. Tiere sind eins mit sich selbst, Menschen sind oft entzweit, gespalten.

Das Genie, das in jedem Menschen darauf wartet zu erwachen, ereignet sich deshalb so selten in dieser Welt, weil niemandem erlaubt wird, seiner natürlichen Bestimmung zu folgen und als der zu leben, der er wirklich ist.

Meinst Du, Du kannst zufrieden sein, wenn Du versuchst, die Erwartungen anderer zu erfüllen? Glaubst Du Deine Bestimmung darin zu finden, den Weg der Anpassung zu gehen und Dein wahres Wesen zu verleugnen? Kannst Du wirklich glücklich sein, wenn Du als jemand lebst, der Du gar nicht bist?

Die Antworten auf diese Fragen sind sehr einfach. Und dennoch verbiegen sich viele Menschen. Anstatt als befreites Individuum zu leben, sind sie unglücklich im Gefängnis von Meinungen und Überzeugungen, die sie daran hindern, ihre Grenzenlosigkeit zu erkennen und zu leben. Unglück ist auch der Preis, zur Herde zu gehören, denn die Herde lebt auf dem niedrigsten Niveau. Anstatt ehrlich ihren individuellen Weg zu gehen, funktionieren sie wie Maschinen in einer Fabrik, so, als hätten sie keine Seele. Seit meiner Kindheit frage ich mich: Warum? Warum leben Menschen nicht ihr Leben? Warum leben sie nicht natürlich? Warum tragen Sie Masken? Warum finden sich die meisten damit ab, ein durchschnittliches Leben zu leben? Warum leben viele fremdbestimmt von „Außen nach Innen“? Ein schöpferischer Mensch lebt von „Innen nach Außen“ und so der eigenen Vision gemäß, die jeder in seinem Herzen trägt. Wovor haben die Menschen Angst? Ja, es braucht Mut und Mut ist eine Eigenschaft des Herzens. Offensicht gibt der Kopf den Ton an, obwohl er dem Herzen dienen sollte.

Freiheit oder Sklaverei

Es gibt zwei Ansichten. Da sind Menschen wie Du und ich, die nennen sich ein Individuum. Das bedeutet, Du bist von Natur aus frei. Frei, Dein Glück zu finden, frei, Dein Leben zu leben und selbst über Dich zu bestimmen. Frei, Deine Originalität auszudrücken und authentisch zu sein, eben der oder die zu sein, der DU wirklich bist. Ein Leben ohne Bevormundung, ohne Einschüchterung, ohne Zwänge.

Die zweite Ansicht ist die, dass Du kein Individuum bist, dass Du nicht frei bist und Dein Leben nicht selbst bestimmen kannst oder darfst.

Nach dieser Ansicht bist Du einfach nur eine "Nummer im System", ein "menschlicher Rohstoff", der kontrolliert und benutzt werden muss für "das große Ganze". Das heißt auch, Dein Körper, Deine Arbeitskraft, Dein Geist und Deine Talente gehören nicht Dir, sondern sind Eigentum der "Gesellschaft" und ihrer Vertreter, die die Herde führen und sie bevormunden. Wer sich dort wieder findet, der wird früher oder später zu einem Opferschaf, natürlich für eine gute Sache - zum Wohle der Gemeinschaft.

Thomas Jefferson, dritter Präsident der USA, hat einmal gesagt: "Demokratie ist, wenn zwei Wölfe und ein Schaf entscheiden, was es zu Essen gibt". Demokratie ist offenbar nicht Dein Freund! Die einzige Alternative, nicht wie ein Schaf geschoren zu werden, ist, kein Schaf in einer Herde, sondern ein wirkliches Individuum zu sein. Deshalb ist die beste Wahl, sein Leben bewusst selbst zu bestimmen, denn sonst bestimmen andere darüber. Glaubst Du nicht auch, befreit zu leben ist eine gute Idee!?

Priester, Politiker, Eliten - sie alle lieben Kontrolle

Wie die Zeiten sich ändern: Früher waren die Patrioten in den Parlamenten und die Kriminellen im Gefängnis. Heute sind die Patrioten im Gefängnis und die Politiker…

Natürlich gibt es Ausnahmen. Aber 95 Prozent der Eliten, der Priester, Politiker und Global-Player, wie sie sich nennen, missbrauchen die Menschen für ihre kranken Ziele. Sie wissen seit langer Zeit, wie man Menschen beherrscht und unterdrückt. Halte sie unwissend über die wirklichen Zusammenhänge. Zerstöre das Selbstvertrauen der Menschen. Lehre sie Angst und Gier. Angst vor der Hölle und Gier nach dem Himmel. Da Priester falscher Religionen heute altmodisch sind, haben die Politiker deren Rolle mehr und mehr übernommen. Die Politiker haben von den Priestern gelernt und setzen diese hässliche Tradition fort. Der König sagt zum Bischof: „Du hältst sie dumm, ich halt sie arm." Und heute? Heute sagt der Präsident oder Kanzler zum Medienzar das Gleiche.

Machthaber, Politiker und Priester wissen ganz genau, dass man Menschen am besten unten halten und missbrauchen kann, wenn man diese Menschen programmiert. Heute leichter als früher. Soma für alle, 24 Stunden am Tag durch Fernsehen und Nachrichten. Und wenn die Köpfe der Menschen erst einmal voll von fremden Programmen sind, dann funktionieren diese Menschen wie Automaten und im Sinne ihrer Programmierer. Aber es gibt auch eine gute Nachricht. Nur der Kopf bzw. der Verstand kann programmiert werden, das Herz nicht. Das ist das Schöne am Herzen, es kann nicht konditioniert werden. Sobald man wieder im Herzen verwurzelt ist, ist der Spuk der Fremdbestimmung vorbei. Jetzt weiß man, wer man wirklich ist und man geht seinen Weg.

Selbstvertrauen

Es fällt den meisten Menschen leichter, an UFOs und an Geister zu glauben, als an sich selbst. Auch den Neuzeitpriestern, also den sprechenden Köpfen in den Nachrichten, glaubt man mehr als der Wahrheit des eigenen Herzens. Und solange das so ist, solange leben die meisten Menschen nicht ihr Leben, sondern sie führen wie Sklaven fremde Befehle aus. Goethe hat einmal gesagt: „Niemand ist mehr Sklave, als der sich für *frei hält*, ohne es zu sein." Viele halten sich für frei, weil sie keine physischen Ketten tragen, aber dafür haben sie andere Fesseln. An der Stelle meine ich nicht einmal die Schulden bei der Bank oder die emotionale oder finanzielle Abhängigkeit von anderen Menschen oder vom Staat. Die Freiheit, die es braucht, das eigene Leben wirklich authentisch zu leben, ist die innere Freiheit. Wer in einem geistigen Gefängnis lebt, der ist ein Gefangener seiner eigenen Konditionierungen und Programme. Niemand kann Dich dort rausholen, nur Du selbst. Wach auf!

Frei sein und Grenzen überschreiten

Wir leben wie in einem menschlichen Zoo, eingezäunt von unseren Überzeugungen und wir haben Angst, über diese Grenzen hinauszugehen. Aber es ist möglich, nicht immer ganz leicht, aber möglich. Freiheit beginnt mit Bewusstheit. Wie bewusst bist Du? Wie bewusst willst Du sein? Die Entscheidung für ein bewusstes, für ein erwachtes Leben ist das größte Geschenk, dass man sich selbst und der Welt machen kann.

Was Flöhe und Menschen gemeinsam haben

Wenn man Flöhe trainieren - konditionieren - will, steckt man sie in ein leeres Marmeladenglas und verschließt den Deckel. Die Flöhe springen ihrer Natur gemäß nach oben und knallen mit dem Kopf an den Deckel. Sehr bald merken sie, dass es nicht weiter geht. Jetzt kann man den Deckel vom Glas nehmen - die Flöhe wissen nun, dort ist das "Ende der Welt". Keiner von ihnen wird auf die Idee kommen, höher zu springen. Es wird Generationen brauchen, bis ein mutiger Floh sich selbst die Erlaubnis gibt, so hoch zu springen, wie sein Herz es ihm sagt. Und das ist das Schöne am Herzen, es kann nicht konditioniert werden. Wann gibst Du Dir die Erlaubnis, Du selbst zu sein und Dein Leben zu leben? Wenn Du still wirst, wenn die vielen Stimmen im Kopf verschwinden, dann vernimmst Du eine leise Stimme. Deine. Jetzt kannst Du die Herde verlassen ohne zu leiden, denn Du weißt, dass Du Deinen individuellen Weg gehen musst. Und das schöne am eigenen Weg ist, dass man auf einmal immer mehr Menschen begegnet, die sich auch dafür entschieden haben, authentisch zu leben. Solange man sich angepasst hat, solange war man umgeben von Angepassten, die den Zustand der Anpassung an ein krankes System noch verstärkt haben. Sobald man sich auf den Weg macht und ein befreites und glückliches Leben zum Ziel hat, trifft man auf Gleichgesinnte.

Opfere niemals Deine Freiheit

Im Wörterbuch findet man unter dem Begriff Freiheit Aussagen wie: Freiheit ist die Möglichkeit, ohne Zwang zwischen verschiedenen Möglichkeiten auswählen und entscheiden zu können. Also ein Zustand der Autonomie eines handelnden Menschen. So weit so gut. Nur ist den meisten Menschen offensichtlich nicht bewusst, dass sie wählen können. Mit „Wahl" meine ich nicht Kommunal-, Landtags- oder Bundestagswahlen, dort wählt man nur unter Übeln aus. Darum heißt es auch so schön: „Wer seine Stimme abgibt, der hat keine mehr". Die wichtigste Wahl ist die bewusste Entscheidung wirklich zu leben, frei und glücklich zu sein. Offensichtlich ist oder war den meisten Menschen bisher „etwas anderes" wichtiger als Freiheit und Glück, sonst wäre diese Welt freier und glücklicher. Stattdessen ist die Welt eine Welt der Abhängigkeiten.

Frei oder unfrei – jeder wählt selbst

Benjamin Franklin hat einmal gesagt: Wer seine Freiheit opfert, um Sicherheit zu gewinnen, wird am Ende beides verlieren. Leider entscheiden sich die meisten Menschen für das Leid bringende Bekannte und scheinbar „Sichere" und „Traditionelle". Sie wählen Politiker statt Selbstverantwortung, Bequemlichkeit statt Wahrheit, Abhängigkeit statt Verantwortung, Gewohnheiten statt Bewusstsein, Moral und Charakter statt Erleuchtung,

Sicherheit statt Freiheit, Glauben statt Selbsterkenntnis, Gesetze und Verträge statt Liebe.

Befreit leben

Befreit zu leben ist die Absicht jedes Menschen, nur manchmal kommt etwas dazwischen. Das ist nicht schlimm. Erst mit dem Verlust der Freiheit lernt man sie noch mehr zu schätzen und setzt alles daran, sie wieder zu erlangen. Traurig wird es nur, wenn man Freiheit einbüsst, ohne sie sich wieder zu holen. Auf den nächsten Seiten wird gezeigt, „wie" Freiheit verloren geht und wie man sie sich wieder zurückholt. Auch geht es darum zu erkennen, warum unser Leben so ist, wie es bisher war und was man selbst tun kann, um es so zu gestalten, wie es einem wirklich entspricht. Freiheit ist ein unabkömmliches Fundament, auf dem man ein märchenhaftes Leben erschaffen kann.

Die Lebensreise des Menschen

Ein Kind wird geboren, aber es darf nicht werden, was es gekommen ist zu sein. Es wird konditioniert und angepasst - alles ist zu seinem Besten. Es wächst heran, hat bald vergessen, wer es wirklich ist, denn sein natürliches Zentrum hat man ihm weggenommen. Weil man aber ohne Zentrum nicht leben kann, bekommt das Kind, bekommt jeder ein neues Zentrum von der Gesellschaft geschenkt. Dieses Zentrum ist falsch, ein künstlicher Ersatz. Jetzt lebt das Kind als "Ich", als Ego, als Persönlichkeit. Jetzt trägt das Kind eine Maske. Seine Natürlichkeit, seine Individualität ist weit dahinter versteckt. So weit entwickelt (verwickelt) sich jeder Mensch ganz mühelos, denn die Masse lebt diese Tradition ungefragt vor und es liegt in der Natur der Dinge, dass Kinder alles nachmachen, was sie vorgelebt bekommen. Dann kommt das längste Seminar im Leben - das Kind kommt in die Schule. Im heimlichen Lehrplan ist vorgesehen, dass das Kind lernt, die Dinge so zu nehmen wie sie nun einmal sind. Hier verlernt es die natürliche Freude am Lernen und wird mit totem Wissen voll gestopft. So, wie man in den Massenmedien Unwesentliches hochspielt, um nicht über Wesentliches zu berichten oder alle Zuschauer mit Negativität überhäuft, so lernt das Kind in der Schule alles, was sich für einen Menschen gehört, der ein künstliches Leben führt, alles, was den Menschen noch weiter von seiner Natur entfernt. Wenn das Kind dann aus der Schule kommt, ist sein Kopf zu groß für sein Herz. Jetzt, mit 18, hat das Kind seine Klarheit verloren, jetzt ist es erwachsen und hat soviel Verwirrung angesammelt, dass es an den Geschäften der Welt teilnehmen und die Volksvertreter wählen darf. Dann kommen Beruf, Familie oder Karriere, eben ein "normales Leben" - als jemand, der man gar nicht ist. Viele Menschen schlafen an "dieser Stelle" ganz ein. Sie glauben, das war`s. Deshalb verwundert es nicht, wenn die meisten Menschen im Alter zwischen 20 und 30 sterben aber erst mit 70 oder 80 Jahren begraben werden. In der Zwischenzeit werden viele einfach nur alt oder besser gesagt, sie leben nicht länger, sie sind nur länger krank.

Künstliche Gesellschaft - Zwangsjacke für die Seele und Sackgasse ohne individuelle Evolution

Aber es geht noch weiter. Das Wachstum ist noch längst nicht beendet, nur weil der Körper 18 und älter ist. Die geistige Evolution setzt sich unaufhörlich fort! Die normale Gesellschaft ist nur ein Durchgang, eine Passage. Wirklich kein Platz um sich häuslich einzurichten. Eine Gesellschaft ist wie eine Brücke. Auf einer Brücke wohnt man nicht, dort baut man kein Haus. Man geht über die Brücke, das Ziel ist auf der anderen Seite. Die Raupe eines Zitronenfalters verpuppt sich irgendwann, aber das Ziel ihres Lebens ist nicht der Kokon, sondern das Leben als Schmetterling. Bleib nicht stecken im Kokon der Gesellschaft. Spiel eine Weile mit und dann geh darüber hinaus. Geh einfach weiter! Erkenne, dass du nicht Deine Persönlichkeit bist und lass die Persönlichkeit fallen, damit sich Deine Individualität entfalten kann. Persönlichkeit ist griechisch, von persona, die Maske. Das bist Du nicht. Du wurdest mit einem ursprünglichen Gesicht geboren, ohne Maske! Deine Individualität ist Dein Wesen, das bist Du. Dieses natürliche Wesen hat Dir die Existenz geschenkt. Und das Lied, was Du in Deinem Herzen trägst, kannst Du erst singen, wenn Du das Falsche losgelassen hast. Deine Individualität beginnt sich in dem Moment zu entfalten, wo Du die Meinung der Anderen, wo Du die Masse hinter Dir lässt.

Authentisch sein

Es braucht sehr viel Mut, Du selbst zu sein. Erst wenn Du nur noch eins willst, Du selbst sein um jeden Preis, wenn es Dir egal ist, ob Du verurteilt wirst und Dein Ansehen verlierst, wenn Du bereit bist, all das in Kauf zu nehmen und aufzuhören, ein Anderer zu sein, dann wird Dein wahres, ursprüngliches Wesen wachsen und Deine Individualität wird aufblühen. Von dem Moment an hat der Herdenzwang für Dich keine Bedeutung mehr, Du bist neu geboren und frei. Jetzt brauchst Du keine Maske mehr, Du kannst einfach Du selbst sein, so wie die Existenz Dich geschaffen hat.

Im Leben am falschen Platz zu sein tut weh

Anstatt natürlich und befreit zu leben, sind wir an tausend unsichtbare Stricke gefesselt. Unbewusst bewegen wir uns nach längst veralteten Programmen. Wie in Zwangsjacken, die uns gerade soviel Luft holen lassen, dass wir geistig und seelisch nicht ersticken, schlafwandeln wir umher und nennen das unser Leben. Wir sind gefangen in Verhaltensmustern, Gewohnheiten oder von außen aufgesetzten Idealen. Und unsere Träume sind irgendwo "unterwegs" verloren gegangen. Deshalb können wir nicht wir selbst sein und schon gar nicht gesund und glücklich. Wenn aber unser Leben darin besteht, die krankmachenden Erwartungen der Anderen zu erfüllen, wenn wir nicht Nein sagen können und anderen erlauben, sich in unser Leben einzumischen oder unsere Freiheit zu beschneiden, wenn wir versuchen, es jedem recht zu machen oder wenn wir anderen folgen, dann sind wir am "falschen Platz". Dann ist das ganze Leben ein langsames Sterben, ein Warten auf den Tod. Natürlich können wir unsere Unzufriedenheit verstecken und andere täuschen, wir können ein Lächeln aufsetzen, wir können sagen, wie großartig es uns geht, obwohl uns zum Weinen ist, aber wir wissen, dass unser Lachen nicht echt ist. Wir wissen, dass unser Leben leer ist. Dass wir uns etwas vormachen. Andere können wir täuschen, uns selbst aber nicht. Mal ehrlich, kann ein Mensch glücklich sein, wenn er als jemand lebt, der er gar nicht ist? Natürlich nicht. Unzufriedenheit, ein Gefühl innerer Leere und Leid sind die Folge. Aber kaum jemand fragt sich ernsthaft:

Warum leide ich?

So, wie es Selfmade-Millionäre gibt, so gibt es auch Selfmade-Leidende. Selfmade-Millionäre haben aus Nichts etwas gemacht, z. B. ihre Millionen. Sie sind selbst dafür verantwortlich und niemand hat ihnen etwas geschenkt. Sie haben ihren Erfolg selbst verursacht. Misserfolg ist auch selbst verursacht, denn wir alle spielen das Spiel des Lebens eingebettet in universelle Gesetze. Das wichtigste Gesetz lautet: Ursache und Wirkung. Und wenn mir Wirkungen in meinem Leben nicht gefallen, dann muss ich die Ursachen ändern, also muss ich mich ändern, denn ich bin die Hauptursache in meinem Leben. Jeder hat die gleichen Voraussetzungen, aber nicht jeder wendet die Gesetze des Lebens richtig an. Nur wer die ganze Verantwortung für sein Leben übernimmt, kann alles gestalten und verändern. Und wenn wir leiden, dann ist die Ursache dafür bei uns selbst zu finden. Warum leiden wir? Warum leidest Du? Warum leide ich? Wir leiden, wenn wir vergessen, wer wir wirklich sind. Wir leiden, wenn wir uns mit anderen vergleichen. Wir leiden, wenn wir uns anpassen. Anpassung an eine kranke Masse bedeutet Tod für Deine Individualität. Wir leiden, wenn wir uns durch die Augen der Anderen werten. Wir leiden, wenn wir unsere wahren Ziele aus den Augen verlieren. Wir leiden, wenn wir denn Sinn unseres Lebens nicht (er)kennen. Wir leiden, wenn wir unsere Vision vom Leben nicht verwirklichen. Wir leiden, wenn wir uns oder einen Teil von uns ablehnen. Wir leiden, wenn wir unsere Einzigartigkeit nicht wertschätzen. Wir leiden, wenn wir um Bestätigung, Anerkennung und Aufmerksamkeit betteln. Wir leiden, wenn wir die Meinung der Anderen für wichtig halten. Wir leiden, wenn wir unsere Ursprünglichkeit verstecken und Masken tragen. Wir leiden, wenn wir versuchen, die Erwartungen der Anderen zu erfüllen. Wir leiden, wenn wir eine Rolle spielen, für die wir nicht bestimmt sind. Wir leiden, wenn wir im Leben Dinge tun, die wir nie tun wollten. Wir leiden, wenn wir mit Menschen zusammen leben, mit denen wir nicht zusammen sein wollen. Wir leiden, wenn wir blind das nachmachen, was andere vormachen. Wir leiden, wenn wir glauben, wir müssen die Dinge so nehmen, wie sie sind. Wir leiden, wenn wir unser Leben nicht selbst bestimmen, denn dann bestimmen andere darüber. Wir leiden, wenn wir uns gegen die Natur entscheiden und ein künstliches Dasein vorziehen. Wir leiden, wenn wir unsere Gedanken nicht beherrschen, sondern davon beherrscht werden. Wir leiden, wenn wir an der Vergangenheit festhalten und nicht loslassen können. Wir leiden, wenn wir erwarten, dass andere uns gesund, reich oder glücklich machen. Wir leiden, wenn wir uns ohne unser Wissen programmieren und manipulieren lassen. Wir leiden, wenn wir die meiste Zeit in Gedanken sind und unbewusst leben. Wir leiden, wenn wir durch Sorgen, Zweifel oder Angst unsere Lebensenergie aufbrauchen. Wir leiden, weil wir uns immer wieder dafür entscheiden! Noch mal: Wir leiden, weil wir uns immer wieder dafür entscheiden. Weil wir das

Gestern, das "Bekannte" immer wiederholen. Weil es sicher scheint, weil wir uns darin auskennen. Und wir leiden auch, weil es eine Gewohnheit geworden ist, sich immer wieder dafür zu entscheiden. Vielleicht sind uns unsere Entscheidungen nicht bewusst? Vielleicht sind wir die meiste Zeit unbewusst und fahren auf Autopilot? Dann bewegen wir uns ganz sicher in eine falsche Richtung: nämlich weg von uns und unserer Erfüllung. Und leider wird diese "Tradition" von Generation zu Generation weitergegeben. Von Erziehung kann keine Rede sein, denn Kinder machen alles nach. Und am meisten machen sie das nach, was die Eltern vorleben. Als ob die ganze Menschheit einen tiefen Dornröschenschlaf schläft.

Träumen und erwachen - Wach auf!

Das ist ein Weckruf an Dich. Lebst Du? Bist Du wirklich lebendig? Lebst Du bewusst? Gefällt Dir Dein Leben? Wenn nicht, dann tu etwas! Ändere es, wenn Du willst. Wach auf! Wach auf aus dem Albtraum, den die Masse der Menschen träumt. Solange Du anderen folgst und ihnen gleich unbewusst lebst, lebst Du noch nicht, sondern die Anderen leben Dich. Unbewusst zu leben bedeutet, Deine unbewussten Gedanken haben Dich unter Kontrolle. Das, was andere in Dich hineinprogrammiert haben, bestimmt Dein Leben. Du kommst gar nicht in Deinem Leben vor und wenn, dann als Nebenrolle. Das ist jedoch kein Leben, sondern ein Schlafen mit offenen Augen und bestenfalls ein Überleben. Überleben aber ist nicht das Ziel Deines Lebens. Da ist noch sehr viel mehr, was in Dir und auf Dich wartet und Du weißt es. Komm und folge Dir. Auch wenn der Verstand noch zögert, Dein Herz weiß den Weg. Das Herz kann nicht konditioniert werden, nur der Kopf. Dein Herz ist frei, vertrau Dir.

Es ist immer unsere eigene Wahl

Zugegeben, die Gesellschaft lässt niemanden das sein, wozu er von Natur aus bestimmt ist. Sie macht es einem nicht gerade leicht zu erblühen. Aber die Gesellschaft ist nicht allmächtig und sie zwingt auch niemanden ihr zu folgen, sondern sie macht nur "Angebote". Aber Du kannst sagen: "Nein, danke". Letztendlich ist jeder für sich und sein Leben selbst verantwortlich. Jeder Mensch, auch Du! Jeder entscheidet selbst darüber, authentisch zu leben oder sich anzupassen. Jeder bestimmt selbst, ob er wirklich bewusst und lebendig ist oder ob er mechanisch und vorhersagbar wie eine Maschine funktioniert. Diese Entscheidung treffen wir in jedem Augenblick neu, bewusst oder unbewusst. Wir haben immer die Wahl. Wir haben es nur vergessen, dass wir selbst wählen können! Natürlich ist es leichter mit der Masse zu treiben, aber um welchen Preis? Ein Leben ohne Freude? Ohne Liebe? Ohne inneren Frieden? Ohne Poesie im Herzen? Ein Leben ohne Lachen? Ohne Sinn und ohne Erfüllung?

Entscheide Dich bewusst - entscheide Dich jetzt

Wenn Du die Wahl hättest, und Du hast die Wahl, also, wenn Du jetzt wählen könntest zwischen Liebe und Frustration, zwischen Krieg und Frieden, zwischen Abenteuer und Desaster, zwischen Drama und Freude, was würdest Du wählen? Die meisten Menschen antworten spontan: Liebe, Frieden, Abenteuer, Freude. In ihrem Leben jedoch wiederholen Sie immer wieder dieselben Dramen. Immer wieder die gleichen alten Geschichten, in der Partnerschaft, beruflich, gesundheitlich oder finanziell. Diese Wahl geschieht offensichtlich nicht bewusst. Oft haben diese Menschen das Gefühl, als ob ein Teil in ihnen ihre besten Absichten und Ziele sabotiert. Deshalb geben viele Menschen zu früh auf. Wenn Du den tieferen Grund verstehen und Deine Wahl der Freude im Leben verwirklichen willst, dann bietet Dir dieses Buch und das Seminar "Lebe Dein Leben" die dazu notwendigen Werkzeuge an. Einfache, praktische Techniken für den Alltag um alte, falsche Muster umzuwandeln in das, was Du wirklich erleben willst - Freude, Gesundheit, Erfolg und Erfüllung.

Der erste wichtige Schritt heißt: Falsches loslassen. Loslassen, was nicht glücklich macht. Loslassen, was nicht zu Dir gehört. Der zweite Schritt beinhaltet, Deine wahre Vision zu erkennen und zu verwirklichen, also das Erschaffen der Lebensumstände, die Dir entsprechen. Ganz bewusst zu bestimmen, wie Dein Leben aussehen soll. Und vergiss nie: Die Meinung der Anderen ist unwichtig. Lebe DEIN Leben, lebe als Du selbst, denn das ist Deine wahre Bestimmung. Du bist in dieser Welt, um Deiner Einmaligkeit Ausdruck zu verleihen, um Deinen Platz im Leben bewusst und mit Freude zu erfüllen.

Der beste Weg ist der Weg zu Dir selbst

Denn es gibt nur ein einziges Glück und das heißt, Du selbst zu sein. Die Wurzel allen Unglücks ist, jemand zu sein, der man gar nicht sein will und nicht sein kann, Dinge zu tun, die dem eigenen Wesen nicht entsprechen oder mit Menschen zusammen zu sein, mit denen man nicht zusammen sein will. Und trotzdem, jeder täuscht vor ein Anderer zu sein, jeder versteckt sich und eben weil keiner er selbst ist, schämen sich alle für das, was sie sind. Unsere Welt könnte ein Garten sein voller Blumen, Blumen mit ihren eigenen Blüten und ihrem eigenen Duft. Aber wir haben aus der Welt eine Fabrik gemacht, die jeden manipuliert. Das Motto für alle - sei ein Anderer, Du darfst nicht Du selbst sein. In diesem Züchtungslabor werden Orchideen gezwungen, die Blüten von Tulpen zu tragen. Es klingt absurd, wie sollen die Orchideen das machen? Egal wie sie sich anstrengen. Sie werden ihre natürliche Energie unterdrücken, sie werden gegen ihren Ursprung kämpfen, aber das macht sie nicht zu Tulpen. Und richtige Orchideen werden sie auch nicht, denn sie graben sich selbst das Leben ab. Tief im Innern werden sie weinen und sich schämen, dass sie nicht den Mut hatten zu protestieren und gegen die Herde und ihre kranken Absichten zu rebellieren. Das ist das ganze Unglück. Jeder hat die ihm eigenen Energien, jeder birgt in sich echte Blüten, aber diese echten Blüten darf er nicht zeigen. Man bringt ihm alles andere bei, nur nicht authentisch zu sein. Eine Gesellschaftsform, die alle unglücklich macht, ist hässlich, normal aber hässlich.

Reinhard Mey besingt das so treffend: "Kinder werden als Riesen geboren, doch mit jedem Tag, der dann erwacht, geht ein Stück von ihrer Kraft verloren, tun wir etwas, das sie kleiner macht. Kinder versetzen solange Berge, bis der Teufelskreis beginnt, bis sie wie wir, erwachsene Zwerge, endlich so klein wie wir Großen sind..."

Wir alle werden mehr oder weniger schon als kleines Kind von uns selbst, unserem Ursprung und unseren wahren, eigenen Zielen, wirklich zu leben, abgelenkt. Man macht uns blind für unsere eigene Bestimmung. Man bringt uns bei, unsere Natur zu leugnen und wir haben gelernt, unsere Gefühle zu unterdrücken, anstatt echt, ehrlich und authentisch zu sein. Nur wenn wir uns anpassen, werden wir geliebt und bekommen Aufmerksamkeit und Bestätigung von den Eltern und anderen.

Aber Anpassung führt letztendlich dazu als jemand zu leben, der man gar nicht ist. Und wenn sich erst einmal die Einstellung breit macht, dass das Leben aus faulen Kompromissen besteht - die Gesellschaft sagt: lebe wie die Anderen, Sei NICHT Du selbst - wenn diese Art zu leben "Normalität" wird, wenn ein Kind schon mit dem Beginn des Lebens "gefälligst so sein soll wie die Anderen, die "Akzeptierten", dann ist eines sicher: In dem Maße, wie ein Mensch sich mit der Lebenseinstellung der Masse infiziert und identifiziert, wird er auch das Gleiche wie sie erben: Ein Leben ohne Erfüllung. Ganz egal wie viel man erreicht hat oder besitzt. Solange man im Herzen seines Herzen spürt - ich bin nicht ich selbst, es gibt keine Liebe, keine Poesie, keine Freude in meinem Leben - solange wird man leiden, selbst das Lachen wird aufgesetzt sein, denn man hat die Sprache der Welt gelernt - Jeder macht Jedem etwas vor. Äußerer Reichtum ist bedeutungslos ohne inneren Reichtum, denn ohne inneren Reichtum fühlt man sich leer. Man bleibt ein Bettler, egal wie viel man besitzt. Erst wenn man die Dinge gefunden hat, die man nicht kaufen kann, erst wenn man Liebe, Erkenntnis, Weisheit, Bewusstheit, Vitalität und pulsierendes Leben gefunden hat, erst dann hat äußerer Reichtum Bedeutung.

Lebe Dein Leben!

Du bist frei. Du bestimmst, als wer Du lebst. Entscheide Dich weise. Sei Du selbst und lebe Dein Leben - das ist Dein Geburtsrecht und Deine Bestimmung. Jeder Mensch, auch Du, jeder bringt ein Geschenk aus dem Jenseits mit in dieses Leben; eine Vision, die verwirklicht werden will. Diese Vision in Wirklichkeit zu verwandeln und zu leben als der, der wir wirklich sind, das ist der wahre Sinn unseres Lebens. Darin liegen Glück und Erfüllung, nach denen wir suchen.

Vorhang auf – das Spiel des Lebens beginnt

Ein Original wird geboren

Was für ein Glück. Das ist das größte Geschenk der Existenz an Dich: Du bist absolut einmalig und unendlich wertvoll. Jeder ist einmalig. Etwas ganz Besonderes. Diese Einmaligkeit zu erkennen und zu leben, darum bist Du hier. Du bist ausgestattet mit einem großartigen inneren Reichtum und dazu kommen noch grenzenlose Entfaltungsmöglichkeiten. Dem Zauberer in Dir ist alles möglich. Ideale Bedingungen für ein wunderbares Abenteuer. Das Spiel des Lebens, Deines Lebens, kann beginnen.

Allerdings hat die Sache einen kleinen Haken. Es handelt sich nur um die „erste Geburt". Die Geburt Deines Körpers. Vor Dir liegen unendlich viele Möglichkeiten, aber Du weißt nicht, wer Du bist. Unbewusstheit und Selbstvergessenheit bringen einige Herausforderungen mit sich.

Selbstvergessenheit - Aus Spiel wird "Ernst"

Nehmen wir mal an, Du hast Dich – absichtlich – dazu entschlossen, zu vergessen, wer Du wirklich bist. Vielleicht hast Du Dir gedacht, „die Sache", das Leben wird viel interessanter, eine Zeit lang unbewusst zu sein, auf das Wissen um Deinen inneren Reichtum zu verzichten, um mal so richtig einzutauchen in begrenzende Erfahrungen. Begrenzung heißt, in einen winzig kleinen Raum eingesperrt zu werden, sich als „Ich" getrennt von allem zu erfahren. Und doch ist in Dir eine Ahnung, eine Erinnerung an Dein grenzenloses Wesen, nur vorübergehend vergessen.
Und wahrscheinlich befindest Du Dich jetzt mittendrin, Du stößt auf Widerstände... Aber das ist Teil der Erlebnisse, die Du machen wolltest. Natürlich nur aus purer Lust am Spielen. Auch wenn es Dir im Moment nicht „als Spiel" erscheint, weil Du vielleicht gerade jetzt Erfahrungen machst, auf die Du liebend gern verzichten würdest, denn die derzeitigen Bedingungen auf unserem Planeten erscheinen manchmal sehr ernst und schwierig.
Aber keine Sorge, Du hast auch veranlasst, Dich irgendwann, wenn Du willst JETZT, zu erinnern und aufzuwachen. Und ich verspreche Dir, spätestens am Ende des Buches erkennst Du, dass es Deine Entscheidung ist und immer war. Du entscheidest.

Alles nur ein Traum?

Das Leben ist „lila“ wie die Hindus sagen – ein göttliches Spiel. Eine kleine Geschichte beschreibt das sehr gut. Ein Meister bittet seinen Schüler, zum Bach in der Nähe seines Hauses zu gehen und ihm eine Schale mit Wasser zu holen. Als der Schüler mit der leeren Schale am Bach angekommen ist, um Wasser zu holen, da erscheint ihm ein wunderschönes junges Mädchen. Als sich ihre Blicke treffen, verlieben sie sich unsterblich ineinander. Sie ist eine Bauerntochter aus einem nahen Ort und nimmt ihn mit auf den Hof ihrer Familie. Bald darauf heiraten sie und bekommen Kinder. Als ihr Vater stirbt, übernimmt er den Hof und sie bewirtschaften ihn gemeinsam. Sie verleben glückliche Jahre. Irgendwann in einem Herbst, als er gerade dabei ist, die Ernte einzufahren, beginnt ein sintflutartiger Regen, der sich tagelang über das Land ergießt und alle Flüsse zum Anschwellen bringt. Letztendlich erreicht eine riesige Flutwelle seine Heimat und überschwemmt auch das ganze Dorf. Er muss hilflos mit ansehen, wie seine Frau und die Kinder eines nach dem anderen von den Wassermassen erfasst werden und ertrinken. Als einziger überlebt er diese schreckliche Katastrophe. Nun ist er ein gebrochener Mann, seine geliebte Frau und seine Kinder, alles wurde ihm genommen. All die glücklichen Jahre ziehen vor seinem inneren Auge vorbei, da klopft ihm jemand auf die Schulter: Es ist sein Lehrer, der ihn verwundert fragt: "Wo bleibst du solange? Ich schickte Dich, um eine Schale Wasser vom Bach zu holen."

Nun, mit dieser Art von Vergessenheit haben wir hier zu tun, wir alle, für eine gewisse Zeit. Die Geschichte jedes Einzelnen mag anders verlaufen, aber die Essenz ist die Gleiche.

Oft kann man beobachten, wie schnell ein Mensch sich mit etwas Unwirklichem identifiziert, zum Beispiel vor dem Fernseher. Wenn der Film wirklich „fesselnd“ ist, vergessen die Menschen vor dem Fernseher sich selbst und identifizieren sich ganz leicht mit einer gespielten Rolle im Film. Dann fiebern sie mit und fluchen, haben Mitleid mit den „Guten“; sie fühlen den Schmerz, wenn jemand verletzt wird und weinen, wenn die Szene ein entsprechendes Ereignis liefert. Oder sie schauen sich einen Gruselfilm an und trauen sich abends nicht ins Bett, machen überall im Haus das Licht an… Aber in Wirklichkeit sitzen sie sicher auf ihrem Sessel und schauen nur einen Film an, nichts davon geschieht wirklich und schon gar nicht dem Betrachter des Filmes. Viele Menschen neigen einfach dazu, sich im wahrsten Sinne des

Wortes selbst zu vergessen. Diese Selbstvergessenheit führt zu unendlich vielen Schwierigkeiten. Der Mensch träumt vor sich hin und „lebt" in einer eigenen Welt der Vorstellungen. Jeder hat sein eigenes Theater. Aber egal welchen Schlaf ein Mensch schläft, egal welchen Traum er träumt, die Lösung ist natürlich, ist einfach. Erwachen aus dem Traum. Erwachen in die Wirklichkeit. Erwachen in die Freiheit.

Tabula Rasa – wir kommen als unbeschriebenes Blatt

Frei geboren - welch eine Gnade. Jeder Mensch hat die optimalsten Ausgangsbedingungen, sich vollkommen und seinem Wesen gemäß zu entwickeln. Auch Du. Dein Bewusstsein ist vollkommen klar. Du bist wie ein völlig leeres Blatt, nichts steht geschrieben, nichts ist vorgegeben, nicht einmal ein zu erfüllender „Schicksalsauftrag". Du lebst praktisch im Paradies. In diesem Zustand siehst Du die Dinge noch so, wie sie wirklich sind. Deine Wahrnehmung ist frei von jeglichen Störungen durch einen wertenden oder urteilenden Verstand, Du hast keine Brille der Vergangenheit auf, durch die die meisten Menschen sehen, wenn man das noch sehen nennen kann. Wenn Du schaust, dann schaust Du ohne zu denken, wenn Du lauscht, dann erlebst Du das ohne „inneren Senf" dazuzugeben, Du nimmst einfach *wahr* - Du nimmst die Wahrheit an. Du bist ein reiner Spiegel.

Wie im Paradies

Jedes Kind macht anfangs die Erfahrung von grenzenlosem Sein, alles ist noch möglich. Das Bewusstsein des Kindes ist kristallklar, das Kind ist praktisch erleuchtet, es lebt im gleichen Zustand wie ein Buddha, wie ein Christus, aber es ist sich dessen nicht bewusst.

Jede Kindheit vollzieht sich im Paradies. Jedes Kind ist glücklich wie die Vögel, glücklich wie die Blumen und die Bäume. Hast Du schon mal ein Kind beobachtet, wenn es auf einer Wiese umherläuft? Es ist noch nicht Ego geworden; seine Augen sind noch klar, aber das Kind ist unbewusst. Früher oder später wird es aus dem Land der Glückseligkeit vertrieben, damit es irgendwann bewusst wieder heimkehrt.

So besitzt das Kind etwas, was der Erwachsene verliert, dieses „etwas" muss wieder entdeckt werden. Das Kind erlebt einen paradiesischen Zustand. Aber je mehr es heranwächst, desto mehr geht dieses Paradies verloren. Dieses Paradies geht verloren und muss wieder gefunden werden – nicht außen, sondern zuerst innen. Das Kind wird sich in der Welt verlieren und nach langer Suche wieder finden. Dieses Wiederfinden ist das größte Ereignis im ganzen Leben.

Kein festes Programm

Wir können der Existenz so dankbar sein, dass wir ein Gehirn besitzen, dieses Gehirn aber nicht (vor-)programmiert ist. Es gibt kein festes, kein eingebautes Programm.
Beweis genug, dass die Quelle, von der wir kommen, uns unendlich liebt, indem wir mit dieser Freiheit beschenkt werden. Folglich können wir diesen Mechanismus wunderbar einsetzen, was immer wir machen wollen, können wir machen. Aber es besteht auch die Gefahr, dass andere, seien es Eltern, Lehrer, Politiker oder Priester ihre Chance nutzen und zu „Programmierern" werden. Je offener wir sind, und das sind wir als Kind absolut, desto leichter können andere unser Gehirn mit allem möglichen Schwachsinn voll stopfen. Die Großen können uns mit Ihren dummen Vorstellungen vergiften. Und das ist zur Normalität geworden.

Wenn ein Kind zur Welt kommt, dann wird es nicht als Gläubiger und als Atheist, nicht als Jude oder Christ geboren. Das Kind ist auch nicht Russe, Chinesen, Pole oder Deutscher. Das Wesen, Dein Wesen, reines Bewusstsein, ist völlig frei von diesen Attributen, denn es sind zufällig aufgedrückte Etiketten, die nicht die Wirklichkeit beschreiben.
Alle Beschreibungen, ich bin Jude, ich bin Katholik, ich bin Vegetarier, ich bin Kommunist oder Grüner oder dies und das, all diese Etiketten sind falsch, sie beschreiben niemals Dich, sondern die Idee, die Du von Dir hast. Diese Idee hast Du von anderen eingepflanzt bekommen. Namen, Bezeichnungen, Etiketten sind unwirklich, sie beschreiben immer nur das, was Du *nicht* bist, das, was andere über Dich sagen und aus Dir machen. Das ganze nennen wir dann Persönlichkeit und sind womöglich noch stolz darauf.
Vergiss nie: Du bist reine Unschuld. Aber diese, Deine Ursprünglichkeit, Deine natürliche Unschuld wird zu Deinem größten Verhängnis, denn überall

lauern Gefahren in Gestalt von Menschen, die es gut mit Dir meinen. Diese Menschen stürzen sich auf Deine Unschuld, sie missbrauchen Dein kindliches Vertrauen und beginnen, Dich in ihrem Sinne zu programmieren. Sie schreiben Dinge in Dich hinein, die Du später für Deine Natur, für Dein wahres Wesen halten wirst. Deine wahre Natur haben sie Dir weggenommen, deine Ursprünglichkeit haben sie vergiftet, Dein Herz haben sie entführt. Wenn Du Dein wahres Zentrum nicht kennst, weil Du „Dich verloren hast", bist Du auf andere angewiesen. Du kannst ohne Zentrum nicht leben. Also bekommst Du ein künstliches Zentrum – von den Anderen. Und jetzt können sie Dich ganz leicht versklaven, Dich hinbiegen, wie sie wollen und Dich dazu bringen Sachen zu tun, die Du nie tun wolltest, sie können Dich dazu bringen, als jemand zu leben, der Du gar nicht bist. Willkommen im Club. Das scheint die „Grundausbildung" in der Welt zu sein.
Das Gehirn des Menschen ist vollkommen natürlich, und das Schöne ist, das Gehirn ist nicht vorprogrammiert. Alles ist damit möglich. Nur der Verstand ist künstlich installiert und wird gern von den Mächtigen programmiert. Verstand ist das, was wir aufgesetzt bekommen, eine Normung. Jeder bekommt eine Nummer, einen Stempel aufgedrückt und wird gezwungen, sein eigenes Herz zu leugnen und fremden Befehlen zu folgen.
Unser Geist ist wie ein weißes Blatt, eine leere Tafel. Und alles, was man selbst oder was andere darauf schreiben, all das wird zu unserer Überzeugung, zu unserer Ideologie , Philosophie oder Religion. Daraus wird sozusagen die „Brille" mit ihren eigenen Färbungen, durch die wir die Welt betrachten. Aus dem einst unendlichen Himmel unserer Wahrnehmung wird ein kleines Fenster, durch das wir schauen.

Und viele armselige Menschen in dieser Welt haben großes Interesse daran, dass unser Potenzial NICHT sich selbst überlassen bleibt. Diese Menschen stürzen sich auf uns und beginnen sofort, Programme zu ihrem Vorteil in uns hineinzuschreiben. Und spätestens wenn wir für erwachsen erklärt werden, wenn uns erlaubt wird, Stimmzettel abzugeben und in die Geschäftswelt einzutreten, spätestens dann wissen wir so gut wie gar nichts mehr von unserem Ursprung, sind wir nicht mehr wir selbst.

Etwas kommt dazwischen

Ein Weiser hatte einen Traum. Ihm wurde prophezeit, dass am Abend des nächsten Tages alles Wasser in der Region für drei Tage vergiftet würde und dass jeder, der von diesem vergifteten Wasser trinkt, verrückt wird. Er wachte auf und sorgte für einen ausreichenden Wasservorrat für ein paar Tage, denn er nahm den Traum ernst. Und wahrlich, die Prophezeiung erfüllte sich. Alle Dorfbewohner, die wie üblich von ihrem Brunnenwasser tranken, wurden auf der Stelle verrückt, nur der Weise, als Einziger im ganzen Dorf, blieb gesund. Und das wurde zu seinem Problem, sein Gesundsein, sein Natürlichsein, sein Anderssein wurde ihm zum Verhängnis. Alle im Dorf waren sich einig, dass nicht sie verrückt waren, sondern der Weise, denn er war auf einmal ganz, ganz anders als sie. Sie beschimpften ihn, sie fingen an, Steine nach ihm zu werfen. In ihrer Verschwörung gegen den weisen Mann traten sie vor ihn hin und stellten ihm ein Ultimatum: Wenn Du nicht auf der Stelle von dem gleichen Wasser trinkst wie wir, bringen wir Dich um. Du bist eine Gefahr für die Allgemeinheit, denn Du bist wahnsinnig und einen Wahnsinnigen können wir in unserer Gemeinschaft nicht dulden. Wenn Du nicht von unserem Wasser trinkst, töten wir Dich. Der Weise hatte keine Wahl, er trank von dem Wasser, und wurde einer von „ihnen". Diese Geschichte ist nicht nur eine Geschichte. Sie ist die Geschichte von uns allen. Wir alle haben irgendwann von diesem vergifteten Brunnenwasser getrunken. Der Geschmack dieses Wassers stand nicht auf dem Etikett der Flasche. Das Wasser heißt Selbstvergessenheit, Unterwerfung und Anpassung

Anpassung - die Wurzel allen Übels

Sehr bald verschwindet die Klarheit des Kindes, denn seine Ursprünglichkeit und seine wahre Natur stimmen nicht überein mit den Interessen dieser Welt. Jeder Mensch ist von seiner frühesten Kindheit damit konfrontiert, dass die Welt ein Irrenhaus ist, das Kind spürt das ganz klar: Sein Wesen und die Absichten der Gesellschaft passen nicht zusammen. Die Natur des Kindes strebt in die eine Richtung und die Gesellschaft zwingt das Kind in eine ganz andere, oft sogar in die entgegengesetzte Richtung. Die Welt, die Menschen sind gespalten, verrückt, das ist die traurige Normalität. Jeder ist ein anderer, nur nicht er selbst. Um zu überleben, hat das Kind nur eine Chance, es passt sich an. Bald verliert es sich in tausenderlei Dingen und vergisst seinen Ursprung.

Man lehrt uns Kompromisse zu machen, um zu überleben

Früh bringt man uns "die Sprache der Welt" bei und gleichzeitig verlernen wir, uns selbst zu vertrauen, unsere Gefühle ehrlich auszudrücken und wirklich wir selbst zu sein. Wenn man dem gleichen Kind, das einst voller Staunen war, wenn man diesem Kind 20 Jahre später begegnet und ihm in die Augen schaut, findet man statt Klarheit eher Verwirrung. Eine dicke Staubschicht aus Vergangenheit, Überzeugungen, Vorurteilen und üblichen Konditionierungen liegt jetzt über dem Bewusstsein. Diese Schicht, das Ego, wird immer stärker und erdrückender und beginnt das Leben allmählich zu bestimmen. Kompromisse werden zur Tagesordnung und Lebensart. Spätestens dann leben wir nicht mehr als der, der wir wirklich sind. Aber nur wir tun das, nur wir Menschen tun uns und anderen das an. Die Tiere, die Pflanzen, alle leben natürlich, nur das menschliche Leben steht auf dem Kopf. Die Bäume leben ihr Leben, die Blumen, die Vögel, alle Lebewesen, außer dem Menschen. Der Mensch ist das einzige Lebewesen, welches sich gegen seine Natur entscheiden kann und das ist der Anfang jeglichen Leids und die Ursache aller Krankheiten.

Warum wir vergessen haben, glücklich zu sein

Als Kind warst Du glücklich. Aber irgendwann wolltest Du vielleicht kein Kind mehr sein. Warum? Vielleicht, weil Du so sein wolltest wie andere. Vielleicht, weil Du nicht so sein wolltest, wie Du von Natur aus wirklich bist? Es ist merkwürdig. Wenn man sich in der Welt umschaut, trifft man überall auf dieses Phänomen – aber nur bei Menschen. Die ganze Natur ist glücklich. Blumen sind authentisch. Bäume sind authentisch. Tiere sind authentisch. Nur Menschen versuchen jemand anderes zu sein, versuchen jemand zu sein, der sie gar nicht sind. Und das ist die Wurzel allen Unglücks.

Frühe Kindheit ist gleichbedeutend mit Ursprünglichkeit, Natürlichkeit und Klarheit. Das Kind sieht ohne zu werten und ohne zu urteilen, es hat keine Meinung und es braucht auch keine, denn sein klares Bewusstsein spiegelt die Wirklichkeit wieder, so, wie sie ist, ungetrübt und unzensiert. Das Kind lebt wahrhaftig, denn es lebt in der Gegenwart. Dieses Gegenwärtigsein schenkt einen klaren Blick für das, was ist. Erwachsene leben oft in einem anderen Land, einer anderen Welt, in einer Welt, die es in Wirklichkeit gar nicht gibt. Der Name dieser anderen, fernen Welt heißt Vergangenheit und Zukunft. Erwachsene leben die meiste Zeit in dem, was war, in Erinnerungen, oder in Vorstellungen, in dem, was sein könnte. Man kann auch Illusion dazu sagen, aber das hören die Erwachsenen nicht gern. Jedenfalls trifft man die so genannten Erwachsenen in der Gegenwart sehr selten an. Sie sind immer woanders, nur nicht hier, nicht im Jetzt. Kinder leben, zumindest eine Zeit lang, in der Wirklichkeit und Erwachsene leben in Träumen, anwesend und abwesend zugleich. Diese Art von Träumen bedeutet, ein Mensch schläft mit offenen Augen, er ist nicht bei vollem Bewusstsein, dafür ist er bei Verstand. Er tut das eine und denkt an etwas anderes. Und weil das Kind ständig von meist unbewussten Menschen umgeben ist, beginnt es, sich wie diese Vorbilder zu verhalten. Kinder machen bekanntlich alles nach. Der Apfel fällt nicht weit vom…Pferd. Oder vom Stamm? Jedenfalls ist das Kind damit konfrontiert, dass es verschiedene Welten gibt, eine wirkliche und viele „persönliche“, eine echte Welt und viele unechte. Und weil die „Unechten“ in der Überzahl sind, lernt man schon als Kind Politik und heult mit den Wölfen, wenn man keinen Ärger haben will. Rebellen sind da anders, die lehnen sich auf, sie stellen in Frage und wehren sich gegen alles, was nicht stimmt. Aber, ganz wichtig, Rebellen unterscheiden sich von Revolutionären. Revolutionäre versuchen, die Gesellschaft zu verändern, das Außen. Rebellen ändern ihr Inneres, sie ändern sich selbst. Marco heißt übrigens auf hebräisch der Rebell. Und ich bin meinen Eltern sehr dankbar, dass sie mich in Ruhe gelassen haben, dass sie nicht versucht haben, mir ihre Vorstellungen aufzusetzen, so dass ich meinen eigenen Weg finden und gehen konnte.

Potenzial für alles

Aus der Sicht unseres Ursprungs ist nichts vorgegeben. Aber natürlich werden wir in ganz bestimmte Lebensumstände „hineingeboren“. Die nächsten Menschen sind unsere Lebenslehrer und die Lebensumstände sind unsere Lebensschule. Wir erfahren uns nicht direkt sondern über Spiegel, wir lernen uns zuerst durch die Reflexion der Anderen kennen.

Klarheit geht verloren

Weil Du als Kind sehr offen bist, erfährst du alles ungefiltert. Es geht schon im Mutterleib los. Zum Beispiel die Reaktion einer Mutter darauf, schwanger zu sein. War sie erfreut, als sie davon erfuhr oder verunsichert, dachte sie vielleicht sogar an Abtreibung? Auch wenn das ungeborene Kind mit diesen Begriffen nichts anfangen kann, so fühlt es doch energetisch alles mit, es ist eins mit der Mutter.

Aus Erfahrungen werden Eindrücke

Das Kind macht Erfahrungen, es erlebt angenehme und unangenehme Dinge. Vielleicht hat es gerade etwas geträumt, hat im Traum mit etwas gespielt. Dann wacht es plötzlich auf. Auf einmal merkt es, das Spielzeug ist weg, will es aber wieder haben, und macht sich bemerkbar – es fängt an zu schreien. Seine Mutter ist gleich zur Stelle und weiß, Hunger kann es nicht sein, denn sie hatte ihr Kind erst kurze Zeit vorher gestillt. Also gibt sie ihm einen Nuckel, es ist mit etwas beschäftigt, vergisst das Spielzeug aus dem Traum. Es wird ruhig und macht gleichzeitig eine ganz wichtige Erfahrung. Wenn mir etwas fehlt, „ich fühle mich nicht wohl, etwas tut weh, ich bin allein" etc., dann muss etwas von Außen kommen und es geht mir wieder gut. Diese Erfahrung wird langsam zu einer Überzeugung und diese Überzeugung wird Dich solange im Leben begleiten, bis der Zeuge in Dir erwacht, bis du die Sache durchschaust.

Die Welt - ein Spiegelkabinett

Das Ego ist, egal ob es sich groß oder klein, bedeutend oder unbedeutend, stark oder schwach, so oder so fühlt, es ist eine gesammelte Masse, alles Falschgeld. Wie ein Marktplatz, tausende Stimmen, alle sagen „Ich". All diese Stimmen hast Du auf dem Marktplatz, in der äußeren Welt, aufgelesen mitgenommen, Du hast die Masse „draußen" eingeladen, in Dir zu wohnen, Dein Ego hast Du von der Masse. Und wenn ich es zum hundertsten Mal sage und immer wieder sage: Die Meinung der Anderen über Dich, das ist es, was Dein Ego ausmacht.

Du könntest direkt und unmittelbar sein, aber Du hast es vorgezogen die Meinung der Anderen zu hören und zu leben, als wärst Du die Gesamtheit dieser Meinungen. Das Ego existiert nur, weil Du nie selbst hingeschaut hast, Du überlässt das anderen – und dann bestimmen andere Dein Leben.

Das Morgen, das niemals kommt

Die Maschinerie des Ego lässt Dir keine Ruhe, denn sie verspricht Dir, wenn Du ein bisschen wartest: Morgen, wenn Du das geschafft hast, wenn Du das erreicht hast, wenn Du erfolgreich bist, wenn Du ein bisschen schneller rennst, Dich noch mehr anstrengst, morgen, dann wirst Du glücklich sein. Aber bis dahin musst Du Opfer bringen, Dich anstrengen, zuerst kommt das Leiden. Du musst Dir Dein Glück erst verdienen. Morgen kannst Du Dich freuen.

Ich hatte einmal eine Kneipe. Wenn ich mir einen Spaß hätte machen wollen, hätte ich auf die Tafel geschrieben: „Morgen gibt's Freibier“, dieses „Morgen“ aber hätte ich nicht mit einem Datum definiert. Dann kommen alle, um sich kostenlos zu betrinken und ich, als Kneiper verkleidet, zeige schmunzelnd auf die Tafel: „Morgen!“. Genau das ist die Situation überall - dieses Morgen kommt nie, es ist noch nie eingetroffen.
Dieses „Morgen“ steht stellvertretend für das, was niemals eintrifft. Gleichzeitig ist es die Strategie, das Leben aufzuschieben und das Ego aufrechtzuerhalten. Einfach deshalb, weil das Ego in der Gegenwart nicht existieren kann. Es kann nur in der Vergangenheit oder in der Zukunft existieren und diese sind unwirklich, weil es Vergangenheit und Zukunft in Wirklichkeit nicht gibt. Es gibt nur das Jetzt, diesen Augenblick. Die Vergangenheit ist nicht mehr, die Zukunft ist noch nicht, es gibt sie einfach nicht. Aber das Ego kann nur in diesem Raum der Vorstellungen existieren, in dem, was nicht wirklich existiert – weil es selbst eine Vorstellung ist und nicht wirklich existiert. Wenn Du vollkommen im gegenwärtigen Augenblick bewusst bist, wirst Du niemals ein Ego finden. Du findest nur Stille, eine stille Freude, ein reines, stilles Nichts. Und je intensiver Du diese augenblickliche Gegenwart erlebst, desto mehr verschwinden Deine Grenzen. Du verschwindest ganz einfach, Du als Ego verschwindest und das Ganze erfüllt Dich. Ein Meister wurde einmal gefragt - “Warum kann ich nicht so sein wie Du? Ich wünsche mir das so sehr! Warum bin ich nicht wie Du? Warum kann ich nicht so still sein wie Du? Warum kann ich nicht so weise sein wie Du?”

Der Meister sagte: "Warte. Setz Dich still hin und beobachte. Beobachte mich und beobachte Dich selbst. Und wenn alle anderen weg sind und Deine Frage immer noch da ist, werde ich sie Dir beantworten."
Den ganzen Tag war ein Kommen und Gehen und die Schüler stellten ihre Fragen und der Besucher wurde schon ganz unruhig - es erschien ihm als Zeitverschwendung. Doch der Mann hatte gesagt: "Wenn alle anderen weg sind..."
Endlich kam der Abend und es war kein anderer mehr da. Was ist denn nun mit meiner Frage? "Der Mond ging gerade auf - es war eine Vollmondnacht. Und der Meister sagte: "Hast Du die Antwort noch nicht erhalten?" Der Besucher sagte: "Du hast mir ja noch nicht geantwortet!" Der Meister lachte. Er sagte: "Ich habe so vielen Menschen geantwortet, den ganzen Tag lang. Wenn Du genau beobachtet hättest, dann hättest Du es verstanden. Aber komm mit in den Garten. Draußen ist Vollmond und es ist eine schöne Nacht." Und dann sagte der Meister zu ihm: "Sieh die Zypresse dort" - und er zeigte auf einen großen Zypressenbaum, der hoch aufragte und fast den Mond berührte, welcher sich in seinen Zweigen verbarg. "Und sieh dort diesen kleinen Strauch! "Doch der Besucher sagte: "Wovon redest du? Hast Du vergessen, was ich gefragt habe? "Der Meister sagte: "Ich beantworte es gerade. Dieser Strauch und diese Zypresse sind seit Jahren in meinem Garten. Nie habe ich den Strauch zur Zypresse sagen hören: "Warum kann ich nicht so sein wie Du?" Und nie habe ich den Zypressenbaum den Strauch fragen hören: "Warum kann ich nicht so sein wie Du?" Der Zypressenbaum ist der Zypressenbaum und der Strauch ist der Strauch und jeder ist glücklich, so wie er ist."

Es ist ganz einfach. Jeder ist, wie er ist. Ich bin ich und Du bist Du. Zu vergleichen schafft nur Konflikte. Vergleichen bedeutet, ehrgeizig zu sein, Vergleichen bedeutet, die Anderen nachzuahmen.
Wenn Du fragst: "Warum kann ich nicht so sein wie Du?", versuchst Du, so zu sein wie ich, und damit verhinderst Du Dein eigenes Wachstum und zerstörst letztendlich Dein ganzes Leben. Du wirst zu einer Imitation, einer Kopie. Und wenn Du zu einer Kopie wirst, wird sich Dein Potenzial nie verwirklichen, es wird ewig im Dornröschenschlaf bleiben. Du wirst frustriert sein und letztendlich verlierst Du die ganze Achtung vor Dir selbst.

Das ist das Problem der Psychologie der Masse. Alle Erziehung ist darauf abgerichtet, dass Du Deine Einmaligkeit vergisst und andere nachahmst und dass Du Dich mit Deiner Persönlichkeit identifizierst. Niemand interessiert sich dafür, wer Du wirklich bist. Dafür klebt Dir jeder verschiedene Etiketten auf. Wenn Du da raus willst, musst Du selbst etwas unternehmen, denn niemand kann sich für Dich erinnern, niemand kann Dein Selbst für Dich wieder finden. Nach Deinem wahren Selbst kannst nur Du selbst Dich auf die Suche machen. Schließlich hast Du Dich vergessen, Du weißt nicht, wer Du bist, mit den Anderen hat das überhaupt nichts zu tun.

Die größte Krankheit auf der Welt - Falsche Identifikation

Wenn Du erst einmal vergessen hast, wer Du bist, lebst Du mit zwei Zentren. Mit dem einen Zentrum wurdest Du geboren; es kommt vom Leben selbst. Das ist Dein wahres Wesen. Und das andere, das falsche Zentrum, das aus der Meinung anderer bestehende und von der Gesellschaft aufgebaute Zentrum, ist das Ego. Das ist die größte aller Krankheiten, sich mit etwas zu identifizieren, was man nicht ist, zu träumen, ich bin dies, ich bin jenes.

Das Ego ist etwas Künstliches und noch dazu ist es eine clevere Falle. Mit dem Ego hat Dich die Gesellschaft, haben Dich die Anderen unter Kontrolle. Du musst Dich auf eine bestimmte Art und Weise verhalten, Du musst Erwartungen erfüllen, dann und nur dann wirst Du von der Gesellschaft anerkannt.

Wirst Du nicht anerkannt, ist Dein Ego erschüttert. Und wenn Dein Ego erschüttert ist, fühlst Du Dich schlecht. Je größer die Erschütterungen Deines Egos, desto mehr glaubst Du, Du stirbst. Wenn Du Dich mit Deinem Ego identifiziert hast, bist Du in der Zwickmühle. Das Ego braucht immer auf die eine oder andere Weise Bestätigung, Aufmerksamkeit, Anerkennung, sonst kann es nicht existieren. Hört diese Bestätigung auf, stirbt das Ego. Weil Du aber glaubst, DU BIST DEIN Ego, glaubst Du, DU stirbst. Deshalb tust Du alles, damit diese Illusion des Egos aufrechterhalten wird. Bis Du Dich erinnerst, wer Du wirklich bist.

Persönlichkeit – Deine Maske in der Gesellschaft

Das, was wir Persönlichkeit nennen und so selbstverständlich für unser „ich" halten, ist in Wirklichkeit etwas Aufgesetztes, ein Kleid, das wir tragen, ein äußeres Drumherum. Persönlichkeit oder Ego ist das, was wir nicht sind. Persönlichkeit ist weder unser Wesen noch unser Zentrum, es ist nur ein künstliches Phänomen an der Oberfläche, nichts Echtes.

Das Wort Persönlichkeit kommt von dem griechischen Wort persona. Die Schauspieler in Griechenland benutzten Masken, sie sprachen durch die Masken. Sona bedeutet Klang, persona heißt ein Klang kommt durch die Maske. Du kannst den wirklichen Menschen nicht sehen, sein ursprüngliches Gesicht kannst Du nicht erkennen. Du siehst nur eine Maske.
Für diejenigen, die sich erwachsen nennen, ist das normal, denn sie leben durch ihre Persönlichkeit, sie leben als ihre Persönlichkeit und nicht als sie selbst. Kinder aber haben „nur" ihr ursprüngliches Gesicht, sie sind anfangs ohne Maske. Kinder täuschen nichts vor, sie sind, wie sie sind. Und sie sind authentisch und voller wacher Intelligenz.

Am besten fährt das Kind, wenn es so tut, als passe es sich den Erwartungen der Großen an, „dann habe ich meine Ruhe". Im Innern weiß das Kind aber immer noch, was „gespielt" wird und was an ihm echt, ehrlich und authentisch ist. Aber aus dem anfänglichen „nur so tun" wird, wenn sich mehr Staub auf dem Bewusstsein ansammelt, ein Verhaltensmuster, eine Gewohnheit, wir sind nicht mehr spontan, sondern wir fangen an zu reagieren und kleine berechnende Politiker zu werden.

Auch wenn das Kind spürt, dass vieles nicht stimmt, dass sich Eltern gegenseitig etwas vormachen oder dass die Eltern „in einer anderen Welt" leben. Kindsein heißt, im Augenblick sein, je älter ein Mensch wird, desto „selbstverständlicher" lebt er in Gedanken. Je mehr ein Mensch sich mit seiner Vorstellungswelt identifiziert hat, desto weniger sieht er, was wirklich ist. So kann das Kind oft nicht verstehen, wovon die Großen sprechen, in welcher Welt sie leben und warum sie eine Rolle spielen.

Deshalb befindet sich jedes Kind ständig in Schwierigkeiten, wenn es sich intelligent verhält. Wenn Du als Kind authentisch und natürlich bist, eckst du überall bei den Un-natürlichen an, denn sie leben in einer anderen Welt, in einer Scheinwelt. Jeder in seiner eigenen. Das Kind kann das nicht verstehen, Du konntest es als Kind auch nicht verstehen, warum Du nicht so sein darfst, wie Du nun einmal bist.

Du entscheidest – aber scheinbar nicht allein

Du bist frei, der zu sein, der Du wirklich bist, so, wie Du gemeint bist; oder Du entscheidest Dich, jemand zu sein, der Du nicht bist, so zu sein, wie Du nicht gemeint bist. Diese Entscheidung sollte eigentlich leicht fallen, denn natürlich sein, Du selbst sein ist das Stimmigste, was es gibt. Aber die Gesellschaft will mitmischen, und wenn die vielen Meinungen und Erwartungen anderer Dir erst einmal den Kopf verdreht haben, dann hörst Du zu sehr auf die „Ideale", die Dir von der Gesellschaft eingetrichtert wurden und werden. Wenn diese Ideale erst einmal richtig tief in Dir sitzen, dann besteht Dein Lebenssinn darin, Dich ständig an diesem Ideal zu orientieren und folglich darin, wie Du sein „solltest". Dabei vergisst Du, wer Du wirklich bist und wie Du gemeint bist, das „Sollte", das Ideal hat so sehr von Dir Besitz ergriffen, dass Du von einer Zukunft besessen bist – dem Ideal – und dabei völlig die Wirklichkeit, die Realität der Gegenwart vergisst.

Unsere Mitgift

Jeder Einzelne von uns kommt absolut pur und unschuldig, absolut klar und rein in diese Welt, völlig ungespalten, heil und eins mit sich selbst. Aber dann beginnt alle Welt, diese Unschuld zu vergewaltigen, indem sie unser Bewusstsein voll schreibt, indem sie beginnt, uns zu konditionieren. Jeder wird auf die eine oder andere Weise selbst entfremdet, verschmutzt, verseucht, vergiftet. An dem Tag, wenn ein kleiner Mensch die Reife hat, selbst zu denken, selbst zu entscheiden, hat die Welt schon ein riesiges Chaos angerichtet und das Wesen zerstört. Das Kind ist schon verkrüppelt, gelähmt. Die Welt hat ihm schon die „gängige Lebensart" beigebracht, wie man Krücken benutzt, die das Herz umgehen und das Kind hat vollkommen vergessen, wie es sich auf seine Wahrnehmung und Intuition verlassen kann.
Eine kleine Geschichte: Es war einmal ein Mann, der verletzte sein Bein und musste mit Krücken gehen. Diese Krücken erwiesen sich als sehr nützlich, nicht nur zum Laufen, sondern auch noch für manch andere Zwecke. Daher

brachte er seiner ganzen Familie bei, ebenfalls auf Krücken zu gehen, und allmählich gewöhnten sich alle an die Krücken als gewöhnliche Gebrauchsgegenstände – bald wollte jeder eine haben. Einige Krücken waren aus Elfenbein, andere mit Gold verziert. Es wurden Schulen eröffnet, die den Leuten beibrachten, wie man auf Krücken lief und es entstanden Fakultäten, die sich mit den höheren Aspekten dieser Wissenschaft beschäftigten. Da fingen ein paar Leute – einige wenige – wieder an, ohne Krücken zu laufen. Daraus entstand ein großer Skandal, und man erklärte es für absurd. Wie konnte man nur diese vielen nützlichen Seiten der Krücken übersehen? Einige der Rebellen verteidigten sich und wurden entsprechend bestraft. Sie versuchten zu demonstrieren, dass Krücken nur manchmal, wenn es nicht anders ging, einen Zweck erfüllen, und dass die vielen anderen Zwecke, für die man Krücken gebrauchte, auch von anderen Werkzeugen erfüllt werden konnten. Kaum jemand hörte auf sie. Um die eingefahrenen Vorurteile zu widerlegen, begannen einige von den Leuten, die ohne Krücken gehen konnten, sich völlig anders zu bewegen, als es üblich war. Aber selbst das überzeugte nur verschwindend Wenige. Als es offensichtlich war, dass ein paar Menschen tatsächlich ohne Krücken gehen können, obwohl seit Generationen nur Krücken gebraucht worden waren, strengte sich die Mehrheit an zu beweisen, dass Krücken unersetzlich waren. "Nehmt euch ein Beispiel an diesem Mann hier", sagten sie und griffen sich irgendeinen heraus. Lasst ihn einmal ohne Krücken gehen. Seht ihr? – er kann es nicht. Aber wir gehen doch ohne Krücken", sagten die Fußgänger. " Das ist nicht wahr, das bildet ihr euch nur ein", sagten die Krüppel, denn inzwischen wurden sie allmählich auch blind – blind, weil sie ihre Augen nicht mehr benutzen wollten.

Das Kind ist geboren und gleich allen möglichen Dingen und Menschen ausgesetzt. Jeder hat ein reges Interesse daran, dass aus dem Kind „etwas Ordentliches" wird. Dem ist das Kind hilflos ausgeliefert. In den meisten Fällen werden all diese Einflüsse die ursprünglichen Energien des Kindes unterdrücken, von ihm selbst ablenken und so sehr dessen Herz und Kopf verdrehen, dass dieses Kind sich später nicht einmal bewusst ist, dass es ein unechtes, ein Pseudo-Leben lebt, dass es auf eine Weise lebt, wie es nicht gemeint ist, dass es ein Leben lebt, für das es nicht geboren wurde. So viel ist künstlich, aufgesetzt und aufgeladen, „Plastikblumen" – schön und tot. Die Seele ging ganz einfach unter. Deshalb verwundert es nicht, dass Millionen

Menschen so frustriert sind. Sie fühlen, dass sie irgendwo „abgelenkt" wurden, sie fühlen, dass sie nicht sie selbst sind, dass etwas vollkommen schief gelaufen ist in ihrem Leben. Sie leben nur halb, sie leben ein Leben der Unterdrückung.
Unterdrückung bedeutet, Deine wahre Natur zu leugnen. Unterdrückung bedeutet, auf eine Art zu leben, für die Du nicht vorgesehen bist. Unterdrückung bedeutet, Dinge zu tun, die Du niemals tun wolltest. Unterdrückung bedeutet, als jemand zu leben, der Du in Wirklichkeit gar nicht bist. Die Existenz will, dass Du authentisch bist, dass Du Du selbst bist und niemand anderer. Du bist hier, weil Du gebraucht wirst: so, wie Du bist. Auch so, wie Du jetzt in diesem Augenblick bist. Das Leben will nicht, dass Du eine Kopie wirst von Buddha oder Jesus, das Leben will, dass Du Deine eigene Blüte erlangst.

Warum besteht die Welt aus so vielen Durchschnittsleuten?

Ganz einfach deshalb, weil niemand das ist, was er zu sein bestimmt war.
Weil Du Dein eigenes Gesicht nicht kennst, weil Du nicht weißt, wer Du wirklich bist, hältst Du Dich für das, was andere über Dich sagen. Wenn jemand sagt, dass Du intelligent bist, fängst Du an, Dich für intelligent zu halten, jemand sagt, Du bist schön und schon fängst Du an, Dich für schön zu halten. Sagt aber jemand, Du bist dumm, glaubst Du, dass Du dumm bist, wenn jemand Dich hässlich nennt, fühlst Du Dich frustriert, gekränkt, verletzt durch dieses Wort hässlich, Du verhältst Dich so, als ob das Wort hässlich Dich wirklich hässlich gemacht hat.

Verschwörung gegen das Individuum

Etwas geht schief, etwas im Leben kommt „dazwischen" und wir haben ein schönes Wort dafür. Wir nennen es Erziehung. Das Kuriose ist, dass Erziehung gar nicht stattfindet, denn Kinder machen alles nach. Und wen machen sie am meisten nach, wen imitieren sie am stärksten? Ihre Eltern. Je unbewusster die Menschen, die uns umgeben, sind, desto mehr machen uns Familie und Gesellschaft in unserer Vieldimensionalität kaputt und von unserer Einzigartigkeit und Originalität bleiben außer der Handschrift und dem Fingerabdruck nicht viel übrig. Jeder versucht aus uns etwas zu machen, uns in eine bestimmte Richtung zu drängen und diese Einflüsse

machen uns eindimensional und sperren uns in ein inneres Gefängnis. Kinder lernen alles von denen, die um sie herum sind. Und wenn wir umgeben sind von Unzufriedenen, von Menschen, die selbst nicht wirklich leben, Menschen, die auch nicht wissen, wer sie sind, dann machen diese Kinder ein Leben lang die gleichen Fehler, die Generationen vor ihnen gemacht haben. Sobald die so genannte Erziehung einsetzt, ein bestimmtes Verhaltensmuster festgelegt wird und sich daraus ein Charakter formt, beginnt ein Leben im Gefängnis. Und weil Kinder alles nachmachen und nichts anderes gelernt haben, werden sie mit ihren Kindern dasselbe machen und so weiter und so fort.

Manchmal glaube ich, wenn uns Außerirdische beobachten würden, würden sie nur mit dem Kopf schütteln. Die Welt lässt niemanden das sein, wozu er von Natur aus bestimmt ist. Die Tiere, die Bäume, alle leben natürlich, nur das menschliche Leben steht auf dem Kopf. Das ist die Freiheit des Menschen, er kann sich gegen seine Natur entscheiden. Auch wenn diese Entscheidung unbewusst getroffen wird, durch die Konditionierung in der Kindheit, durch die Familie, durch das Vorleben der Eltern, die sich auch gegen ihr wesensgemäßes Leben entschieden hatten, weil sie es vorgelebt bekamen und nicht erkannten, dass sie eine Wahl haben.

Und damit diese Entscheidung – gegen die eigene Natur zu leben – leichter fällt, gibt es jede erdenkliche Unterstützung. Einerseits scheint es sehr einladend zu sein, der Masse zu folgen. Es ist bequem, Millionen gehen diesen Weg, so viele können nicht irren, der Weg der Vielen muss der Richtige sein. Als ob Mehrheit gleichbedeutend mit Wahrheit wäre. Außerdem ist es mühsam, auf einen Berg, seinen eigenen Berg zu steigen.
Man kommt nur langsam voran, überall lauern Gefahren und Schwierigkeiten. Wenn man sich dagegen den Anderen anschließt, so „trägt einen die Masse“. Es braucht keine Verantwortung, kein Bewusstsein, keine eigene Initiative und Anstrengung um mitzuschwimmen, man kann gedankenlos mit dem Strom treiben.

Und dann sind da noch die großen Führer. Diejenigen, die an der Macht sind, wollen, dass die Anderen ihnen brav gehorchen. Das heißt, je effizienter Du bist, je angepasster, desto mehr wirst Du in der Gesellschaft respektiert, desto angesehener bist Du. Das gängige Spiel um Macht und Besitz. So versuchen clevere Leute seit Ewigkeiten, aus jedem Menschen eine Ware zu machen: nützlich, effizient, gehorsam - auf keinen Fall einen bewussten Menschen, der sich selbst behauptet und seine Individualität lebt und verteidigt, sondern einen stets dienstbaren Roboter. Das Establishment will, dass der Mensch ihr Diener ist. Ein Sklave, der denjenigen, die an der Macht sind, zur Verfügung steht. Natürlich gab es immer wieder Widerstände gegen diese Unterdrückung, aber alle Revolutionen haben versagt, sie haben nicht Neues gebracht, nur die Form verändert. Deshalb braucht es keine Reformierungen und Revolutionen, sondern eine radikale Veränderung in Dir selbst. Du musst alles rückgängig machen, was Du Dir hast antun lassen, Du musst Dich selbst ent-konditionieren und desinfizieren, um da raus zu kommen.

Wenn die Identifikation mit dem, was Du NICHT bist, aufgelöst ist, wenn Du Deine Wahrheit gefunden hast, dann bist Du frei. Wach auf. Wenn Du wach bist, bist Du frei. Wenn Du fest schläfst, bist Du an tausend Stricke gefesselt, die Du Dir selbst umgelegt hast.

Erziehung, die Spaltung erzeugt

Jeder Einzelne von uns kommt mit seiner individuellen Veranlagung auf die Welt, aber unsere Umgebung, die Gesellschaft bringt uns bei, wie unser Leben sein soll, wie wir sein sollen. Daraus entsteht ein tiefer Widerspruch im Innern.

Eines der größten Probleme ist die so genannte Erziehung, denn sie erzeugt in Dir eine Spaltung. Immer musst Du nach außen ein bestimmtes Gesicht zeigen. Die Gesellschaft erwartet von Dir höchstmögliche Anpassung. Wenn aber die Gesellschaft sterbenskrank ist, und das ist sie, dann bedeutet Anpassung krank zu sein und zu bleiben, unecht, warten auf den Tod.
Das Gesicht, das Du zeigst, darf also nicht Dein wahres Gesicht sein. Du musst, wenn Du Deine Ruhe haben willst, ein Gesicht zeigen, das die Anderen mögen und akzeptieren, ein Gesicht, was der Tradition entspricht. Dein wahres Gesicht hast Du gefälligst für Dich zu behalten. Und weil Du Dich die meiste Zeit in Beziehung zu anderen Menschen befindest, weil Du immer von Menschen umgeben bist und so selten allein bist, wird diese Spaltung immer größer, bis Du sie nicht mehr überbrücken kannst, bis Du nicht mehr zurückfindest zu Dir, zu Deinem wahren Gesicht. Die Maske, die

Du in der Gesellschaft aufsetzt, wird immer mehr zu einem Teil von Dir und Dein ursprüngliches Wesen gerät immer mehr in Vergessenheit.

Die zweitgrößte Krankheit – sich mit anderen vergleichen

Jeder Mensch ist einzigartig. Deshalb ist die Idee des Vergleichens mit Anderen reiner Unsinn. Aller Neid würde im gleichen Augenblick verschwinden, würde sich diese Erkenntnis im Menschen durchsetzen. Es hat noch nie jemanden wie Dich gegeben, und es wird nie mehr jemanden wie Dich geben. Und Du brauchst auch nicht wie ein Anderer zu sein. Du bist einfach Du selbst. Bist Du es aber nicht, dann leidest Du unter einer schweren Krankheit.

Auch die zweitgrößte Krankheit ist in keinem medizinischen Buch zu finden, und dennoch kennt sie jeder, denn fast jeder auf diesem Planeten leidet darunter.

Vergleich Dich niemals mit anderen, sonst wirst Du nicht wachsen. Dein Körper wird wachsen, Dein Intellekt wird sich aufblähen, aber Du wirst nicht wachsen, Du bleibst stehen. Und genau das passiert leider auf der ganzen Welt.

Immer dieses Schielen nach der Meinung anderer, dieser Wunsch nach Anerkennung, nach Bestätigung. Was wird wohl meine Mutter sagen? Was wird mein Vater von mir denken, die Anderen, die Gesellschaft, die "Leute", ... Dieses krankhafte Vergleichen bringt Dich um. Eine Art langsamer Selbstmord.

Deine Individualität wird nicht wachsen, Dein Sein wird nie aufblühen, wenn Dein Leben nur aus faulen Kompromissen besteht. All die aufgesetzten Ziele verwirren Dich, Deine falschen Ideale lenken Dich von Dir und Deinem eigenen Potenzial ab und Du wirst tief in Dir unglücklich sein.

Intuition – für Kinder das einfachste von der Welt

Als Kind hast Du gar keine Alternative, Du hörst auf Deine Intuition. Es ist absolut natürlich und leicht, denn in Deinem Innern gibt es nur eine Stimme, Deine Stimme.

Diese Stimme ist stark und unüberhörbar. Aber langsam wird diese Stimme leiser, schwächer. Auf der anderen Seite werden die Stimmen im Außen, die Stimmen Deiner Eltern, der Gesellschaft in Dir immer lauter und mächtiger.

Jetzt wird es schon schwieriger, Dich selbst zu hören. Wenn Du jetzt wissen willst, welche Stimme Deine ist, dann musst Du durch eine Unmenge falscher Stimmen hindurchgehen.

Du wirst Dein eigener Feind

Du kennst das. Ist Dir nicht schon oft aufgefallen, dass Du eine Idee hast, eine Absicht, und gleich kommt die Stimme Deiner Mutter, ein anderes Mal kommt die Stimme Deines Vaters oder Deines Lehrers. Stimmen über Stimmen in Dir. Und alle kannst Du hören laut und deutlich, nur Deine eigene nicht. Deine Stimme wieder zu finden ist nicht leicht, denn sie wurde immer unterdrückt. Man hat Dir eingetrichtert auf die Anderen zu hören, auf die Erwachsenen, auf die, die es besser wissen. Niemand hat Dir gesagt, Du sollst auf Dein eigenes Herz hören. Weil wir als Kind so offen sind, haben wir Vielen viel zu lange erlaubt, sich in unserem Sein breit zu machen. Und eben weil Du durch andere beeinflusst werden kannst, solltest Du sehr achtsam sein, wem gegenüber Du Dich öffnest. Schau, wer Dich beeinflusst und wohin diese Beeinflussung führt. Sie führt Dich ins Verderben, denn die vielen Stimmen spalten Dich. Du wirst Dein eigener Feind.

Nichts zwingt uns so sehr unecht zu sein, wie Angst

Von frühester Kindheit an werden wir wohl erzogen, unsere wahren Gefühle zu unterdrücken. Stattdessen sollen wir schön artig sein, lächelnd und gehorsam. Man hat uns beigebracht nicht zu weinen, selbst wenn wir verletzt wurden. Von Anfang an hat man uns gelehrt, perfekte, kleine Politiker zu sein.

Wer anderen folgt, hört sich selbst nicht

Aus dem Erfolgstagebuch eines Frosches. Eine Gruppe von Fröschen veranstaltete einmal einen Wettbewerb. Ziel war es, auf die Spitze eines großen Berges zu gelangen. Viele andere Frösche versammelten sich als Zuschauer, um ihre Artgenossen zu motivieren.

Die Meinung der Anderen loslassen

Der Wettbewerb begann, aber keiner unter den Zuschauern glaubte ernsthaft daran, dass auch nur ein Frosch eine wirkliche Chance hätte, auf den Gipfel des Berges zu gelangen. Stattdessen hörte man Sätze wie: „Die sind doch verrückt, das schaffen die nie!"
Jetzt begannen auch die Frösche, einer nach dem anderen, aufzugeben. Nur einer versuchte weiterhin, auf den Gipfel zu gelangen. Er kletterte einfach weiter nach oben, obwohl die Zuschauer nicht aufhörten lautstark zu verkünden, wie vergeblich dieser Aufstieg sei und dass es keiner schaffen würde. Alle Frösche gaben auf, bis auf den einen, der unter großer Anstrengung und ganz allein die Spitze des Berges erreichte. Jetzt wollten natürlich die anderen Wettkämpfer wissen, wie er das, für sie Unmögliche, geschafft hat. So ging einer der Frösche auf den Sieger zu und fragte ihn. Er bemerkte sehr schnell, dass er nicht hören konnte, er war taub!

Wir alle haben zu vielen Menschen erlaubt, sich in unseren Köpfen breit zu machen. Vielleicht haben sie es nicht böse gemeint mit ihren guten Ratschlägen, aber böse wird es enden, wenn wir nur auf andere hören und das tun, was sie sagen. Wir sollten sehr vorsichtig sein, wem wir uns öffnen und vor allem sollten wir uns hüten vor denen, die von Grund auf pessimistisch sind. Hör nicht auf die Nörgler, Jammerer und die ewig Unzufriedenen. Meide diejenigen, die immer andere verantwortlich machen für ihre selbst erschaffene Misere. Umgib Dich nicht mit denen, die sagen, die Welt sei ungerecht und unfair, meide sie, wie die Pest. Sie zerstören die Visionen unseres Herzens, denn sie schmeißen uns mit ihrer Negativität glühende Kohlen in die Augen und machen uns blind für das Schöne und für den Reichtum, der uns gehört.

Die Masse hat keinen Respekt

Du wirst in irgendeiner Gesellschaft geboren, sei sie nun östlich oder westlich. In jedem Fall ist diese Gesellschaft eine schlafende Masse, ein Mob und das wird zum Verhängnis. Die meisten Menschen, unter denen Du aufwächst, haben keinen Respekt vor Individuen, besonders nicht vor Kindern. Diese Menschen leben in dem Glauben, Kinder sind ihr Eigentum, ihr Besitz. So ist es leicht erklärlich, dass das ganze Bestreben dieser

Menschen darin besteht, Kinder zu missbrauchen, um ihre eigenen unerfüllten Wünsche durch diese Kinder zu erfüllen. Überall warten Menschen mit der Gelegenheit Dich zu konditionieren, so dass Du Dich standesgemäß verhältst. Dazu kommt die Impfung: Du sollst perfekt sein. Wenn dieser Wahnsinn des Perfektionismus erst einmal eingepflanzt ist, wird der daraus folgende Ehrgeiz Dich nie mehr in Ruhe lassen. Perfektionismus wird zur Neurose und du sitzt auf einem Pulverfass.
Wenn oder weil Deine Eltern gescheitert sind und nicht authentisch leben, sondern es vorziehen, ein Anderer zu sein und ein Anderer sein zu wollen, als man ist, heißt gescheitert zu sein, dann belasten sie Dich mit dem Wunsch, perfekt zu sein. Weil sie es selbst nicht geschafft haben, versuchen sie jetzt, durch Dich ein Ersatzleben zu leben. Natürlich ist ihnen das nicht bewusst, aber es geschieht. Würden Deine Eltern bewusst sein, würden sie sich anders verhalten. Und wenn sie Dich lieben, würden sie Dich nicht konditionieren. Das ist das einzig wahre Zeichen für Liebe. Wenn Du jemanden liebst, kannst Du ihn nicht konditionieren und zu etwas machen, das er nicht ist. Und weil so jedes Kind von sich und seiner Natur abgelenkt wird, ist niemand der, der er von Natur aus bestimmt war zu sein. So ist jeder ein Anderer. Kannst Du glücklich sein, wenn Du ein Anderer bist als Du selbst? Natürlich kannst Du so tun als ob, Du kannst Dich verstellen, Du kannst eine Rolle spielen, die Dir aufgesetzt wurde, aber Du bist nicht echt, nicht ursprünglich. Stell Dir vor, Deine Eltern und die Gesellschaft hätten Dich da, wo es um Dein eigenes Erkennen geht, in Ruhe gelassen. Niemand hätte Dich zu einem Christen „gemacht" oder zu etwas „Anderem". Unter diesen Umständen wäre der gesamte Himmel für Deine Suche offen gewesen, Du hättest frei forschen und Deine Wahrheit leben können, als Du selbst.

Anpassung ist langsamer Selbstmord

Ein Wissenschaftler machte einmal ein Experiment mit einem Frosch. Zuerst setzte er den Frosch in ein Wassergefäß mit kaltem Wasser und der Frosch blieb darin sitzen. Dann setzte er den Frosch in ein Gefäß mit heißem Wasser und der Frosch sprang blitzartig heraus. Nun setzte der Wissenschaftler den Frosch noch einmal in das Gefäß mit dem kalten Wasser und er erhitzte das Wasser allmählich. Das Ende der Geschichte war, dass der Frosch nicht aus dem Gefäß gesprungen ist, auch nicht als es

zu heiß wurde. Der Frosch hatte sich einfach an die langsame Erhitzung des Wassers angepasst, bis es zu spät war. Er ist im heißen Wasser gestorben.

Wie viele Menschen sterben wohl auf diese Weise? Und das ist gut so. Wenn es nicht wehtun würde, dann würden wir gar nicht merken, dass etwas nicht stimmt. Aber Menschen gewöhnen sich schnell an alles Mögliche, sogar daran, in einer Hölle zu leben. Im Grunde ist das Leben der meisten Menschen ein langsamer Selbstmord, ein schleichender Tod in kleinen Raten.

Ego und Persönlichkeit – unser „Schlafanzug"

Wir haben schöne Worte wie zum Beispiel „Globalisierung". Hört sich gut an, aber dahinter steckt ein kranker Wille zur Weltherrschaft, ein Superego. Auch Persönlichkeit klingt nach „etwas" und es gibt viele Menschen, die auf ihre Persönlichkeit stolz sind. Schnall Dich jetzt an: Eine Persönlichkeit die *hast* Du, Du nimmst sie an, aber das bist Du nicht.

Im Grunde genommen hast Du nicht nur eine Persönlichkeit, nicht nur eine Rolle, sondern ganz viele. Nimm Dich mal bewusst wahr, wie oft am Tag Du Deine verschiedenen Rollenspiele spielst, ohne es zu merken. Wie oft du mal „der" oder „die" bist, dann wieder ganz anders. Zum Beispiel verhältst Du Dich Deinem Chef gegenüber anders, als zu Deinen Kollegen. Oder Du bist selbst der Chef, dann gehst Du auf eine andere Weise mit Deinen Mitarbeitern um. Vielleicht bist Du streng und hart gegen Deine Leute, zu Hause aber, bei Deiner Frau, da bist Du klein wie eine Maus. Wenn Du Deiner Mutter begegnest, bist Du ein Anderer, als wenn Du mit Deinem Kind bist und so weiter. Das geht endlos so weiter, schau selbst in Dein Leben. Wie viele Rollen sind es, kannst Du sie zählen? Welche von denen bist Du? Vielleicht sagst Du, all diese Rollen machen mich aus. Ja und nein. Ja, weil Du all die Rollen – unbewusst- spielst. Nein, weil keine dieser Verhaltensweisen DICH beschreiben, sondern Deinen Ausdruck, eine vorübergehende Erscheinung, Deine eigene Art, auf eine bestimmte Weise mit bestimmten Menschen in bestimmten Situationen zu reagieren. Ist Dir schon mal aufgefallen, dass du NIEMALS zwei Rollen gleichzeitig spielen kannst? Nehmen wir an, Du bekommst eine Doppelrolle beim Film. Deine Aufgabe ist es, den Bettler und den König zu spielen. Da Du nur EINER bist, können Bettler und König – also von Dir gespielt - nicht gleichzeitig auf der Bühne sein. Du musst also das Bettlergewand und die Bettleridentität „ausziehen" und die des Königs anziehen. Beides gleichzeitig geht nicht. Das gleiche gilt für Dein Leben. Oft passiert das blitzschnell. Eben noch mit Deiner Freundin telefoniert und auf einmal ruft ein unzufriedener Kunde an und lässt bei Dir Dampf ab. Und Du reagierst so oder so. Also kannst Du jetzt erkennen, dass es „Jemanden“ geben muss, der mal diese, mal jene Rolle „annimmt“? Vielleicht spielt der Schauspieler den Bettler total echt und auch den König besser, als es ein wahrer König tun könnte, aber der Schauspieler wird niemals vergessen, dass er eine Rolle spielt, das er das NICHT ist. Wenn es Dir gelingt, all Deine „Rollen“ bewusst(er) zu erleben, dann erkennst Du auch, dass Du nicht Deine Rolle(n) bist. Du bist der, der sich durch die eine oder andere Rolle ausdrückt. Du bist der, der die Rolle spielt. Wenn Du das erkennst, dann bist Du „draußen“. Du bist nicht mehr mit der sich ewig wandelnden Persönlichkeit identifiziert. Die Persönlichkeit ändert sich ständig, je nach „Bedarf“ und Situation. Du aber spürst – wenn Du wach bist - immer mehr, dass es etwas gibt, das sich nicht ändert. Deine Rolle oder Persönlichkeit ist niemals ein Problem, das Problem ist Deine Identifikation damit.

Panta rhei – alles fließt

Heraklit hat einmal gesagt, man steigt nicht zweimal in den gleichen Fluss. Das ganze Leben ist ewige Wandlung, nichts bleibt, wie es ist. Und alle Menschen suchen etwas Dauerhaftes – und finden es nicht. Jedenfalls nicht im Außen, nicht da, wo sie suchen. Wenn Du dein Zentrum nicht kennst, nicht fühlst, dann suchst Du Dir ein Ersatzzentrum und Ersatzziele. Du suchst einen Halt in einem sicheren Job, einer Beziehung oder was auch immer. Aber Du hast es nicht im Griff. Den Job kannst Du verlieren, den Partner auch...

Ego, Persönlichkeit, Charakter, all das heißt Schlaf. Als Ego, als Persönlichkeit zu leben bedeutet, unbewusst zu sein, tief zu schlafen. Du schläfst - mit offenen Augen.

Ein Zen Meister wurde von seinem Schüler gefragt: „Meister, was ist das Geheimnis Deiner ständigen Freude?“ Der Meister antwortete: „Wenn ich gehe, dann gehe ich, wenn ich hungrig bin, dann esse ich, und wenn ich müde bin, dann schlafe ich.“ „Aber Meister“, entgegnete der Schüler, „das macht doch jeder so." „Nicht ganz", sagte der Meister. „Wenn Du gehst, denkst Du an tausend andere Dinge, du BIST nicht beim Gehen. Du isst, weil es eine bestimmte Zeit vorschreibt und Du isst auch, wenn Du keinen Hunger hast. Und wenn Du schläfst, dann träumst Du."

So sieht es aus. Wir sind innerlich ständig mit irgendetwas anderem beschäftig als mit dem, was JETZT geschieht. Deshalb entgeht uns auch ständig das, was sich nicht ändert.

Charakter - Leben im Gefängnis

Charakter heißt: Du lebst nach einer Vorstellung, Deine Handlungen sind geplant, sind mechanisch, unbewusst, sie kommen nicht aus der Gegenwart sondern aus der Vergangenheit.

Charakter bedeutet, das Alte herrscht über das Neue, die Toten bestimmen die Lebenden. Charakter ist wie eine Zwangsjacke, starr, leblos, eine feste, tote Struktur um Dich herum wie ein altes Kleid, bestehend aus vergangenen Erfahrungen, die Vergangenheit überdeckt Dich, sie bestimmt Deine Gegenwart.

Wenn Du wirklich lebendig sein kannst, bewusst, gegenwärtig, kommst Du ohne Charakter aus. Du antwortest der Gegenwart, das heißt Du übernimmst Ver*antwort*ung. Reaktion heißt, Deine Handlung wird von Deiner Vergangenheit bestimmt, kommt aus Deinem Unbewussten und unbewusst Handeln heißt, ohne Verantwortung zu sein, denn Du schläfst, bist unter Drogen.

Wenn Du aus einem Charakter heraus handelst, handelst Du überhaupt nicht; Du reagierst nur. Deine Programmierung lebt Dich. Du bist wie ein Zug, der auf Schienen fahren muss. Du bist nicht frei.

Zieh die Zwangsjacke aus, dann hast Du all Deine Freiheit wieder. Ein Auto ist schon freier, nicht auf Schienen angewiesen. Und vielleicht erwacht in Dir die Sehnsucht nach noch mehr Freiheit.... Geh immer weiter, indem Du immer mehr loslässt, was nicht zu Dir gehört. Dieses Loslassen geschieht innen!

Jedes Kind weiß ganz sicher: "Wenn ich so bin, wie ich bin, wenn ich wahrhaftig bin, dann werde ich ständig in Schwierigkeiten sein". Das Kind weiß, wenn es etwas Wahres sagt, wird es vielleicht sofort dafür bestraft, denn die Anderen leben nicht in der Wahrheit, sie lieben nicht die Wahrheit, sie ziehen eine Lebenslüge vor. Das Kind ist hilflos, also ordnet es sich den Anderen unter. Wenn das Kind nicht stark genug ist, seine Wahrheit zu leben, authentisch zu sein, dann hat es so viele Kompromisse gemacht, dass es wahrscheinlich jeden Sinn für die Wahrheit verloren hat. Von allen Seiten wurde so viel Falsches vorgelebt und verherrlicht, überall wurden dem Kind Lügen eingeimpft. Diese Lebensweise ist so sehr in Fleisch und Blut übergegangen, das Kind ist so unbewusst geworden, dass es ihm unmöglich erscheint, sich daraus wieder zu befreien.

Wenn Dir irgendwann bewusst wird, dass das Deine Situation ist, dann erkennst Du auch, was zu tun ist. Alles, was die Gesellschaft Dir angetan hat, muss wieder rückgängig gemacht werden. Du musst noch einmal geboren werden, wirklich wahrhaftig wiedergeboren.

Deine Persönlichkeit, Dein Gewissen, Deinen Charakter bekommst Du von Außen, von den Anderen, von der Gesellschaft. Das bist Du nicht. Dein Bewusstsein gehört Dir, das bringst Du mit, das *bist* Du.

Je mehr Charakter, desto mehr bist Du Maschine

Charakter ist etwas Fixiertes, er ist unbeweglich, starr und hart wie ein Stein. Charakter bedeutet ewige Wiederholung des Gleichen, Du wiederholst Dich immer wieder, so wie Du gestern warst, was Du gestern getan hast, die gleichen Muster, die gleichen Dramen immer und immer wieder. Du bist vorhersagbar, denn Du lebst wie eine Maschine. Entscheide Dich bewusster zu sein. Je wacher Du bist, desto mehr lebst Du in der Gegenwart und desto weniger bestimmt die Vergangenheit Dein Leben. In der Gegenwart zu sein heißt: frei zu sein. Deine Augen sind immer neu, Deine Sicht ist klar, Deine Wahrnehmung ist geschärft. Deine Handlungen sind eine immer neue Antwort auf das, was jetzt mit einer neuen Sicht der Dinge geschieht. Dein Bewusstsein ist niemals alt, es ist immer neu, frisch. Bist Du bewusst, bist Du immer neu. Bist Du unbewusst, bist Du immer alt.

Wir sind alle durch und durch programmiert

Ein sehr englischer Engländer erzählte einmal, dass er nach einem Schiffbruch mitten im Ozean mit einem anderen Engländer eine ganze Stunde lang im Meer geschwommen war, bis es ihm endlich gelang, sich von seinem Programmiert - Sein zu befreien und zu sprechen, ohne vorgestellt worden zu sein!" Was sagte er? Er sagte: "Entschuldigen Sie, dass ich Sie so anspreche, ohne vorgestellt worden zu sein, aber ist das die Richtung nach Southampton?"

Menschen haben eine roboterhafte Lebensweise: Wie kannst Du Dich als Mensch bezeichnen, wenn all Dein Denken, Dein Fühlen und Deine Handlungen mechanisch vor sich gehen und nicht aus Dir selbst kommen, sondern Deiner Beeinflussung oder Deinem Programmiert - Sein entspringen? "Gibt es etwas, dass dieses Programmiert - Sein durchbrechen kann?" fragte jemand einmal." Ja, Bewusstheit. Und eine Katastrophe können wach machen".

Als ich einmal einen Autounfall verursacht hatte, wurde mir anschließend Folgendes bewusst: Zu dem Zeitpunkt, als der Unfall geschah, war ich unbewusst, abgelenkt durch Gedanken, „irgendwo anders". Dann machte ich plötzlich die Erfahrung, die jeder aus Physik fünfte Klasse kennt: Wo ein Körper ist, kann nicht gleichzeitig ein anderer Körper sein. Blitzschnell war ich hell wach, zwei von drei Autos waren Schrott und meines hatte eine ordentliche Reparatur nötig. Mit anderen Worten: Die so genannten angenehmen Dinge lassen uns einschlafen oder unbewusst sein, und die unangenehmen Dinge wecken uns – meist schmerzhaft – wieder auf. Die Erkenntnis hieß: Wenn Du nicht leiden willst, bleib wach.

Wir schlafen mit offenen Augen

Bist Du wach? Bist Du bewusst? Bewegst Du Dich bewusst? Wirklich? Machst Du jeden Schritt aufmerksam, absichtlich? Weißt Du, warum und wohin Du gehst? Oder gehst Du, weil die Anderen gehen, machst Du es nur den Anderen nach? Wenn die Anderen rennen, rennst Du auch. Wenn sie dem Geld nachjagen, bist Du auch dem Geld hinterher. Wenn es ihnen um Macht geht, willst Du auch Macht. Wenn Du anderen alles nachmachst, wirst du eine Kopie, ein wertloser Gipsabdruck. Du benimmst Dich wie jemand, der unter Drogen steht oder wie jemand, der hypnotisiert wurde. Aber so wirst Du nie Dein ursprüngliches Gesicht kennen, Du wirst nie wissen, wer Du wirklich bist und Du wirst nie Zufriedenheit finden.

Drogen für den Schlaf des Bewusstseins

Es gibt Drogen, die bekommst Du überall kostenlos und ohne Rezept. In der Schule, auf der Uni, in der Werbung. Überall verkauft man Dir Drogen, die Dich ehrgeizig machen und der Ehrgeiz macht Dich unbewusst. Der Ehrgeiz sorgt dafür, dass Du immer weiter rennst, schneller und versuchst, irgendwelche Illusionen zu fangen und die Träume anderer zu verwirklichen. Kauf dies und das, Du musst das haben. Unbewusstes Denken und falsche Identifikation, das sind die stärksten Drogen. Dein Verstand denkt unaufhörlich und jagt Dich von hier nach dort.
Diese Drogen machen abhängig nach immer, immer mehr. Wenn Du ehrgeizig bist oder wenn Dein Verstand Dein Leben bestimmt, dann bist Du Alkoholiker und dieser Alkohol ist schlimmer als der, den Du trinkst. Kannst Du Deinen Verstand abschalten? Hast du den Knopf gefunden? Wenn nicht, dann macht Dein Verstand mit Dir, was er will und Du erlebst Dich als Sklave Deiner Wünsche und als Opfer Deiner Programmierungen.

Unser wahres Sein schläft tief und fest

Und weil unser Sein, unser Wesen tief schläft, beginnt unser Diener, der Verstand- unser Leben zu bestimmen. Solange unser schlafendes Bewusstsein nicht erwacht, ist unser Leben leer, elend, voller Frustration, denn wir leben ein Leben, das uns nicht entspricht.

Alles ist auf dem Kopf, unser Diener, der Verstand übernimmt die Rolle des Herrn und Meisters und wir, der Meister, wir schlafen.
Der Verstand besteht nicht nur aus einer „Person“, es gibt nicht nur eine Stimme in Dir, sondern sehr, sehr viele. Das macht eine so große Verwirrung, weil jede einzelne Stimme vorgibt, „ich“ zu sein.
Ein riesiger Mob an Stimmen macht Dich mehr und mehr zum Opfer dieser Masse in Deinem Innern. Jeder Gedanke, jeder Wunsch zieht Dich in eine andere Richtung, jeder Gedanke versucht Dich zu dominieren, versucht Dir

Befehle zu geben. Ein irrer Kampf, jeder will der „Erste“ sein, und keiner kann gewinnen. Kein Wunder, dass Du Dich am Ende fühlst, erschöpft bist, von all diesen widersprüchlichen Gedanken. Den Vorgang, den wir Verstand nennen, ist ein Nebenprodukt der Gesellschaft. Im Grunde ist der Verstand die Gesellschaft, die durch Dich spricht. Du bist hinter Deinem Verstand. Und solange Du Dich hinter Deinem Verstand versteckst, solange Du nicht zum Vorschein kommst und über den Verstand hinausgehst, wird es Dir an Freude fehlen. Freude ist Deine ganze Natur, aber der Verstand, die Gesellschaft in Dir, wird Dir nicht gestatten, dass Du Deiner Natur gemäß lebst. Das ist die Situation. Und die Schulen, die wir besuchen, zielen mehr oder weniger genau darauf ab, denn sie wirken ja im Auftrag der Gesellschaft, des Staates.

Potenzial

Niemand braucht sich für einen Menschen halten, nur weil er einen menschlichen Körper hat. Der Mensch ist zu 99 Prozent Tier, das kann nicht geleugnet werden. Im Gegenteil, dieser Aspekt muss angenommen, aufgenommen und damit muss schöpferisch umgegangen werden. Das Tier im Menschen soll nicht unterdrückt werden, nicht ausgestoßen werden, denn das sind die Wurzeln. Wer zerstörerisch mit sich umgeht, wer negativ über diesen Aspekt in sich denkt, der zerstört sich selbst, denn das ist sein Anfang, das ist auch Dein Anfang, das sind Deine Wurzeln. Wie ein Baum. Der Baum kann nicht gegen seine Wurzeln kämpfen, denn ohne seine Wurzeln kann er nicht leben. Wenn Du gegen Dein animalisches Erbe ankämpfst, dann bist Du gegen Dich und Du vergisst vollkommen, dass Du all Deine Energien von dort bekommst. Wenn du das Tier umbringst, dann bringst Du Dich automatisch mit um, denn Du bist zu 99 Prozent dieses Tier. Jede Art von Selbstablehnung schafft eine Spaltung in Dir und eine Spaltung macht Dich verrückt.

Aber der Mensch ist nicht nur ein Tier, es gibt im Menschen noch ein „darüber hinaus“, etwas, dass noch mehr ist. Dieses eine Prozent, dieses „darüber hinaus“ ist Deine Fähigkeit, Dein in Dir schlummerndes Potenzial b e w u s s t zu entfalten. Wenn Du den ersten Schritt richtig machst, wenn Du Dich annimmst, so wie Du bist und mit Deinem ganzen Erbe aus dem Tierreich in Dir kreativ umgehst, erwächst daraus das Göttliche. Der Lotus gilt in Indien als ganz besonderes Symbol. Er wächst aus dem Schlamm, aber seine Blüten erheben sich sogar aus dem Wasser, die Blüten werden nicht vom Wasser berührt.

Der Mensch kann als einziges Lebewesen über seine Tiernatur hinausgehen. Das kann keine Pflanze und kein anderes Tier. Eine Margarite bleibt eine Margarite, eine Rose bleibt eine Rose, ein Leben lang. Eine Katze bleibt eine Katze und ein Esel bleibt ein Esel, er wird nicht irgendwann zum Pferd. Kein Wesen außer dem Menschen hat diese einzigartige Freiheit und Möglichkeit, über sich hinauszugehen. Das schließt auch die Entwicklung des Egos als Teil der Evolution mit ein. Dadurch erlangt der Mensch eine gewisse Reife und bekanntlich pflückt sich Gott keine unreifen Früchte, denn das würde nichts bringen. Aber beim Ego stehenzubleiben bringt auch nichts, denn es geht noch weiter, dieses „weiter" ist der Beginn der eigentlichen Entwicklung hin zu dem, was einen wirklichen Menschen ausmacht.

So wird der Mensch im Gegensatz zu Tieren nicht „fertig" geboren, sondern nur als mögliches Potenzial, schlummernd in einem Samen. Und wer weiß, vielleicht wird daraus ein Mensch, vielleicht auch nicht.
Jedes Tier wird seit seiner Geburt mit vollkommenen Instinkten ausgestattet, es wird damit geboren und ist damit abgeschlossen und vollkommen. Im Tierprogramm geht es ums Überleben und um die Erhaltung der Art. Damit ist das Programm erfüllt. Deshalb ist beim Tier auch der Rahmen des Wachstums vorgegeben, bis „dahin" und nicht weiter. Beim Menschen jedoch gibt es – nachdem das Wachstum sein biologisches Ziel erreicht hat – noch mehr Entwicklung, ab da beginnt die eigentliche Evolution hin zum MenschSein.

Die Herde brüllt: Sei einer von uns!

Sobald sich ein Mensch aus der Herde entfernt und sich auf seinen Weg macht, betrachtet ihn der Mob wie einen Kriminellen. Sie klagen ihn an, dass er den Alleingang wählt, dass er als Individuum lebt, dass er sich selber folgt und nicht ihnen. Die, die Teil der Masse bleiben, fühlen sich in Frage gestellt, fühlen sich unterlegen und sie spüren einen großen Schmerz, eine tiefe Wunde. Sie wissen instinktiv: auch sie hätten sich auf ihren eigenen Weg machen können, aber sie haben es nicht getan, sie haben die Sicherheit und

Bequemlichkeit der Herde vorgezogen. Weil das Individuum sich nicht so benimmt wie sie, weil das Individuum nicht von den gleichen Dingen spricht wie sie und auch nicht das gleiche Leben lebt wie sie, deshalb ist die Masse, die Herde schon immer gegen das Individuum gewesen.

Es gibt übrigens auch eine interessante Beobachtung bei Hausgänsen. Im Herbst, wenn die Wildgänse sich sammeln und nach Süden ziehen, werden auch Hausgänse unruhig. Natürlich hat man ihnen die Flügel gestutzt... aber der Instinkt in ihnen wird sofort wach, wenn ihre Artgenossen über sie hinweg fliegen. Die Hausgänse werden für ein paar Sekunden wieder zu Wildgänsen, die Sehnsucht mitzufliegen erwacht, aber sie können nicht...

Angst vor Ablehnung

Was für eine gemeine Verschwörung. Kein Establishment, weder Kirche noch Staat hat jemals die Freiheit und Entwicklung des Menschen gefördert. Freiheit ist immer gefährlich für die, die an der Macht sind. So erzeugt jede Gesellschaft in allen Menschen eine Angst, die Angst vor Ablehnung. Ist diese Angst erstmal in Dir zu Hause, dann wirst du zum Spielball anderer und du musst Dich allen möglichen blinden und unbewussten Mächten und Leuten unterordnen. Du hast Angst, dass Du ausgelacht wirst, dass Du Dein Ansehen verlierst, denn von Deinem Ansehen lebt Deine angenommene Identität, Dein Ego. Oder Du machst Dir Sorgen, dass andere über Dich reden, „was werden die Leute sagen", „was werden die Anderen über mich denken?"

Die Masse hasst jeden, der ihr nicht folgt

Du fühlst Dich schlecht, wenn Du Du selbst bist, denn Du leidest unter der Meinung der Anderen. Aber Du fühlst Dich auch schlecht, wenn Du so bist, wie die Anderen Dich haben wollen, denn Du spielst eine Rolle, die Dir nicht entspricht. Du kannst nur Du selbst sein, alles andere ist nur Show, Pokerface, Selbsttäuschung. Und das scheint das Problem von Jedermann zu sein, denn diese Tradition findest Du auf der ganzen Welt.

Alle haben es auf Deinen Verstand abgesehen

Denn Dein Verstand kann programmiert werden. Er ist lediglich ein Produkt der Gesellschaft, in der Du aufwächst, und die Gesellschaft meldet sehr schnell ihre Interessen an. Natürlich hat er auch gute Seiten, der Verstand hilft Dir, Deinen sozialen Pflichten besser nachzukommen und vieles mehr. Die andere Seite von der Medaille aber ist grausam, denn wenn andere Deinen Verstand programmieren, haben diese Anderen Macht über Dich. Jedes Programm, was Dir aufgezwungen wird, führt zur Manipulation, Du bist fremdbestimmt und fremdgesteuert. Du sagst, Du bist ein freier Mensch, weil Du Dich frei umherbewegen und reisen darfst, aber Du lebst in einem Gefängnis, denn innen bist Du versklavt. Es gibt viele Mächte die ein Interesse daran haben, Dich unintelligent und unbewusst zu halten, denn dann bist Du ungefährlich, Du folgst ohne zu wissen wohin, Du bist ein Befehlsempfänger.

Prinzipien töten Dich

Deine Prinzipien, Deine Vorstellungen, wie das Leben laufen soll, wirken wie eine Barriere, wie eine Schranke. Die Folge ist, dass das wirkliche Leben Dich nie so erreichen kann, wie es ist. Du zwingst dem Leben auf, wie es zu sein hat, es soll sich gefälligst Dir anpassen und diese, dem Leben aufgezwungene Anpassung tötet es ab, Deine Erwartungen machen Dich blind für die Wirklichkeit. Wenn Du Dich einen Juden nennst, lebst Du gemäß jüdischen Prinzipien, wenn Du als Kommunist lebst, lebst Du nach kommunistischen Prinzipien. Und die Haltung, egal wie Deine Prinzipien aussehen, diese Lebenseinstellung erlaubt Dir einfach nicht, mit dem wirklichen Leben in Kontakt zu kommen. Alles wird durch Deine Vorstellung gezwängt, wie es sein soll, alles wird interpretiert, bewertet, entstellt.

Prinzipientreue

Das Leben ist keine Matheaufgabe, es lässt sich nicht in eine Formel zwingen. Du kannst nach Formeln und Definitionen leben, aber sie bringen Dich nicht weiter, sondern sie bringen Dich langsam um. Du wirst am Leben total vorbeigehen, wenn Du nach bestimmten Lebensprinzipien lebst. Manchmal wird ein Prinzip vielleicht einer bestimmten Situation gerecht, aber das ist eher die Ausnahme. Aber Dein Verstand hat die Eigenschaft, diese Situation gleich auf das ganze Leben zu übertragen. Und sobald Du aus einem Standpunkt ein Prinzip für Dein ganzes Leben machst, hast Du die Verbindung zum Leben verloren.

Menschen, die es gut meinen, haben großartige Dinge vollbracht

Die „menschliche" Gesellschaft hat Großartiges geleistet. Die so genannte Erziehung, die Tradition, die Familien und Lehrer haben unglückliche, angepasste Wesen aus ursprünglich ekstatischen, lebendigen, kreativen Menschen gemacht. Es ist so offensichtlich, was hier falsch läuft, aber alle halten das scheinbar für die Normalität.

Hühner bewegen sich in einer großen Schar. Adler fliegen allein

Auch Schafe bewegen sich immer in einer Herde, sie hoffen, dass die Herde Geborgenheit gibt. In einer Herde fühlt sich ein Schaf sicher und beschützt.
Die Chance, einem Feind und Angreifer zu entgehen, ist größer. Allein wollen Schafe, wollen Herdentiere nie sein?

Nur Individuen, Adler und Löwen bleiben allein. Aber die Gesellschaft konnte Individualität noch nie ertragen, geschweige denn dulden, denn Individualität ist nicht folgsam wie ein Schaf. Individualität ist die Eigenschaft eines Löwen. Und der Löwe geht seinen Weg allein. Wir alle wurden als Löwen geboren, auch Du. Aber die Welt konditioniert uns auf jede erdenkliche Weise, die Gesellschaft programmiert uns um - zu Schafen. Hitler war ein großartiger Programmierer dieser Art, er kannte das Gesetz der Psychologie: Wenn man eine Lüge oft genug wiederholt, wird sie zur „Wahrheit". Dieses Gesetz findet seit ewigen Zeiten Anwendung, man redet Dir ein, wer Du sein sollst, solange, bis Du es glaubst. Du bekommst eine dekorative Maske, ein Gewissen, ein Ego, mit einem Wort eine Persönlichkeit. Der Preis war Deine Natur, Dein ursprüngliches Gesicht.

Selbstvermeidung

Man lehrt Dich, Deine Natur zu unterdrücken. Wenn Du Dich erst einmal damit abgefunden hast, gehörst Du zur Gemeinschaft, Du wirst akzeptiert. Je künstlicher Du bist, desto respektvoller wirst Du behandelt in dieser Welt der Lebenslügen. Deshalb müssen alle Deine Bemühungen dahin gehen, wieder natürlich zu sein, so dass Du zu Deiner Blüte gelangst.

Das Versprechen der Kirche – ein Versprecher

„Wer keine Furcht vor dem Teufel hat, der braucht auch keinen Gott mehr." Erinnerst Du Dich an die Stelle im Buch oder im Film „Der Name der Rose"? Der blinde Abt fragt den recherchierenden William von Baskerville: „Was wollt Ihr eigentlich?" Baskerville antwortet: „Ich will das griechische Buch, von dem Ihr sagt, dass es nie geschrieben wurde. Ein Buch, das sich ausschließlich mit der Komödie beschäftigt, die Ihr ebenso hasst wie das Lachen. Dabei handelt es sich wahrscheinlich um das einzige erhaltene Exemplar des zweiten Buches der Poetik des Aristoteles. Es gibt viele Bücher, die die Komödie behandeln, warum ist gerade dieses Buch so gefährlich?" Und der Abt antwortet: „Weil es von Aristoteles ist!" Baskerville: „Was ist so beunruhigend daran, wenn Menschen lachen?" „ Lachen tötet die Furcht und ohne Furcht kann es keinen Glauben geben."

Auch die selbsternannten obersten Stellvertreter Gottes machten kein Geheimnis aus ihrer Verschwörung gegen die Menschen. Papst Leo der 10. sagte einmal: „Welchen Gewinn hat uns das eingebracht; der Mythos des Christus hat uns wohl gedient." ("What profit has it brought to us, this Myth of christ has served us well.")

Glaube ist billig zu haben

Du brauchst nicht selbst zu suchen. Wir sind Eingeweihte, von Gott „ernannt", wir haben schon gefunden (erfunden), Du brauchst nur zu glauben. Und die Menschen kaufen das ab. Kannst Du für einen anderen atmen? Kannst du für einen anderen fühlen, sehen, denken, entscheiden oder handeln? Nun, die Priester können das auch nicht, aber sie sind gute Verkäufer. Das Problem ist nur, ihre „Wahre" wird nie geliefert.

Buddha, Jesus, Laotse, kein Erwachter sagte jemals: „Glaubt an mich!“ Nie. Aber die meisten Menschen wollen die Wahrheit nicht selbst herausfinden, Glauben ist billig und sicher, gibt's gleich um die Ecke. Wahrheit ist schwierig und gefährlich. Du musst teuer dafür bezahlen, Du musst Dich auf eine Suche machen, ganz allein ins Unbekannte vordringen und Du hast nicht mal eine Garantie, dass Du das Gesuchte auch findest, Du kannst Dein Ziel genauso gut verfehlen.

Ich gehöre einer anderen Konfrontation

Einer Religion anzugehören ist offensichtlich etwas anderes, als wahrhaft religiös zu sein. Die Botschaft von Christus ist Liebe. Nur wer wirklich liebt, bedingungslos liebt, ist ein Christ. Protestanten aber können keine wahren Christen sein, wenn sie gegen die Katholiken sind – und umgedreht, die Katholiken sind gegen die Protestanten. Die Christen selbst können nicht wirklich Christen sein, denn sie sind gegen die Juden, gegen die Hindus. Juden können auch keine Christen sein, denn sie sind gegen die Christen und gegen die Moslems. Da, wo Liebe untereinander, miteinander sein könnte, da ist Konfrontation – „ich bin heiliger als Du“. Um Christus wirklich zu folgen, muss man der Liebe folgen. Wahre Religiosität ist eine Sache des Herzens, aber die meisten Menschen, die einer Religion angehören, leben einem Programm gemäß, ein Programm, dass man ihnen „gegeben hat“– sie leben aus ihrem Kopf und wenn der Kopf das Zentrum des Menschen wird, gibt es so viele Ansichten, wie es Köpfe gibt und daraus werden alle Kriege gemacht – natürlich rechtfertigt man diese Kriege mit dem Namen Gottes, die Geschichte und die Gegenwart sind voll davon.

„Religiöse Erziehung“ - man hat Dich betrogen

Stell Dir vor, Drillinge werden nach ihrer Geburt zur Adoption freigegeben. Und sie werden getrennt – jeder kommt in eine andere Familie. Der eine kommt in eine Hindufamilie, der andere in eine muslimische Familie und der Dritte landet in einer christlichen Familie. Was glaubst Du, was passiert? Die Hindueltern werden aus dem Kind versuchen einen Hindu zu machen, die muslimischen Eltern werden ihr Kind als Moslem erziehen und die Christen werden ihr Kind zu einem Christen machen wollen. Hat irgendeiner das Kind gefragt, ob es das will? Diese so genannte religiöse Erziehung ist hässlich, denn niemand wird als Hindu, Moslem oder Christ geboren, diese armen Kinder wurden wie zig Millionen vor ihnen dazu gemacht – völlig respektlos gegenüber der Natur der Kinder und gegen ihren Willen. Auf diese Weise wird jeder Mensch von vornherein um seine eigene Suche nach der Wahrheit betrogen. Ein tolles Spiel.

Ich selbst kann nur von Glück reden, dass ich nie getauft wurde. Taufe ist nur von Bedeutung, wenn es die eigene Entscheidung ist, sie darf nicht aufgezwungen werden. Wenn Du Deinem Kind das Getauftwerden aufzwingst, pflanzt Du ihm eine künstliche Religion ein und das Kind wird später glauben, ein Christ, ein Jude, ein dies oder das zu sein. Wenn es in diesem blinden Glauben bleibt, kommt es vielleicht nie auf die Idee, dass es auch eine wahre Religion, besser gesagt, wahre Religiosität gibt. Ungefragt getauft oder anderweitig irgendeinem Glauben „zugeteilt" zu werden, macht das Kind vielleicht zu einem Christen, aber das Kind wird die Wahrheit, den Christus, wird sich selbst verfehlen. Vielleicht wird das Kind ein Buddhist und das wird zum Hindernis selbst zu erwachen, selbst Buddha zu sein.

Religion hat nichts mit Familientradition zu tun, eine Religion musst Du suchen, Du musst sie bewusst wählen. Dafür musst Du bewusst sein. Es sollte ein Gesetz geben, das Kinder davor schütz, mit ihrer Geburt zu einem Hindu, Juden oder Mohammedaner gemacht zu werden. Geburt und Religion wurden seit langer Zeit in der ganzen Welt regelrecht miteinander verknotet und das erweckt den Eindruck, die Menschen seien religiös.

Eine kleine Geschichte: Der Teufel geht spazieren, da kommt auf einmal einer seiner Jünger ganz aufgeregt angerannt: „Meister, Meister, Dein Werk ist in Gefahr". „Nun beruhige Dich erstmal", sagte der Teufel, „was ist denn los?" „Meister, dort hat jemand die Wahrheit gefunden, er ist erleuchtet und jetzt ist Dein ganzes Werk in Gefahr." „Aber mein Junge", sagte der Teufel ganz ruhig. „Du brauchst Dir gar keine Sorgen zu machen, alles ist in bester Ordnung. Du musst nämlich eines wissen. Ich habe auf der Erde ganz viele Freunde, die werden dem Erwachten helfen, seine Wahrheit zu organisieren." Und wie man sieht – der Teufel hat Recht. Überall Priester und Missionare… und der Geist des Erwachens stirbt...

Die wirklich wahren Dinge im Leben lassen sich nicht organisieren. Liebe lässt sich nicht organisieren, Bewusstsein lässt sich nicht organisieren, Wahrheit lässt sich nicht organisieren – aber Gottes „selbsternannte Minister" machen munter weiter. Es geht nicht darum, an Jesus oder Buddha zu glauben, sondern sie zu verstehen. Die Wahrheit wird Dich befreien, ja, aber Jesus hat nicht gesagt, die Wahrheit eines anderen wird Dich befreien, Du musst sie selbst finden. Geht Dir ein Licht auf?

Der Islam, der Hinduismus, der Buddhismus schaffen unweigerlich einen Kollektivgeist, ein massenhaftes Un-Bewusstes. Auch das Christentum, das Judentum es geht um Zahlen, um Anhänger, um Nullen, je mehr desto stärker ist die Gruppe.

Aber nur ein freier, ein wacher Geist kann die Wahrheit finden. Deshalb kann ich nicht an die Masse glauben, ich glaube an das Individuum. Die Masse, der Mob sucht keine Wahrheit sondern das, was ihm passt. Und was passt dem Mob? Bequemlichkeit, nur keine Aufregung, nur keine Veränderung, nur keine Bewusstwerdung, niemand, der ihren Schlaf stört, sonst wird er gekreuzigt. Ein Geist wie Sokrates ist gefährlich – er wurde vergiftet. Ein Jesus ist eine Gefahr für das Establishment, er ist lebendig nicht zu ertragen für die etablierte Macht.

Die Besessenheit dies oder das „zu werden"

Der Stempel, den Dir die Gesellschaft aufdrückt, um Dich leblos und künstlich zu machen, ist von Land zu Land, von Religion zu Religion unterschiedlich.
Dieser Stempel aber wird zum Zwang, zur Qual, zur Besessenheit. Was heißt Besessenheit? Alles, was zu einer dominanten, herrschenden Macht über Dich wird, alles was Dich zu einem Sklaven reduziert, entwickelt sich zum Meister über Dein Wesen.

Versuche nicht das Unmögliche

Du kannst aber niemand Anderes sein als der, der Du bist. Bitte nimm Dir das zu Herzen: Du kannst nur der sein, der Du bist, aber niemals ein anderer. Wenn diese Wahrheit - "Ich kann nur ich selbst sein" - Dich tief genug durchdringt, wenn Du diese Wahrheit als DEINE Wahrheit akzeptierst, dann verschwinden sämtliche Ideale; sie fallen wie alles Falsche automatisch von Dir ab.

Selbstvertrauen - Du musst anfangen, Dir selbst zu trauen.

Tust Du es nicht, dann wirst Du für immer von anderen erwarten, dass sie Dir Deinen eigenen Wert beweisen und Du wirst nie zufrieden sein. Aus Unbewusstheit entsteht Dein Ego. Und Dein Ego ist dein größtes Hindernis. Dein Ego gibt Dir ein falsches Gefühl einer separaten Existenz, Du glaubst, Du bist von allem getrennt. Aus dieser Fehlsicht heraus beginnst Du zu kämpfen, mit dem „Du“, dem Anderen, mit der gesamten Existenz.

Die gute Nachricht heißt - Ent-Konditionierung

In einer katholischen Schule. Die Ferien sind vorbei und der Lehrer fragt, wer etwas Interessantes zu berichten hat. Peter meldet sich und sagt: „Unsere Katze hat sieben Junge bekommen, und alle sind gute Katholiken.“ „Das ist ja fabelhaft“, sagte der Lehrer erfreut. Ein paar Tage später kam der Bischof zu Besuch und der Lehrer rief Peter, dem Bischof von dem Ereignis zu berichten. „ Unsere Katze hat sieben Junge bekommen“, antwortete Peter, „ und alle sind erwachte Individuen.“ „Aber vor ein paar Tagen hast du etwas ganz anderes gesagt“, fiel der Lehrer ihm ins Wort. „Ja, das stimmt“, antwortete Peter, „aber die Katzen haben jetzt ihre Augen geöffnet“.

Katzen werden blind geboren.... Wir werden mit absoluter Klarheit geboren, aber es gibt viele Interessengemeinschaften in der Welt, die uns lieber „ihre Brille“ aufsetzen, eine Brille, die uns blind macht für uns selbst und die Wirklichkeit. Die gute Nachricht, diese Brille kann wieder abgesetzt werden. Manche glauben, „dieses Rückgängigmachen“ ist ein Prozess, andere glauben, das geht in einem Augenblick. Da jedem nach seinem Glauben geschieht, haben alle recht. Die, die behaupten, das dauere, das brauche Jahre der Therapie und andere, die sagen, das gehe sofort. Was glaubst Du? Was würdest Du gern glauben? Du wählst Deine Überzeugungen selbst und damit Deine Erfahrungen. Ich bin für die Variante „in diesem Augenblick“.

Ich will mehr. Das Ego ist nie zufrieden

Es gibt keinen Unterschied zwischen einem Reichen, also einem reichen Bettler und einem Armen, einem armen Bettler. Beide haben das Gefühl, dass, wenn sie mehr hätten, dann wären sie glücklich. Wirklicher Reichtum beginnt innen, dann hat auch der äußere Reichtum Bedeutung. Innerer Reichtum bedeutet, das „Licht ist an“, Du bist bei Bewusstsein.

Wirkliche Armut

Armut zeigt sich nicht in der Kleidung, die jemand trägt. Armut bedeutet einen Hunger, der nie gesättigt wird, ein Abgrund, ein Fass ohne Boden, ein riesiges Loch aus Gier. Das Ego, die Hölle, es bekommt einfach nie genug.

Das Ego ist „fertig“, am Ende – was kommt jetzt?

Leere macht sich breit, immer wieder, etwas Wesentliches fehlt Dir. Und sofort kommt das Ego und übersetzt die Leere, das, was dir fehlt, in: Wie wär's denn damit? Wenn Du das hast, dann bist du glücklich.

Warum fühle ich so eine unerträgliche Leere in mir, egal, was ich mache?

Die Leere ist ganz besonders spürbar, wenn die Erkenntnis in uns einzieht, dass Wunscherfüllung nicht wahre Erfüllung bringt. Wenn kein Geld der Welt, wenn Nichts und Niemand diese Leere erfüllen kann, wenn es keinen Ausweg der Selbstvermeidung mehr gibt, wenn alles sinnlos erscheint, wenn sich alle Bemühungen, das Glück zu finden, als vergeblich erweisen, dann entsteht eine interessante Situation, denn wenn die Sehnsucht richtig verstanden wird, beginnt das Erwachen. Aber schnell versucht das falsche „ich“ einen spirituellen Egotrip daraus zu machen.

Um anzukommen wo
Du immer warst,
musst Du Dich auf den Weg machen,
den es nicht gibt.

DIE EWIGE SUCHE

Die Geburt des Suchers

Das Leben des Menschen ist ein ewiges Suchen, ein „immer-unterwegs-sein“. Eine nicht endende, verzweifelte, hoffnungslose Suche nach etwas, von dem der Suchende nicht einmal genau weiß, was es ist und ob es überhaupt existiert.
Und trotz dem keiner so richtig weiß, wonach er letztendlich sucht, bleibt dieser unwiderstehliche Drang weiterzusuchen. Die Sehnsucht, die sich in dieser Suche ausdrückt ist durch Nichts zu erfüllen, egal, was der Suchende findet, Zufriedenheit stellt sich nicht ein. Es stellt sich immer wieder das gleiche Gefühl ein: Frustration. Egal, was der Mensch auch anstellt, was immer er erreicht oder bekommt, wird im gleichen Augenblick bedeutungslos, wenn es erreicht ist. Noch mal zur Wiederholung, denn so was überliest man gern. Egal, was der Mensch auch anstellt, was immer er erreicht oder bekommt, wird im gleichen Augenblick bedeutungslos, wenn es erreicht ist. Und nach kurzer Pause im Gefühl der Hoffnungslosigkeit erholt sich der Sucher wieder von seiner Frustration – und die Suche geht weiter. Sie geht immer weiter, eine unendliche Geschichte. Es ist ganz gleichgültig, ob Du bekommst, was Du willst oder ob Du es nicht bekommst. Es ist offenbar völlig unwesentlich, ob Du etwas hast oder nicht. Immer wieder beginnt die Suche aufs Neue. Bettler suchen und Könige suchen. Die Ärmsten suchen und die Reichsten suchen, die Kranken suchen und die Gesunden suchen, die Erfolglosen suchen und die Erfolgreichen suchen, die Mächtigen suchen und die Machtlosen suchen, die Intelligenten suchen und die Dummen suchen ebenfalls. Das Komische ist: keiner von ihnen weiß genau, wonach er sucht.

Was ist diese Suche?

Was verstanden werden muss, ist die Suche selbst. Was ist diese Suche? Warum ist sie da? Was ist das Ziel dieser Suche? Warum kann man diese Sehnsucht nicht erfüllen? Warum kann man alles Mögliche finden und doch geht die Suche weiter? Egal womit man die Suche „füttert", das Verlangen hört nie auf, Du wirst nie satt. Es ist wie ein Fass ohne Boden. Der suchende Geist scheint ein Loch zu haben. Einen unersättlichen Abgrund. Egal, was du hineintust, es verschwindet im Nichts, als hättest Du nichts hineingetan. Du kannst anstellen, was Du willst, Nichts und Niemand auf der Welt scheint diese Leere, dieses Nichts zu füllen. Und je mehr Du unternimmst, je mehr Du Dich anstrengst, diese Leere zu füllen, desto frustrierter wirst Du.

Die wahre Leere

Wenn der Schuh passt, wird der Fuß vergessen, wenn der Gürtel passt, wird die Taille vergessen, wenn alle Dinge in Harmonie sind, wird das Ego vergessen. Was nützen also Eure Entbehrungen?

Was hat Buddha nicht alles versucht, er hat nichts ausgelassen in seiner Suche. Jahre größter Entbehrungen. Sein Körper war nach all den asketischen Jahren total geschwächt. Und er war absolut frustriert, er war am Ende. Sein ewiges Suchen offenbarte ihm letztendlich nur die eine Erkenntnis: Es ist sinnlos, es gibt nichts zu finden. Und er war vollkommen hoffnungslos, hoffnungsloser ging es nicht, gar Nichts machte einen Sinn mehr. Er gab auf. Und was geschah dann? Er setzte sich unter einen Baum. Seit langer Zeit ruhte er sich wirklich aus, er wollte nirgends mehr hin, wollte nichts erreichen, er hatte auch seinen letzten Wunsch nach Erleuchtung losgelassen. Sein Aufgeben war absolut, nicht die kleinste Hoffnung vielleicht doch noch zu finden, kein Verstand, der ihn weitertrieb mit verlockenden Angeboten: Geh nur noch ein paar Schritte weiter, gleich um die Ecke.... wirst Du finden. Nichts von alledem blieb übrig, seine Suche war beendet. Er saß einfach da, leer und entspannt. Dann schlief er ein und als er in der Morgendämmerung aufwachte, war er nicht mehr der Gleiche. Mit dem Verschwinden des letzten, sichtbaren Sternes am Himmel, verschwand auch der letzte Rest seiner alten Identität und im gleichen Augenblick erkannte er seine wahre Natur.

Tun, durch nicht tun

Wenn die Suche verschwindet, wenn der „Sucher" verschwindet, wenn Du absolut „hier" bist ohne woanders sein zu wollen, ohne einen Wunsch nach Veränderung, dann kann „es" jetzt in diesem Augenblick auch mit Dir passieren. Aber am Anfang, so scheint es, musst Du ein Suchender sein, Du musst Dich anstrengen bis zur Erschöpfung. Und dann, nachdem Du Dir alle erdenkliche Mühe gemacht hast, dann erkennst Du, dass „es" nur dann geschehen kann, wenn Du Dich in einem Bewusstseinzustand des „Hier und Jetzt Seins" befindest, mit andern Worten im Zustand des „Nicht-Suchens". Du realisierst, dass Du „es" nicht bekommst, weil Du dieses oder jenes tust. Es geschieht trotz all Deiner Bemühungen, wenn Du offen und wach dafür bist.

Du glaubst, dass Du in diesem Moment nicht dort hingelangen kannst, weil Du noch nicht vollkommen genug bist, noch nicht gut genug. **Aber die Wahrheit ist, dass Hier und Jetzt der einzige Punkt ist, von dem aus Du dorthin gelangen *kannst*. Du *kommst* dort *an*, wenn Du einsiehst, dass Du schon dort bist. Du findest Gott in dem Moment, wo Du einsiehst, dass Du Gott nicht zu suchen brauchst.** Es gibt also nicht einen *einzigen* Weg zur Erlösung: Jeder Umstand kann es werden und kein besonderer Umstand ist nötig. Es gibt allerdings nur einen Zugangspunkt: das Jetzt.

Du hast in Deinem Leben immer wieder Momente des Glücks erlebt – vielleicht ohne jede äußere Ursache - und wolltest eins werden mit diesem Glück, so dass es nicht mehr nur ein flüchtiges Gefühl ist, sondern ein ständiger Zustand. Also hast Du Dich überall umgeschaut. Du hast vieles ausprobiert, warst auf Reisen, hast Partnerschaften erlebt, hast – unbewusst – schon Dein ganzes Leben gesucht. Du warst lange davon überzeugt, wenn Du Dir diesen einen Wunsch erfüllst, wenn Du nur noch dieses eine Ziel erreichst, dann hast Du es geschafft, dann bist Du endlich glücklich. Nur noch dieses eine Mal, dann... Aber Du weißt ganz genau, wie schnell dieses „Glück" verflogen war, sobald Du bekommen hattest, was Du wolltest. Ob es Dir bewusst war oder nicht, Du hast etwas gesucht, das Dauer hat, etwas, das immer so bleibt und sich nie verändert. Hast Du Dich einmal selbst gefragt, ob es das, was Du suchst, wirklich gibt? Ob das, wonach Du Dich sehnst, ob das wirklich dort existiert, dort, wo Du suchst?

Ist Dir jemals aufgefallen, dass alles in dieser Welt sich verändert, dass nichts bleibt, wie es ist! Hast Du Dich einmal gefragt, was Du wirklich suchst? Wenn es nicht in den Dingen zu finden war, die Du bekommen und erreicht hast, ist es vielleicht dahinter? Wie kommst Du darauf, Wunscherfüllung für wahre Erfüllung zu halten?

Was willst Du wirklich, das Haus oder willst Du glücklich sein? Willst Du den Partner, die Partnerin, oder willst Du glücklich sein? Willst Du, dass Deine Bedingungen erfüllt werden, oder willst Du einfach glücklich sein? Würdest Du Dich dafür entscheiden, einfach glücklich zu sein, grundlos glücklich? Ohne Bedingungen, einfach so?
Glaubst Du, dass man grundlos glücklich sein kann? Nun, Kinder sind es, Du warst es, auch wenn Du es vergessen hast. Die Staubschicht, die Dich vergessen macht, die muss verschwinden. Wenn Deine Suche dazu führt auch zu finden, musst Du aufhören zu suchen, Du musst aufwachen. Suchen bedeutet, Deine Blicke sind in die Zukunft gerichtet, morgen..... Finden kannst Du aber nur jetzt. Aufwachen und wirklich in der Gegenwart sein, das wird Dich verwandeln.

Ein Meister saß eines Abends auf der Straße vor seinem Haus. Die Sonne ging gerade unter, und auf der Straße war noch ein bisschen Licht.
Seine Augen waren schon schwach, er konnte nicht mehr gut sehen. Einer seiner Schüler kam die Straße entlang und fragte den Meister: „Was suchst Du?“ Der Meister gab zur Antwort: „Deine Frage ist belanglos. Ich suche einfach. Wenn Du mir helfen kannst, dann hilf mir einfach.“ Der Schüler war irritiert. „Bist Du verrückt geworden, Meister? Du sagst, meine Frage ist belanglos, aber wie soll ich Dir helfen, wenn ich nicht weiß, wonach Du suchst?“ „Na gut“, sagte der Meister, um den Schüler zufrieden zu stellen. „Ich suche meinen Schlüssel.“ So begann der Schüler dem Meister zu helfen, aber er wusste auch, die Straße ist sehr breit und der Schlüssel ist sehr klein und unauffällig. Der Schüler wurde ungeduldig und fragte den Meister: „Kannst Du mir bitte sagen, wo Du den Schlüssel verloren hast oder wo Du ihn zuletzt hattest? Sonst suchen wir hier ewig.“ Der Meister schaute den Schüler an und sagte abermals. „Du stellst schon wieder eine belanglose Frage. Was hat das mit meiner Suche zu tun?“ Der Schüler konnte sich nicht mehr halten: „Du bist ohne Zweifel verrückt geworden.“ Der Meister sagte ganz ruhig: „Nun gut, um Dich zufrieden zu stellen, sage ich es Dir: Ich hab

den Schlüssel in meinem Haus verloren, ich suche aber hier, weil es hier draußen noch hell ist, und in meinem Haus gibt es kein Licht."
Dieses Gleichnis beschreibt Deine Suche. Du suchst überall, wo Du nicht finden kannst – außen, weil da mehr Licht ist. All Deine Sinne führen Dich nach" Außen", weil Deine inneren Sinne verstaubt sind. Und weil alle Außen suchen und rennen und wetteifern, glaubst Du, da muss es sein. Und das machst Du solange, bis die Suche so vergeblich wird, bis das „Nicht-Finden" unerträglich wird, bis sich vollkommene Hoffnungslosigkeit in Dir breit macht. Wenn Du durch die eine oder andere Krise zum Stillstand kommst und erkennst, dass Dein Suchen Dir nichts bringt, in diesem Moment der Leere des Nichts, in diesem Moment wird Finden möglich, denn Du bist mit der Gegenwart konfrontiert. Aber sobald Du zur Ruhe kommst, schafft Dein Verstand für gewöhnlich ein neues Ziel, neue Wünsche machen sich breit, vielleicht wird es morgen besser. Die Suche ergreift Dich wieder, vielleicht ist es woanders. Es ist ein fieberhaftes Suchen. Du suchst in dieser Welt, suchst im Diesseits und Du suchst im Jenseits. Einmal suchst Du Geld, Erfolg, Macht und Ansehen. Dann suchst Du den idealen Partner, Gesundheit, einen erfüllenden Beruf. Und irgendwann suchst du Gott, Liebe, Meditation, Erleuchtung, Glückseeligkeit. – Deine Suche geht immer weiter. Es scheint so, als ist die ganze Menschheit krank. Die Krankheit heißt „Suchen". Dieses krankhafte Suchen erlaubt Dir einfach nicht, in der Gegenwart zu sein, Du bist nie Hier und Jetzt. Das Suchen führt Dich immer weiter, immer weiter weg von dem, was Jetzt ist. Im Grunde ist diese Suche eine Vorstellung. Eine Projektion. Die Suche bedeutet, das Jetzt ist nicht gut genug, das Hier ist nicht ausreichend, Du willst nach dort. Ein ewiges Verlangen, dass es irgendwann, irgendwo etwas geben muss, was Du unbedingt brauchst, aber nicht hast. Dieses „etwas" existiert irgendwo, aber dieses „irgendwo" wird nie erreicht. Die Suche ist ein endloses immer Weiter, immer Mehr, immer Schneller, das Verlangen, das „Wahre" zu finden, treibt Dich unaufhörlich weiter, lässt Dich nicht in Ruhe. Dein Verlangen nach etwas, was Du in der Zukunft suchst, macht Dich langsam aber sicher verrückt, aber es erfüllt sich nie.

Hast Du Dich jemals gefragt, wonach Du eigentlich suchst?

Hast Du jemals versucht herauszufinden, was Du eigentlich suchst? Hast Du Klarheit darüber? Hast Du das Ziel Deiner Suche jemals definiert, kannst Du es präzise benennen? Kannst Du nicht. Wie auch, in dem Augenblick, wo Du anfängst, es zu präzisieren, in dem Moment, wo Du Deine Suche definieren willst, erkennst Du auch, dass es sinnlos ist danach zu suchen. Dein Suchen ist Teil Deines Bewusstseinszustandes, Teil Deines von-der-besseren-Zukunft-Träumens. Je unklarer Dein Leben ist, je verschwommener Deine Situation ist, desto mehr bist Du auf der Suche. Du kannst weder still sitzen, noch nichts tun, du bist getrieben von diesem inneren Zwang, aber Du hast keinen Schimmer, wonach du eigentlich suchst.

Solange Du nicht weißt, wonach Du suchst, wie kannst Du es finden?

Deine ganze Suche findet in völliger Dunkelheit statt. Alles ist unklar und verschwommen. Du denkst vielleicht, es sei Erfolg, Gesundheit, Geld, Macht, Ruhm, Ansehen, ein bestimmter Partner. Entweder Du fängst an, das Gleiche wie diese Leute zu suchen, oder, was intelligenter ist, Du beobachtest sie aufmerksam. Wenn Du aufmerksam hinschaust, erkennst Du, dass die Menschen, die all das haben, was Du glaubst zu brauchen, dass all die mächtigen, wohlhabenden, angesehenen, prominenten Leute genauso suchen. Selbst die Reichsten der Reichen – sie suchen genauso. Und sie suchen bis an ihr Lebensende, ihr Geld und Besitz scheint sie nicht zu erfüllen, ihre Macht scheint ihnen nicht zu helfen. Die Suche geht immer weiter, ganz egal, wie viel man hat.

Die Suche existiert nur – wie das Ego - weil du schläfst

Wenn Du beginnst, das Ziel Deiner Suche klar zu definieren, wirst Du überrascht sein. Je mehr Du hinschaust, um sie zu definieren, umso mehr verschwindet die Suche. In dem Augenblick, wo Du ganz klar erkennst, worum es geht, verschwindet die Suche plötzlich völlig von selbst. Die Suche, dieses endlose Verlangen kann nur existieren, solange Du nicht wirklich hinschaust, solange Du nicht bewusst bist, solange Du unaufmerksam bist. Die Suche ist da, weil du fest schläfst, wenn Du nicht bewusst bist, dann ist die Suche da. Einzig und allein in Deiner Unbewusstheit kann sie existieren. Dein Denken erschafft Vergangenheit und Zukunft und macht Dich unbewusst für die Gegenwart, für die Wirklichkeit. Unbewusstheit ist die ganze Ursache für Dein Suchen, Dein Schlaf setzt Deine Suche in Gang.

Mit dem Ego ist es das Gleiche

Bodhidharma war Gast bei einem König. Der König beklagte sich über seinen ruhelosen Geist, der ihn nachts nicht schlafen lässt und irgendwann noch ganz verrückt macht. So fragte der König den Meister, ob er ihm helfen könne. Bodhidharma sagte: „Komm morgen früh um 3 Uhr zu mir und bring Deinen Verstand mit, vergiss ihn nicht. Ich habe einen Stock und ich werde Deinen Verstand zur Ruhe bringen." Der König willigte zwar ein, hatte aber Angst vor dem, was Bodhidharma mit ihm anstellen würde. Er konnte auch diese Nacht nicht schlafen, er überlegte hin und her, ob er wohl zu dem „Verrückten" gehen solle, der mit einem Stock um 3 Uhr morgens wartet, um des Königs Verstand zu verprügeln. Letztendlich entschloss sich der König doch, zum vereinbarten Termin da zu sein. Bodhidharma wartete mit dem Stock und sagte: „Setz Dich vor mich hin, schließ Deine Augen und zeige mir, wo Dein Verstand ist. Wenn du ihn gefunden hast, sagst du es mir, und ich schlage zu." Dem König wurde Himmelangst, wäre ich bloß nicht zu diesem Menschen gegangen. Aber er tat, was er sollte. Er schloss seine Augen und suchte, so gut er konnte, in seinem Innern, immer in dem Wissen, Bodhidharma schlägt sofort zu, wenn der König seinen Quälgeist findet. Der König kam ins Schwitzen, er war ängstlich und aufgeregt. Aber je mehr er suchte, desto ruhiger wurde er und desto mehr verschwanden seine Gedanken. Das ging immer weiter und nach 2 Stunden klärte sich das Gesicht des Königs, er öffnete die Augen und sagte: „Du hast mir wahrhaftig geholfen, ich fühle mich wie verwandelt. Ganz still und klar." „Und Dein Verstand, fragte Bodhidharma, wo ist er?" Der König: „Ich habe erkannt, dass er nur da ist, wenn ich unbewusst bin. Jetzt bin ich bewusst."

Weil Du schläfst, weil Du unbewusst bist, lebst Du in der Illusion ein „Ich" zu sein. Wenn Du aber mal genau hinschauen würdest, findest Du kein Ich. Je mehr Du schaust, je bewusster Du in Dir schaust, desto mehr verschwindet dieses Ich, diese Idee. Das Ego existiert nur als Fiktion, wenn Du „nicht „Hier" bist, nicht „Jetzt" bist.

Wie kann ich bewusster sein?

Wenn Du Dich wahrnimmst, wenn Du Dein Leben, Deinen Alltag betrachtest, wirst Du feststellen, dass es Momente gibt, da bist Du achtsamer, gegenwärtiger, bewusster. Und es gibt Momente, da schläfst Du mit offenen Augen, da bist Du unbewusst. Du bist nicht „hier" sondern dort. Wenn Du das erkennst, dass Du zwischen diesen Zuständen hin und her wechselst, dann ist es Dir auch gegeben, Situationen herzustellen, in denen Du achtsamer, bewusster bist. Erkenne einfach, dass Du in jedem Augenblick eine Wahl hast und eine Entscheidung triffst. Sie lautet: Bewusst oder unbewusst zu sein. Auch wenn Dir diese Wahl nicht bewusst ist, bleibt es Deine Entscheidung. Entscheide Dich einfach immer wieder für Bewusstsein und wenn Du es tausend Mal am Tag vergisst, erinnere Dich einfach wieder, jetzt zu sein, hier zu sein, bewusst zu sein.

Du sagst, alles Falsche loslassen, entkonditionieren, rückgängig machen, was mir angetan wurde. Wie soll ich da jemals wieder rauskommen?

Akzeptiere Dich

Egal, wie Dein Leben jetzt im Moment aussieht. Wenn Du da „rauskommen" willst, wenn Du das Falsche ab jetzt lassen und loslassen willst, dann beginne zuerst damit, nicht mehr über Dich selbst zu urteilen. Fang langsam an, Dich zu akzeptieren, so wie Du bist. Akzeptiere deine Schwächen, Deine Unvollkommenheit, Deine Fehler und Deine Niederlagen. Nimm alles an, wie es ist und hör auf, gegen Dich zu kämpfen. Es gibt überhaupt keinen Grund, etwas Anderes vorzutäuschen, sei einfach so, wie Du bist, sei einfach Du selbst. Wenn Dein Widerstand aufhört, wächst Du ganz von selbst wieder zusammen, die Spaltung in Dir verschwindet, Du wirst wieder heil, ganz, eins.

Geh weiter

Der Umgang mit der Welt hat Dich beeindruckt, hat Dich geprägt und hat Dich von Dir selbst abgelenkt. Einen großen Teil Deines Lebens hast Du damit verbracht, alles Mögliche in Deinem Geist anzusammeln, Ideen, Identitäten, Überzeugungen, Vergangenheit, ...Du hast die „Erziehung" über

Dich ergehen lassen, die Schule hat Einiges mit Dir angestellt – und jetzt musst Du selber zusehen, wie Du da wieder „rauskommst". Was, wie gesellschaftliche Entwicklung aussieht, ist in Wirklichkeit eine Verwicklung, man hat Dich eingewickelt in Vorstellungen aller Art. Da musst Du wieder raus, musst Dich von den ganzen Spinnweben befreien, so dass Deine wahre Natur sich entfalten kann, so dass Du, Dein Wesen, sich wirklich entwickelt und Erfüllung findet. Dafür musst Du Dich von vielem trennen, Du musst vieles hinter Dir lassen.

„Halbzeit" in der Entwicklung

Gesellschaft schafft das „Raupenstadium". Wir werden „eingewickelt" in ein Netz aus tausend Identitäten und Abhängigkeiten. Darin bleiben die meisten stecken, aber es geht noch weiter! Das darfst Du niemals vergessen. Lass Dich nicht häuslich in der Gesellschaft nieder, es ist nur ein Stadium innerhalb der Entwicklung, kein Platz zum Ausruhen, keine „Heimat". Lerne in der Gesellschaft zu leben, füge Dich ein und geh dann weiter, wachse darüber hinaus. Als Du noch ungeboren im Bauch Deiner Mutter warst, warst du allein – Regeln waren nicht nötig. Aber sobald Du mit anderen Menschen zusammen bist, kommst Du ohne Regeln nicht aus. In Beziehung mit anderen zu sein bedeutet, Rücksicht nehmen und auch an andere zu denken. In einer Gesellschaft braucht es Regeln, weil Du nicht allein bist und mit anderen leben musst. Lerne diese Regeln und wenn der richtige Zeitpunkt gekommen ist, verlerne sie einfach wieder.

Gesellschaft ist nur eine Passage, nicht dort stecken bleiben

Hafiz hat viele wunderbare Gedichte geschrieben, eins geht so: „Heute will das Gemüse geerntet werden von jemandem, der Gottes Namen singt." Woher hat Hafiz solche streng geheimen Informationen? Nun, irgendwann einmal waren wir alle Zwiebeln, Tomaten oder Zucchini. Davor erlebten wir uns vielleicht als Stein und nach den Zucchini kam die Erfahrung als Schwein, gefolgt vom Egoisten bis wir beim wirklichen Menschen ankamen. Ein Teil der Herde, ein Teil der Gesellschaft zu sein ist ganz normaler Bestandteil der menschlichen Entwicklung, aber die Gesellschaft ist nur eine Passage, eine Art Schleuse, danach geht es noch weiter. Gesellschaft ist wie eine Klassenstufe in der Schule des Lebens, weiter nichts. Die Schule des

Lebens setzt sich aber fort, geht über die Gesellschaft hinaus. Das Leben ist einfach sehr viel mehr, als dass die Entwicklung im „Bürgerlichen“ beendet ist.

Kinder werden als Riesen geboren

Dein Sein ist unendlich weit, aber durch die „Behandlung“ der Welt, der Gesellschaft, der Schule und der Familie, ist von unserem unendlichen Sein nicht viel übrig geblieben.
Reinhard May besingt es sehr treffend in dem Lied. „Du bist ein Riese Max.“
„Kinder werden als Riesen geboren, doch mit jedem Tag, der dann erwacht, geht ein Stück von ihrem Glück verloren, tun wir etwas, dass sie kleiner macht. Kinder versetzen solange Berge, bis der Teufelskreis beginnt, bis sie wie wir – erwachsene Zwerge, endlich so groß wie wir Kleinen sind.“
Jede Art von Selbstvergessenheit, von falscher Identifikation führt dazu, in einem Gefängnis zu leben. Wir werden in ganz kleine Räume eingesperrt und deshalb ist die Welt voll mit unglücklichen Menschen. Wir fühlen uns so eingeengt, als wenn man das Meer in einen Regentropfen hineinzwingt.

Gesellschaft, Ego –was kommt jetzt? – wohin?

Die Frage ist: Wohin zurück? Wenn der Kreis sich schließen soll, musst Du wieder zu Deinem Ursprung finden.

Wachstum ist schwer. Damit etwas Neues wachsen kann, muss etwas losgelassen werden. Und für uns ist Loslassen oft mit Schmerz verbunden, sich von etwas zu trennen, tut weh. Aber etwas Altes muss zerstört werden, damit etwas Neues sich entfalten kann. Jeder kleine, auch noch so geringe Tod ist nötig für eine Wiedergeburt. Und wenn Du diese Wiedergeburt willst, dann musst Du alle falschen Kleider ausziehen, Du musst alle falschen Gesichter fallenlassen. Wenn Du aber an einem Teil festhältst und fest hängst, merkst Du Deine Widerstände, loszulassen. Du willst die Schmerzen nicht durchmachen aber trotzdem frei sein von dem, was die Schmerzen bereitet.

Jeder Raucher versteht, was ich meine. Eine Abhängigkeit los zu werden ist oft nicht einfach. Du weißt, es schadet Dir, es macht Dich krank und verrückt und trotzdem lässt Du es nicht – die Gewohnheit ist so stark. Deine

Entscheidung, mit dem Rauchen aufzuhören, kommt aus Deiner Bewusstheit, aber Deine Bewusstheit ist nur minimal. Oft wird das Beispiel mit dem Eisberg gegeben, ein Siebentel des Eisberges schaut oben aus dem Wasser und die restlichen sechs Siebentel sind unter der Wasseroberfläche. Und Du brauchst nicht zu glauben einen freien Willen zu haben, solange Du zu 90 Prozent schläfst, denn Deine Entscheidungen mögen aus Deinen wachen Momenten kommen, Deine Handlungen aber kommen aus Deinem Unbewussten.

Wir gehen durchs Feuer

Es gibt eine Geschichte über die Unterhaltung zwischen einem Granitblock und einer wunderschönen Statue. Der Granitblock fühlte sich misshandelt: „Jeder läuft auf mir herum, Menschen putzen ihre Schuhe an mir." Er beschwerte sich bei der Statue, weil diese täglich viele Besucher anzog, sie sogar Blumen vor ihr nieder legten. „Das ist unfair, Du wirst bewundert und ich werde verachtet."
Darauf sagte die Statue zu dem Granitblock: „Mein lieber Bruder, Deine Beschwerden machen Dich blind für die Wirklichkeit. Auch ich war einmal ein Block aus Granit, genau wie Du. Als der Bildhauer damit begann, mit Hammer und Meißel an Dir zuerst zu arbeiten, hast Du laut geschrieen und gesagt, er solle sofort damit aufhören. Das tat er auch. Stattdessen begann er, an mir zu arbeiten und ich dachte, es müsse einen Grund geben für all die Hammerschläge, ich wurde ganz still und beobachtete, wie er all die ungewollten, unnötigen Teile abschlug- bis diese wunderschöne Statue zum Vorschein kam. Natürlich hatte ich Schmerzen, aber ich wusste, diese Schmerzen zerstörten mich nicht, im Gegenteil, sie verhelfen mir zu einer Wiedergeburt. Auch in Dir, lieber Nachbar wohnt etwas Wunderbares. Lass zu, dass alles an Dir verschwindet, was dieses Wunderbare verhüllt und Du wirst die gleiche Freude erfahren wie ich." Wie viele von uns sind wunderschöne Stauen, die sich noch im Steinblock verstecken?
Es gibt eine Stelle im Alten Testament, als Moses auf den Berg geht. Er sieht einen brennenden Busch, aber der Busch selbst verbrennt nicht. Das gleiche widerfährt uns allen, wenn wir uns von Rost und Staub befreien. Feuer hat eine reinigende Eigenschaft.

Du bist reines Gold

Um das zu realisieren, gehst Du durch ein Feuer, das Feuer der Reinigung. Dieses Feuer verbrennt das „etwas Andere", verbrennt das Ego, verbrennt alle Unreinheiten, alles, was Du nicht bist. Viele wollen natürlich loslassen, was sie hindert zu sein, der sie sind, aber nur wenige wollen den Preis des durchs Feuergehens zahlen. Es ist sehr schmerzhaft, nicht weil Schmerz dazugehört, sondern weil wir so sehr an unseren Vorstellungen, an unseren Illusionen hängen. Einen Teil der Ego-Illusion wollen wir loswerden und einen anderen wollen wir behalten. Dieser Widerspruch behindert den Prozess des Loslassens.

Angenommen wir starten mit 12 Karat Gold. Wenn wir jetzt intensive Hitze erzeugen, also Energie und Bewusstsein, dann schmilzt das Gold und die Unreinheiten verbrennen. Jetzt, nach dieser ersten "Behandlung" hat das neu veredelte Gold schon 14 Karat. Und dieser Prozess wird fortgesetzt und immer wieder wiederholt, bis wir bei 24 Karat ankommen. Das heißt, durch das immer wieder neue Aufschmelzen des Goldes haben wir nun das Reinste, was es gibt, nämlich 99999 reines Gold.

Dieses Aufschmelzen nennt man Meditation, Bewusstheit, Achtsamkeit. Diese Aspekte sind wie chirurgische Eingriffe, die Dich von Allem lostrennen, was nicht Dein Eigenes ist. Zurück bleibt am Ende nur Dein wahres, Dein authentisches Sein. Diese „Operation" verbrennt alle falschen Gesichter und Kleider und Masken und Du wirst völlig nackt. Bis Du ganz allein dastehst, ohne Vergangenheit als jemand, der gar nichts weiß und alles erst (wieder)entdecken muss.

Wie oft hast Du Dir schon die Hände gewaschen?

Und wie oft Deinen Geist? Körperliche Hygiene ist wohl ganz normal, aber geistig gesehen brauchen wir eine gründliche Reinigung, eine ordentliche geistige Desinfektion – genannt Psychohygiene. So, wie wir uns mehrmals die Hände waschen, wenn sie schmutzig geworden sind, so sollten wir auch unseren Geist täglich von dem Staub der Erfahrungen und unerwünschten Eindrücken reinigen. Begrabe die Toten.

"Hindurch, nicht drum herum"

Ein Krieger und ein junger Mann liefen durch einen dichten Wald. Während sie liefen, stellte der junge Mann dem Krieger viele Fragen, wie: "Mein Geist ist so unruhig, könntest Du mir ein Mantra geben, um ihn zu beruhigen?" Der Krieger antwortete: "Ja, könnte ich, aber Du würdest Dich daran festklammern und Zuneigung für eine äußere Methode entwickeln, welche nicht das Zentrum des Problems erreicht." Darauf fragte der junge Mann: "Nun, schlägst Du Yoga oder andere Methoden, um mir zu helfen vor, um meine wahre Natur zu begreifen?" Der Krieger antwortete: "Ja, aber Du würdest an dem Verlangen der Realisierung festhalten und die Methoden selber stellen eventuell ein Hindernis dar."

Während sie liefen, kamen sie in eine Gegend, wo die Büsche besonders dick wurden. Der junge Mann hielt an und dachte über ihren Weg nach, während er sagte: "Nun, wie kommen wir um die Büsche herum?" Der Krieger packte den jungen Mann sofort an den Schultern und sprach konzentriert zu ihm: "Gehe nicht um die Büsche, sondern durch sie hindurch. Das ist wie die Fragen, welche Du mir gestellt hast. Du möchtest Methoden wissen und glaubst dadurch an einem Ziel anzukommen: Du suchst einen Weg, um von anderen diktierte Sachen auszuführen. Du erreichst nicht die Ursache des Grundes, Du spielst nur intellekte Spiele mit Dir selber. Das wirklich Wesentliche und das Herz der spirituellen Sache ist so einfach - es ist ehrlich zu Dir selbst zu sein und Deine Prioritäten zu ordnen. Schlage Dich nicht um die Büsche herum und suche nach einem Weg um die Wahrheit herum, mit anderen Worten gehe direkt durch die Büsche." Und damit gab der Krieger dem jungen Mann einen kräftigen Stoß und schubste ihn taumelnd in die Büsche, während der Krieger mit Wonne lachte.

Zwei Möglichkeiten

Im Wesentlichen hast Du die Wahl unbewusst zu leben, nach unten gezogen zu werden von unbewussten Kräften, so wie bei der Gravitation, das geht mühelos. Wenn Du nicht auf den Gipfel eines Berges willst, brauchst Du Dich nicht im Geringsten anzustrengen, Du kannst Dich einfach wie ein Stein nach unten rollen lassen. Das erscheint angenehm und leicht. Das ist der Weg der Tradition, Du gehst konform mit der Gesellschaft, Du folgst der Masse, alles geht ganz leicht, aber der Preis ist: Dein Wachstum hört auf. Leben hat nur Bedeutung, wenn Wachstum sich ständig fortsetzt.

Der andere Weg geht bergauf, gegen den Strom. Dazu brauchst Du Bewusstheit und Energie, denn der Weg ist anstrengend.

Warum wache ich nicht auf?

Zunächst einmal erkenne, warum Du schläfst und was mit Schlaf gemeint ist. Du hast lange in einer Vorstellungswelt gelebt und Du bist der Überzeugung, dass, wenn Deine Erwartungen, Deine Vorstellungen erfüllt werden, dann bist Du „am Ziel" und zufrieden. Mit anderen Worten, Du willst etwas von der Welt, von einem Menschen haben und Du versprichst Dir davon Erfüllung. Deine gesamte Aufmerksamkeit ist ständig auf etwas im Außen gerichtet, irgendwelche Objekte fangen Deine Aufmerksamkeit ein. Und das ist Dein Schlaf. Du träumst, hast Sehnsüchte und wünscht Dir alle möglichen Dinge, weil es scheinbar etwas in diesen Dingen gibt, was Dir Liebe, Glück, Freiheit, Erfolg und all das verspricht, was Du suchst. Und in der Tat müssen diese Angebote der Welt, diese Versprechen sehr überzeugend, ja im Grunde perfekt sein, denn anders lässt sich nicht erklären, warum Milliarden von Menschen ihr ganzes Leben damit verbringen, diesen Dingen nachzulaufen.

Du fütterst einen Schatten – und wirst nie satt

Hast Du Dich einmal gefragt, warum Du diesen Dingen nachläufst? Ist Dir wirklich bewusst, was Du von diesen Dingen willst? Die Illusion als ein Ich zu leben sorgt dafür, dass dieses „Ich" alles anstellt, damit es sich aufrecht erhält. Unbewusstes Denken, Vergangenheit und Zukunft, Ängste und Wünsche all das wird zu Deinem Traum. Deshalb träumst du - mit offenen Augen, Deine Aufmerksamkeit hängt an Vorstellungen und Dingen fest und das führt dazu, dass Du immer wieder „einschläfst", dass Du Dich selbst und die Wirklichkeit "jetzt" vergisst. Du magst Momente vollkommener Stille erfahren – und alles stimmt in Deinem Leben – aber sofort beginnt Dein Verstand, diese „Lücke" des Nichts wieder zu schließen. Ein neuer Wunsch kommt. Das unbewusste Denken und Wünschen ist wie eine Droge, und Drogen beeinflussen bekanntlich die Wahrnehmung.

Du klebst fest

Erkenne zunächst einmal, woran Du hängst, woran Deine Aufmerksamkeit anhaftet. Das Ganze wird auch oft als Charakterfixierungen bezeichnet und beschreibt die Aspekte, die Dich am meisten „im Griff haben" und – unbewusst – steuern. Weil es für die meisten Menschen selbstverständlich ist, an etwas zu hängen, kommt für sie das Gegenteil – nicht an etwas zu hängen, nicht anzuhaften – gar nicht als Option in Frage, denn sie wollen ihr Leben ja nicht anders. Solange aber Deine Aufmerksamkeit mit etwas beschäftigt ist, egal was es ist, hindert Dich genau dieses „Beschäftigtsein" daran, wirklich bewusst, wachsam und still zu sein. Folglich bist Du nie im Jetzt, nie in der Gegenwart, und solange Du die Gegenwart ignorierst, immer auf morgen schielst oder irgend etwas willst, was Du jetzt nicht hast, solange geht Dein Schlaf weiter.

Wunschobjekte in einer cleveren Verpackung

Solange Deine Wünsche auf etwas gerichtet sind, das vergänglich ist, wirst Du früher oder später enttäuscht sein, Du wirst daran leiden. Im Grunde bringen die Wünsche das Leiden, denn, wenn Du bekommst, was Du wolltest, findest Du schnell heraus, dass die Erfüllung nicht ein bleibender Zustand ist - Du willst gleich wieder etwas Anderes, etwas Neues. Du leidest weiter. Bekommst Du nicht, was Du willst, dann leidest Du daran, dass nicht geliefert wurde, was Du wolltest. Dein Wunsch bedeutet eigentlich glücklich zu sein und wenn Du etwas bekommst, von dem Du erwartest, dass es „Dich glücklich macht", wenn Du das Paket öffnest, erweist sich der Inhalt als leer. Es war nur eine schöne Verpackung, Dein Verstand, die Werbung oder wer und was auch immer, haben Dir etwas vorgemacht, sie haben Dich getäuscht.

Enttäuschung - die Täuschung ist zu Ende

Eigentlich ist Enttäuschung eine fabelhafte Sache, denn wir sind konfrontiert mit der Wirklichkeit, keine Täuschung ist mehr da, keine Illusion, keine Fatahmorgana. Wir sehen klar, WAS JETZT WIRKLICH IST. Aber, weil die Wirklichkeit nicht Deinen „Vorstellungen" entspricht, lässt Du Dich ganz gern täuschen und an der Nase herumführen. Dieses Spiel geht endlos weiter, denn Du hältst Dich für die Summe Deiner Vorstellungen, daraus erschaffst

Du Dein Zentrum, Dein Ich, Deine künstliche, angenommene „Identität". Du glaubst, wenn Deine Vorstellungen verschwinden, verschwindet auch Deine Identität. Und das ist richtig. Das „Ich", was Du nicht bist, das verschwindet.

Wenn du es eilig hast, geh langsam

„Wie lange dauert es, bis ich erleuchtet bin?! Der Zen Meister antwortet: „10 Jahre." „Und wenn ich mich bemühe?" „20 Jahre", sagte der Meister. „Und wenn ich es schneller schaffen will und mich total anstrenge?" „ 30 Jahre...."

Ich will Freude erleben, warum leide ich dann?

Du hast sicher keinen Schmerz eingeladen, Du hast Dich für Vergnügen, für Freude entschieden und Schmerz ist die andere Seite des gleichen Phänomens. Wenn Du das Eine einlädst, kommt das Andere auch mit. Jede Münze hat zwei Seiten. Sie können nicht getrennt werden, sie sind immer zusammen, wie siamesische Zwillinge.
Erkenne und begreife das, sei wahllos und Du bist frei.

Warum sind so viele Menschen unbewusst?

Erwachen geschieht, aber Du musst es wollen. Irgendwann hast Du Dich entschlossen, „einzuschlafen", es war Deine freie Wahl. Und irgendwann, vielleicht jetzt, beschließt Du, wieder aufzuwachen. Du kannst Dich jederzeit dazu entschließen, anders zu leben, selbst, wenn die ganze Menschheit tief und fest schläft. Es ist wie ein großer Traum, den viele Menschen gemeinsam miteinander träumen. Und es ist Dir überlassen, ob Du weiterschläfst oder ob Du aufwachst. Fang an, Dich von begrenzenden Überzeugungen zu verabschieden. Löse Dich von Gewohnheiten und Programmen, die dich bisher haben schlafen lassen.

Wenn man Bewusstsein verbieten würde, wäre es interessant

Sei bewusster. Die Qualität und der Inhalt Deines Bewusstseins bestimmen, ob Du in der Begrenztheit und Negativität der kollektiven Unbewusstheit gefangen bleibst oder ob Du darüber hinausgehst. Niemand zwingt Dich in negativen Gedanken und Gefühlen zu baden. Du musst nicht im toten

Gestern wohnen. Wenn Du beginnst, kreativ und wirklich bewusst zu sein, dann machst Du mit dieser Entscheidung einen großen Unterschied. Die meisten Menschen wählen das Gewohnte, das Vertraute, oder sind sich dessen gar nicht bewusst, dass sie eine Wahl haben. Schließlich träumen sie, ohne sich bewusst zu sein, dass sie träumen. Sie schlafen tief und fest mit offen Augen und halten sich für wach. **Ein altes indisches Sprichwort sagt: Gott schläft im Stein, träumt in der Blume, atmet im Tier und erwacht im Menschen. Wer bist du? Ein schlafender Stein (mit offenen Augen), eine träumende Blume, ein atmendes Tier oder ein erwachender Mensch?**

Was meinst Du mit Erinnerung an mich selbst?

Wenn du unbewusst lebst, identifizierst Du Dich mit etwas, das Du nicht bist. Du glaubst, Du bist der Körper, Du bist der Verstand, die Persönlichkeit. Du hast vergessen, wer Du in Wirklichkeit bist. Das heißt, Deine Selbsterkenntnis ist da, aber Du schläfst fest, Du träumst ein Anderer zu sein. Wenn Du etwas vergessen hast, brauchst Du Dich nur zu erinnern. Und wenn Deine Vergesslichkeit den Namen „Unbewusstheit" trägt, dann brauchst Du Dich einfach nur für Bewusstsein zu entscheiden und mit bewusstem Sein kommt wahres Selbst bewusst Sein, Du erinnerst Dich an den, der Du immer warst.

Sehen, ohne zu urteilen. Einfach Zeuge sein

Der Zen - Meister wurde von einer Gruppe junger Männer aufgesucht, die seine Schüler werden wollten. Er wies ihnen Sitzplätze an und sagte zu ihnen, sie sollen aufmerksam sein, was geschehen würde. Wenige Zeit später kam ein Freund des Meisters, überreichte ihm ein kostbares Stück Tuch und erhielt vom Meister als Dank einen Fisch. Nachdem der Besucher gegangen war, fragte der Meister die Anwesenden nach der Bedeutung dieses Ereignisses. Geduldig hörte er sich ihre klugen und weniger klugen Interpretationen des Geschehnisses an, nickte bisweilen anerkennend mit dem Kopf, murmelte lobende Worte und schien mit den Deutungen zufrieden zu sein. Dann erhob er sich und sagte mit scharfer Stimme: "Und wer von euch hat in der Begebenheit keinen Sinn erkennen können?" Zaghaft hob ein einziger junger Mann, der nichts gesagt hatte, die Hand. Der Meister sagte: "Du wirst mein Schüler, die Anderen können gehen."

Der Meister legte seinen Schülern dar, dass Erleuchtung dann eintritt, wenn sie das nicht - deutende Sehen erlangt hätten.
Die Schüler wollten nun wissen, was deutendes Sehen sei. Der Meister erklärte es ihnen so:

Ein paar katholische Straßenarbeiter waren an einer Baustelle, nicht weit weg von einem Bordell, beschäftigt, als sie einen Rabbi in dem nicht gerade angesehenen Haus verschwinden sahen. "Na ja, was kann man schon erwarten?" Tuschelten sie einander zu. Nach einer Weile schlüpfte ein Pastor durch die Tür. Nichts Überraschendes. "Was kann man schon erwarten?" Darauf hin kam der katholische Pfarrer, der sein Gesicht mit dem Mantel bedeckte, bevor er in dem Haus verschwand. "Ist das nicht schrecklich? Eines dieser Mädchen muss ernsthaft erkrankt sein."

Wach auf, es ist nur ein Traum

Wenn Du zu einem Meister kommst und ihm von Deinem Traum, Deiner Krankheit oder Partnerschaft oder Deinem Verlust erzählst, kannst Du ihn leicht verfehlen. Jeder Mensch hat seine eigene Situation, „seinen eigenen Traum". Der Inhalt des Traumes ist nicht wirklich wichtig, erkenne, dass Du unbewusst gelebt hast und wach auf. Du wirst überall Menschen finden, die Dir gute Ratschläge geben, wie Du „Deinen Traumzustand" verbessern kannst. Psychologen sind gut darin. Sie sitzen im selben Boot wie ihre Patienten, denn sie sind in den meisten Fällen genauso unbewusst, sie wissen nur „mehr" als der Patient. Deshalb können sie Dir helfen, die „Möbel in Deinem Haus" anders zu rücken, aber der Traum bleibt, Du schläfst weiter.

Ein Meister hatte einen Traum. In diesem Traum war er ein Schmetterling. Am nächsten Morgen erzählt er seinen Schülern davon und sagt ihnen auch, dass er nicht sicher ist, ob er ein Schmetterling ist oder der Meister. Er sagt, woher weiß ich, dass es kein Traum ist, der Meister zu sein? Vielleicht ist ja der Schmetterling wirklich und der Meister nur geträumt? Könnt ihr meinen Traum deuten, bat der Meister seine Schüler? Einer seiner Schüler ging schnell raus und kam mit einem Eimer eiskalten Wassers zurück. Wie es Zen-Art ist, goss er dem Meister dieses Wasser über den Kopf und beide lachten. In Wirklichkeit geht es nicht um Traumdeutung, sondern darum, aufzuwachen.

So sehr, wie wir vergessen haben, wer wir wirklich sind, so sehr haben wir vergessen, wo wir herkommen, warum wir „hier“ sind und wo wir hin wollen.

Wenn Du Deinen Reisepass irgendwo verlegt hast, bekommst Du vielleicht folgenden Rat: „Geh doch noch einmal an die Stelle zurück, wo Du ihn noch hattest. Geh dahin zurück, als Du noch wusstest, wo er zuletzt war.“ Wir machen das oft im Leben so - nicht wahr? So verhelfen wir unserer Erinnerung „auf die Sprünge“

Also, wo, wann wusstest Du noch, wer Du wirklich bist? Wann warst Du Dir noch bewusst, warum Du hier bist und wohin Du gehen willst? Jesus hat es auf seine Weise gesagt: Wer Augen hat, der sehe. Wer Ohren hat, der höre. Warum sagte er das so eindringlich? Waren die, zu denen er sprach, blind oder taub? Nun, physiologisch sicher nicht, aber spirituell waren sie taub und blind. Eine dicke Staubschicht lag auf ihrem Sein, sie sehen wohl, aber erkennen nicht, sie hören, aber sie begreifen nicht.

Den Teufelskreis des Andersseinwollens beenden

Bisher warst Du ein Opfer Deiner ständigen Begierde „zu werden“. Lerne zu akzeptieren, was ist, wie es ist. Bist Du weiser als Gott? Warum sollte die Welt nicht so sein, wie sie ist? Hättest Du sie besser geschaffen, vollkommener? Du bist ein Teil dieses Universums, was willst Du anstellen als Teil – gegen das Ganze? Nimm Dich an! Dein etwas Anderes sein wollen ist die Wurzel Deines Unglücks. Die Medizin heißt – auch wenn es paradox erscheinen mag – zufrieden zu sein mit dem, was ist, zufrieden zu sein mit dem, der Du jetzt bist. Wenn es in Dir keine Widerstände mehr gibt, platzt die Illusion der Trennung wie eine Seifenblase.

Offenbarung der Leere

Du musst aufhören, gegen Dich und die ganze Existenz anzukämpfen. Erkenne einfach, dass es keine Chance gibt zu gewinnen und dass Du die Trennung, die Dein ganzes Leid verursacht, nicht ewig aufrechterhalten kannst. Wenn Du Dich total, TOTAL entspannst und ohne Widerstand bist gegen das, was IST, dann passiert es – von selbst. Erwachen geschieht durch

Hingabe. Du musst einen Raum schaffen, Du musst Dich ganz leer machen und im gleichen Augenblick enthüllt sich Dir ein natürlicher Zustand, Deine Gottnatur.

Wie soll ich mich leer machen, wenn mein Geist voll von Gedanken ist?

Mach überhaupt nichts, aber fang an, Deine Gedanken zu beobachten. Je aufmerksamer Du beobachtest, desto mehr verschwinden die Gedanken. Wenn Deine Aufmerksamkeit ihren Höhepunkt erreicht hat, sind keine Gedanke mehr vorhanden, nur noch stille Bewusstheit, Leere, Nichts.

Meditation – zurück nach Hause - ins Jetzt

Raus aus dem Schlamassel der Unbewusstheit

Die Welt, in der wir leben, befindet sich in den Händen einiger weniger Bosse, die es gern sehen, wenn die Menschen ihnen gehorchen. Die Strategie dieser Bosse ist es, die ursprüngliche Intelligenz des Menschen zu beschädigen und zu verkrüppeln. Weil niemand in Ruhe gelassen wird, so wie er ist, weil jeder von sich abgelenkt wird, tritt ein Pseudoleben mit von Außen aufgesetzten Zielen an die Stelle von intelligenter Entwicklung selbstbewusster Individuen.
Bewusstheit, Achtsamkeit, Meditation bedeuten nichts anderes, als diesen Schaden wieder rückgängig zu machen. **Rückgängig machen. Staub wischen. Erinnern. Sein. Bewusstsein.**

Moderne Sklaverei

Früher gab es Leibeigene. Menschen wurden als Sklaven gehandelt wie eine Ware. Heute läuft das Ganze sehr viel subtiler ab. Sklaverei ist abgeschafft, aber dennoch, wenn man in die Programmierungen schaut, die in den Köpfen der Menschen – von Anderen - geschrieben wurden, ist eines klar: Frei sind die Menschen nicht, denn sie gehorchen ihrem Verstand und der wird von einflussreichen Mächten programmiert und abgerichtet.

Meditation ist keine Technik

Alles, was Du bewusst erlebst, ist Meditation. Und viele Techniken können Dir helfen bewusster zu sein, gegenwärtiger, lebendiger. Also genau das Gegenteil der üblichen Lebensweise. Bisher hast Du wie ein Roboter gelebt. Und wie kam es dazu? Wie ist aus dem lebendigen Kind, das Du einmal warst, eine Maschine geworden? Weil die Welt bestimmte Methoden anwendet, nämlich Menschen ihre Bewusstheit zu nehmen und sie somit zwingt, unbewusst zu funktionieren, sie zu Maschinen zu machen. Meditation bedeutet den entgegengesetzten Weg zu gehen, denn Meditation gibt Dir Deine Bewusstheit wieder. Es geht gar nicht um eine bestimmte Technik, denn Meditation bedeutet Bewusstsein und nicht Technik. Es ist ein Prozess, der Dein mechanisches Verhalten in achtsames Sein verwandelt, ein Vorgang der Deine Roboterhaftigkeit in Bewusstsein umwandelt.

Erwecke Deine Intelligenz

Werde wieder ganz still, total bewusst, sei achtsam und meditativ, dann wird Deine Intelligenz anfangen zu wachsen. Und eines Tages wird der Same, den Du in Dir trägst, aufbrechen. Dieser Tag wird der größte Tag Deines Lebens sein.

Die Funktion des Bewusstseins – Sei dir selbst ein Licht

Bewusstsein ist Dein eigens Licht, auf das Du Dich verlassen musst, Deine innere EINSICHT, Deine Intuition, und dieses wache Klare wirkt wie Feuer. Ein Feuer, das alles Falsche verbrennt, alles, was Dir aufgesetzt wurde, alles, was Dich trennt von dem Ganzen. Dieses Feuer des Bewusstseins verbrennt alles, bis nichts mehr da ist. In diesem Nichts beginnt ein neues Leben, ein Leben ohne Ego.

Aufwachen heißt erinnern

Meisterschaft beginnt ganz einfach und dann wird es etwas "anders". Als wenn Du auf einen Berg steigst, zuerst ist der Anstieg mäßig, dann wird es steiler und die Aussicht wird besser. Meisterschaft erlangst Du, wenn Du niemals Deine Individualität und Integrität opferst. Du handelst aus

Deiner inneren Stärke heraus, aber das geschieht nicht, wenn Du mit der Masse schwimmst. Denn die Masse will, dass Du schwach bist.

Dein Potenzial ist groß, aber es schläft. Du kannst sterben ohne es zu verwirklichen. Deshalb bewege Dich ganz wach, mit voller Bewusstheit. Wenn Du wie Treibholz dahin schwimmst, wenn Du ein zufälliges Leben lebst, das von den Launen der Wellen und des Windes bestimmt wird, dann ist die Wahrscheinlichkeit sehr groß, dass Du Deine Bestimmung verfehlst. Schau Dich mal bewusst um, beobachte mal aufmerksam Deine Mitmenschen. Das Elend, was Du überall in der Welt siehst, hat seine Ursachen nicht außen, sondern innen. Die Menschen fühlen sich leer, egal was sie tun oder haben, sie fühlen, dass etwas fehlt. Auch wenn ihnen nicht bewusst ist, was ihnen fehlt, ist eines offensichtlich. Nicht jeder Mensch, der einen Samen in sich trägt, ist auch gewachsen. Folglich ist auch nichts aufgeblüht. Es liegt in der Natur des Samens unerfüllt, unglücklich zu sein. Erst wenn aus dem Samen eine Blume geworden ist ... die in der Sonne, im Wind und im Regen tanzt, die ihre Seligkeit verbreitet, nur eine aufgeblühte Blume fühlt sich erfüllt.

Meditation, waches Bewusstsein ist der Neubeginn, Deine zweite Geburt, der wirkliche Beginn Deines Lebens. Die körperliche, die erste Geburt schafft nur einen Anfang einer Gelegenheit zu leben. Du bist zwar als Potenzial vorhanden, aber es ist nur ein Potenzial, es muss noch ausgedrückt werden, es will leben. Du wirst erst wirklich lebendig, wenn Du es in Wirklichkeit verwandelst. Durch Meditation. Oder nenne es Bewusstheit oder Aufmerksamkeit. Das ist die wahre Kunst, Dein Potenzial in eine Realität zu verwandeln, aus einem Samen eine Blume werden zu lassen.
Dies ist Deine eigentliche, Deine zweite Geburt. Die erste Geburt war die Deines Körpers. Mit der zweiten Geburt aber erlangst Du Deine Seele. Wenn Du erfährst, wer Du wirklich bist, dann ist Deine Erfüllung unermesslich. Ein Same aber ist umgeben von einer Schale. Solange die Schale nicht bricht und der Same sich entwickelt, wird er nie wirklich mit der Welt in Berührung kommen, er wird nie die Sonne sehen, nie mit den Tieren, Wolken und den Sternen kommunizieren, er wird nie mit dem Wind tanzen. Wenn Du Dein Potenzial nicht verwandelst, wenn das Samenkorn ein Samenkorn bleibt, wenn es nicht zu keimen beginnt, keine Blume wird und auch nicht blüht, dann wird Dein Leben vergeblich sein, eine Verschwendung.

Meditation ist Deine Natur

Der Verstand kann nicht in Meditation eindringen; **Meditation beginnt dort, wo das Denken aufhört.** Es ist wichtig, sich stets daran zu erinnern, weil wir alles, was wir im Leben tun, mit Hilfe des Denkens tun, weil wir alles, was wir erreichen, durch den Verstand erreichen.

Wenn man wissen will, was man werden kann, muss man erst einmal wissen, was man ist.

Um den letzten Schritt machen zu können, muss man zuerst den ersten Schritt machen, denn der erste Schritt wird die Bahn für den zweiten freimachen - und letztendlich auch für den letzten Schritt der Reise.

Was ist die Ursache der Spannungen, die wir im Körper fühlen?

Der Ursprung aller Spannung ist das Werden. Man versucht immer, etwas anderes zu werden, als man ist; niemand ist mit sich zufrieden, so wie er ist. Das Sein wird nicht akzeptiert, sondern verleugnet und etwas Anderes wird zum Ideal gemacht, das man erreichen muss. **Die grundlegende Spannung besteht also zwischen dem, was Du bist, und dem, was Du werden möchtest.**

Alles, was Du als zukünftiges Ziel erreichen möchtest - im Gegensatz zu dem, was Du bist - führt zu Verspannungen. Je unmöglicher das Ideal ist, desto mehr verspannst Du Dich. Darum ist ein Materialist gewöhnlich nicht so angespannt wie ein religiöser Mensch, weil sich der Religiöse nach dem Unmöglichen sehnt, nach etwas, was weit entfernt ist. Die Entfernung ist so groß, dass nur eine große Spannung den Zwischenraum füllen kann.

Spannung bedeutet eine Kluft zwischen dem, was Du bist, und dem, was Du sein willst. Wenn die Kluft groß ist, ist auch die Spannung groß; ist sie klein, ist die Spannung ebenfalls klein.

Wenn Du den Versuch machst, etwas zu kontrollieren, kannst Du nicht gleichzeitig wachsam sein. Du kannst nicht wachsam sein, während Du mit Widerstand beschäftigt bist. Du kannst nicht wachsam sein, wenn Du

Angst hast vor etwas. Du kannst nicht wachsam sein, wenn Du mit Vorstellungen, wie es sein sollte, herumläufst.

Die Zeit - nur eine Erfindung

Die Gegenwart, das Jetzt, dieser Augenblick ist die Wirklichkeit. Zeit bedeutet Vergangenheit, bedeutet Zukunft. Diese aber sind nicht existent, nur Erinnerungen und Vorstellungen. In Wirklichkeit gibt es nur das, was jetzt ist. Wenn aber Dein Verstand, wenn Deine Gedanken Dich dominieren und Dir sagen, wo es lang geht, wenn Vorstellungen und Erinnerungen Dich fesseln, wenn du auf Zukünftiges oder Vergangenes ausgerichtet bist, dann bleibt Deine ganze Energie blockiert.

Deshalb kannst Du Dich nicht nach innen wenden, Dein Wesen bleibt Dir unbekannt, weil Deine Aufmerksamkeit so sehr gefesselt ist von tausenden Ideen und Dingen. Alle möglichen Dinge lenken Dich von Dir ab, oder Du lässt Dich von den Dingen ablenken. Du fühlst Dich nicht gut genug, so wie Du bist. Also bist Du die ganze Zeit damit beschäftigt, was Du tun solltest, wie Du es tun sollst und wie Du sein solltest. Wenn die Gegenwart nicht gut genug ist, wenn Du in Vergangenheit und Zukunft suchst, was Du nur jetzt finden kannst, beginnst Du wieder diesen Teufelskreis. Ideale sagen Dir, dass Du dieses oder jenes sein solltest, werden solltest. Das schafft wieder die Spaltung gegenüber dem, was jetzt ist, gegenüber dem, der Du bist. Dein „Müssen“, Dein Werden“, Dein „Sollte“ sind Deine Gegner. Ja, unsere Sprache ist voll von müssen, sollen und werden, aber genau das ist Dein Problem. Du erlaubst Dir nie, einfach nur zu sein, so, wie Du bist.

"Sollte" und "Müsste" – Ideale töten Deine Natur

Eine Katze zum Beispiel ist eine Katze, und ein Hund ist ein Hund. Dem Hund würde es nicht im Traum einfallen, eine Katze werden zu wollen, noch interessiert sich die Katze dafür, ein Hund zu werden. Sie sind nicht gespalten, sie brauchen keine Psychiater und auch keine Therapie. Die Katze ist gesund und der Hund ist gesund, einfach weil sie authentisch sind, weil sie ihre Wirklichkeit leben und nichts anderes sein oder werden wollen.

Wenn Du denkst, erinnerst Du Dich an das, was Du weißt: das nennt man Wissen. Und, wenn Du bewusst bist, erinnerst Du Dich an das, was Du bist, an den, der Du bist. Das nennt man Selbsterkenntnis.

Ursache und Wirkung

Das menschliche Bewusstsein ist wie ein Garten. Dieser Garten kann intelligent, kann bewusst gestaltet und kultiviert werden oder er kann sich selbst überlassen bleiben. In jedem Fall bringt dieser Garten etwas hervor. Wenn keine nutzbaren Samen gepflanzt werden, dann siedeln sich nutzlose an und sie werden die Ansiedlung ihresgleichen von selbst fortsetzen.

Egal wie Dein Leben, Deine Umwelt jetzt aussehen, Du fällst, bleibst wo Du bist oder steigst nach oben, abhängig von Deinen Gedanken, Deiner Vision, Deinem Ideal. Du kannst so klein werden wie die Ängste, Süchte und Bequemlichkeiten, die Dich kontrollieren oder Du kannst so groß sein, wie es Deine Natur für Dich vorgesehen hat, Du kannst Deine Vision verwirklichen.

Alle Tiere, alle Pflanzen werden „fertig" geboren, sie sind vorprogrammiert. Ihr ganzes Leben ist die Entfaltung von etwas Eingebautem, ein fertiges Programm vollzieht sich einfach. Ihr Leben ist unbewusst, mechanisch, sie brauchen keine Bewusstheit in ihr Leben bringen. Ihr Leben kann weder gut noch schlecht sein, es ist einfach so, wie es ist. Du kannst eine Blume nicht einen Sünder nennen oder einen Baum einen Heiligen und auch ein Tiger ist weder tugendhaft, noch ist er ein Verbrecher. Diese Worte haben in der Tierwelt keine Bedeutung. Der Mensch aber befindet sich in einer besonderen Situation. Der Mensch wird wie alle anderen Tiere geboren, mit einem Unterschied. Dieser Unterscheid ist sehr bedeutsam und muss verstanden werden. Der Mensch hat die Möglichkeit, sich einer großen Herausforderung zu stellen, es wartet ein Abenteuer in das Unbekannte, in DAS, was nicht vorprogrammiert ist.
Erleuchtung, ist keine eingebaute, fertige „Sache", es ist vielmehr eine offene Gelegenheit, es kann geschehen oder auch nicht. Es hängt von Dir selbst ab, wie Du lebst, wie viel Bewusstheit Du in Dein Leben bringst, wie unmechanisch Du wirst.

Tiere sind wie Filmaufführungen, alles ist schon „fertig gedreht“ und wird nur noch abgespielt. Der Mensch aber lebt in einer Welt, in der er wählen kann, er entscheidet, welches Leben er leben will. Er kann ein zufälliges Leben leben, er kann den anderen folgen. Er kann aber auch ein entschlossenes Leben führen.

Und durch diese Entschlossenheit wird die Seele geboren. Lebt ein Mensch nur zufällig, wie Treibholz, lebt er ohne zu leben, ohne Seele, einfach so dahin. Man braucht Entschlossenheit, Selbstinitiative, eine Art bewusster Verpflichtung, man muss kreativ sein. Das ist das Privileg des Menschen, das ist sein Vorrecht. Aber darin liegt auch eine Gefahr, denn es gibt keine Landkarte für das Unbekannte. Die Reise geht durch einen unerforschten Ozean, das Boot ist sehr klein und die See ist stürmisch. Nur Wenige werden diese Wahl treffen. Die meisten Menschen suchen Sicherheit, Bequemlichkeit. Sie sagen sich: „Wer weiß, ob das andere Ufer wirklich existiert. Wir bleiben hier.“ Und die Priester sagen ihnen noch, dass sie ja nicht suchen müssen, Jesus hat doch schon gefunden, ihr müsst nur an ihn glauben

Wie kann ich bewusster sein, was macht mich unbewusst?

Drogen machen Dich unbewusst. Dein Geist setzt Dich unter Drogen. Nun, der erste Schritt in Richtung Bewusstheit ist, allen Glauben und alle falschen Überzeugungen wegzuwerfen. Hör auf, Dir einzureden, Du bist ein Deutscher, ein Pole, ein Russe oder Amerikaner. Hör auf, Dir einzureden, Du bist ein Kommunist oder ein Christ, hör auf, ein Theist oder ein Atheist zu sein. Wirf alles weg. Du musst ganz von vorn anfangen. Ein Christus, ein Buddha, ein Laotse, das ist etwas Wirkliches, ein Aufblühen. Ein Christ, ein Buddhist ist ein Nachahmer, nicht echt, nicht er oder sie selbst. Buddha war kein Buddhist und Christus war kein Christ. Sie waren keine Anhänger, sondern sie selbst. Warum solltest Du Dich mit Plastikblumen zufrieden geben, wenn Du wirkliche Blumen haben kannst, wenn Dein ganzes Leben ein Garten aus echten, duftenden Rosen sein kann?

Du kannst auf der Straße ein paar Plastikblumen kaufen und Du kannst anfangen, diese Plastikblumen anzubeten. Ob Du sie nun christlich oder hinduistisch nennst, spielt keine Rolle, sie sind nicht echt, sie haben nichts mit Deiner Erfahrung zu tun. Die wirkliche Blume kann Dir nicht von außen gegeben werden, sie muss in Deinem eigenen Sein wachsen und sie hat auch ihre eigenen Blüten in Dir.

In Deinem Unbewussten wohnen viele Parasiten, die Dir Dein Leben schwer machen: Wut, Hass, Geiz, Eifersucht, Habenwollen, das sind die Gespenster in Deinem Unbewussten, die Dir Dein Leben immer wieder vermasseln und Dich ausbeuten. Du weißt, wie destruktiv diese Wut ist, dass sie Dich vergiftet. Und jedes Mal, wenn Du Dich von einem Wutanfall oder Ähnlichem erholt hast, schwörst Du Dir, nie wieder wütend zu sein. Und immer wieder vergisst Du Dein Versprechen, denn Du wirst immer wieder unbewusst, lebst in einem Teufelskreis.

Ein Mann sagte zu seinem Freund: „Ich habe einen jüdischen Pornofilm gesehen, das war vielleicht interessant." Sein Freund fragte daraufhin: "Na sag schon, wie war er?" Der Mann antwortete: „Der Film hat nur 10 Minuten gedauert: eine Minute Sex und neun Minuten Schuldgefühle."

Schau in Dein Leben: Du ärgerst Dich eine Minute lang und dann fühlst Du Dich für Stunden schlecht. Du erlebst eine Minute lang Lust und anschließend bereust Du das Ganze für viele Stunden oder Tage, vielleicht sogar ein ganzes Leben.

Paralyse durch Analyse

Die Vergangenheit ist vergangen, darum nennen wir sie so. Auch wenn das Geschäft mit der so genannten Psychotherapie blüht, so hat sie doch niemandem wirklich geholfen. Jede Form von Psychotherapie ist in irgendeiner Weise hilfreich, aber nur innerhalb der Grenzen dieser Ansätze.
Die Art, wie wir Denken, drückt sich aus in der Art, wie wir sprechen. Sprache ist Klang. Wenn wir ständig nur schwatzen oder kritisieren, wird unser Körper so schnell altern wie Politiker während ihres Wahlkampfes. Es ist völlig unmöglich für einen Menschen seine Umwelt mit Negativität zu bombardieren und gleichzeitig gesund zu bleiben.

Kein Gedanke bleibt geheim, denn er manifestiert sich als Lebensumstand.

Wie viel von Dir gehört Dir?

Mit anderen Worten, führst Du Dein Leben bewusst, jeden Augenblick? Oder geschieht in Deinem Leben alles unbewusst? Triffst Du Deine Entscheidungen

frei, oder durch Konditionierung? Bestimmen Deine inneren Programme Dich? Wie viel Deiner Energie hast Du „verpachtet" an: Widerstände jeglicher Art, Angst, Gewohnheiten, Bequemlichkeit, Gewissen, Ego, Zufall?
Glückliche Menschen sind immer kreativ auf irgendeine Weise. Glück ist ein Nebenprodukt der Kreativität, Du tust einfach das, was Dir entspricht, was Deiner Natur entspricht und das Glück ist Dein ständiger Begleiter.

Anpassung

Wir alle werden mehr oder weniger schon als kleines Kind von uns selbst, unserem Ursprung und unseren wahren, eigenen Zielen – unserem angeborenen Lebensziel, wirklich zu leben, abgelenkt. Man hat uns beigebracht, unsere Natur zu leugnen, wir haben gelernt, unsere Gefühle zu unterdrücken anstatt echt, ehrlich und authentisch zu sein. Nur wenn wir uns anpassen, werden wir geliebt und bekommen Aufmerksamkeit und Bestätigung von den Eltern und Anderen. Aber Anpassung führt letztendlich dazu, als jemand zu leben, der man gar nicht ist. Und wenn sich erst einmal die Einstellung breit macht, dass das Leben aus faulen Kompromissen besteht- die Gesellschaft sagt: „Sei nicht Du selbst" - wenn diese Art zu leben „Normalität" wird, wenn ein Kind - wenn Du schon mit dem Beginn des Lebens „gefälligst so zu sein wie die anderen", die „Akzeptierten", dann ist eines sicher: In dem Maße, wie Du Dich mit der Lebenseinstellung der Masse infizierst und identifizierst, wirst Du auch das Gleiche wie sie erleben: chronische Unzufriedenheit, Mangel, Krankheit und Leid. Egal, wie viel Du erreichst oder besitzt, denn solange Du im Herzen Deines Herzens spürst - ich bin nicht ich selbst, es gibt keine Liebe, keine Poesie, keine Freude in meinem Leben - solange wirst Du leiden, selbst Dein Lachen wird aufgesetzt sein, denn Du hast die Sprache der Welt gelernt - Jeder macht jedem etwas vor. Äußerer Reichtum ist bedeutungslos ohne inneren Reichtum, denn ohne inneren Reichtum fühlst Du Dich leer, Du bleibst ein Bettler, egal wie viel du besitzt. Erst wenn Du die Dinge gefunden hast, die man nicht kaufen kann, erst wenn du Liebe, Erkenntnis, Weisheit, Bewusstheit, Vitalität und pulsierendes Leben gefunden hast, erst dann hat äußerer Reichtum Bedeutung. Der Platz, an dem Du Dich jetzt gerade befindest, kann der Ausgangsort für ein ganz neues Leben sein.

Die Macht der Gewohnheiten

Verwundert fragt der Schafzüchter seinen neuen Angestellten: „Warum reden sie mit den Tieren, während sie sie scheren?" „Entschuldigung! Alte Angewohnheit. Ich war früher Frisör!" Gewohnheiten heißen so, weil wir darin wohnen. Dort sind wir zu Hause, dort kennen wir uns aus, dort fühlen wir uns sicher. Gewohnheiten bilden um uns herum eine Art Komfortzone. Gewohnheiten bestimmen unser Leben. Gewohnheiten brauchen keine Bewusstheit, deshalb neigen wir dazu, unbewusst zu werden und mit offenen Augen einzuschlafen, wenn wir in Gewohnheiten leben.

Gewohnheiten sind ein schwacher Ersatz für eine achtsame Lebensweise.

Wenn die Katze aus dem Haus ist, tanzen die Mäuse auf dem Tisch. Wenn Bewusstsein fehlt, schalten wir unbemerkt auf „Autopilot". Gewohnheiten und Programme übernehmen das Steuer. Sinnvoller wäre, dafür zu sorgen, dass wir unsere Gewohnheiten bestimmen.

Es gibt Gewohnheiten, die sind nützlich und hilfreich, sie verbessern u. a. die Lebensqualität und wirken auf gesunde und natürliche Weise sogar verjüngend und lebensverlängernd. Und es gibt Gewohnheiten, die verursachen Mangel, Krankheit und Leid.

Ein anderes Wort für Gewohnheiten sind Verhaltensmuster oder unbewusste, innere Programme. Geistige Programme, gespeichert im Unterbewusstsein. Wem gehört dieser Speicher? Wem gehört dieser Geist, der sich durch seine Programme Ausdruck im Leben verschafft? Richtig, dieser Geist gehört uns selbst oder auch nur teilweise, das hängt von unserer Bewusstheit ab. Wenn wir ganz bewusst sind, gehört uns unser Geist zu 100 Prozent. Wenn wir nur teilweise bewusst sind, dann sind wir nur teilweise unser eigener Chef und wenn wir nur 1% Bewusstheit besitzen, dann gehört uns 1 Prozent, 99% sind unbewusst, von Freiheit kann hier noch keine Rede sein, denn 99% der Handlungen sind aufgezwungen vom Unbewussten. Die Vergangenheit bestimmt über uns. Ein klarer Fall von: Man weiß nicht, was man tut, weil man bewusstlos ist, bewusstlos denkt und bewusstlos handelt. Die Folgen dieser Bewusstlosigkeit können fatal sein. Aber Unbewusstheit scheint überall „normal" zu sein. Die meisten Menschen leben auf Sparflamme. Sie atmen gerade soviel, dass sie nicht ersticken. Und sie leben mit einem „Minimalbewusstsein“. Aber minimal bewusst zu sein, ist fast gleichbedeutend mit, überhaupt nicht bewusst zu sein. Bewusst sein bedeutet, innerlich ganz still zu sein, aufmerksam, wach, frei von Gedanken, ganz im Hier und Jetzt verwurzelt. Ein meditativer Zustand. Was ist Meditation? Alles, was Du bewusst erlebst. Wie lange kannst DU bewusst sein, frei von Gedanken die dich wieder davon ablenken, bewusst zu sein und zu bleiben? Viele Menschen können nicht einmal zwei Sekunden wirklich bewusst und innerlich still sein. Nach einem winzigen Augenblick, nach ein oder zwei Sekunden, kommen wieder schon Gedanken und damit kommt die Bewusstlosigkeit zurück. Dieses ständige Denken wirkt wie ein geistiges Medikament, es lässt uns einschlafen und unbewusst werden für das, was JETZT WIRKLICH IST. Wir sind so beschäftigt mit zwanghaftem Denken, dass wir die Wirklichkeit ausblenden. Wir vergessen uns selbst und versinken in einer Traumwelt. Wir leben wie hinter einer dunklen Scheibe, dunkel von den vielen Gedanken und deshalb können wir die Wirklichkeit nicht oder nur bruchstückhaft wahrnehmen. Das ist die traurige Realität. Und solange das so ist, solange fällt es den Menschen schwer, ihr Leben zu leben, denn die alten unbewussten Programme wiederholen sich ständig wie eine Schallplatte, die einen Sprung hat. Man ist Gefangen in seinem eigenen Geist. Wer seine Gedanken nicht beherrscht, der wird von ihnen beherrscht. Wer seine Gewohnheiten nicht bestimmt, der wird von ihnen bestimmt.

Der Körper folgt dem Geist

Der Körper, unser Leben und unsere Lebensumstände, alles folgt dem Geist, folgt den inneren Programmen und Gewohnheiten. Wir reden also von geistigen Gewohnheiten. Wer hat diese Gewohnheiten „angelegt“? Wer hat diese Programme geschrieben? War der Vorgang der Programmierung eine bewusste Handlung mit der vollen Absicht, das eine oder das andere zu „installieren“? Oder haben sich die Gewohnheiten heimlich eingeschlichen? Offensicht ja. Menschen machen Erfahrungen, diese Erfahrungen hinterlassen Spuren, Muster, Eindrücke. Das, was uns besonders in der frühen Kindheit am meisten beeindruckt hat, das entwickelt sich zu Verhaltensmustern, Gewohnheiten und Programmen. Viele Programme haben wir von unseren Eltern übernommen. Darum frage ich so gern im Seminar. „Wer will so werden wie seine Eltern?“ Wer das will, der braucht nichts dafür zu tun. Das Programm wurde längst installiert und funktioniert ganz von selbst, ein Leben lang, bis man es ändert.

Gedanken sind geistige Kräfte und wiederholte Gedanken formen sich zu Gewohnheiten, die unser Leben formen.

Ein junger Mann saß unter einem Baum, und es stellte sich heraus, dass es ein Kalpataru Baum war, ein besonderer Baum, denn er erfüllt einem jeden Wunsch. Aber der junge Mann wusste das nicht. Nach einer Weile wurde die Tageshitze unangenehm und er sagte zu sich: Ich wünschte, jemand würde jetzt vorbeikommen und mir frische Luft zuwedeln." Im gleichen Augenblick erschien ein Junge und wedelte ihm frische Luft zu. Zuerst war er überrascht. Dann dachte er sich, vielleicht werden jetzt noch mehr meiner Wünsche erfüllt?! So sagte er: „Das ist ein Junge, den will ich nicht. Ich will ein wunderschönes Mädchen." Im gleichen Augenblick erschien ein junges Mädchen und begann ihm Frischluft zuzuwedeln. Nach einer Weile sagte er: „Ich habe Hunger und will etwas zu essen." Das junge Mädchen ging und holte ihm etwas. Er sättigte sich und sagte dann: „Oh, wie wunderbar es hier ist, aber ich sehe keine Tiere. Ich bin in einem Wald, aber wie kommt es, dass keine Tiere hier sind? In einem Wald sollten immer Tiere sein. Wie sehr wünsche ich mir, jetzt wenigstens einen Tiger zu sehen, und zwar ganz genau vor mir. Im gleichen Augenblick erschien ein Tiger – und er fraß den Jüngling auf. Achte auf Deine Gedanken, sie sind der Ursprung Deiner Erfahrungen.
Der menschliche Geist ist ein wahrer Zauberer. Was immer wir ihm befehlen, führt er aus. Das heißt, wir müssen lernen, unser geistiges Werkzeug richtig zu benutzen, dann ist es unser Diener, so, wie der Geist in der Lampe dem dient, der die Wunderlampe richtig handhabt.
Also mal ganz ehrlich, benutzt du deinen Verstand, benutzt Du deinen Geist, oder benutzt dein Geist dich? Bist du Meister deiner Gedanken oder bist du ihr Sklave? Bestimmst Du Dein Leben frei oder wird über Dich bestimmt?

In der Schule haben wir nicht gelernt, wie man seinen Geist wirklich entfaltet, wie man ihn schöpferisch einsetzt, wie man die eigene Zauberlampe aktiviert und sich so ein wunderbares Leben erschafft. Ein weiterer Grund, warum Lebensschulen so dringend gebraucht werden.

Wie man seine Gewohnheiten bestimmt

Wenn man erkennt, dass alle Gewohnheiten Ausdruck unserer inneren Programme sind, dann weiß man auch, was zu tun ist, um die Gewohnheiten zu bestimmen.
Um Gewohnheiten zu verändern muss man zunächst einmal erkennen, dass Gewohnheiten nur dann wirken, wenn wir nicht achtsam, wenn wir nicht bewusst sind. Unbewusstheit zieht uns immer nach unten. Bewusstheit erhebt uns in eine andere Dimension, Bewusstheit macht uns frei. Wenn Du eine Gewohnheit ablegen willst, dann füttere sie mit Bewusstsein. Wenn Du mit dem Rauchen aufhören willst, dann mach eine Meditation daraus. Rauche und sei so bewusst, wie Du kannst dabei und denke dabei an nichts anderes, sei nur beim Rauchen, genieße es mit deiner ganzen Aufmerksamkeit. Je mehr Aufmerksamkeit ins Spiel kommt, desto mehr fallen die Dinge von Dir ab, die durch Unaufmerksamkeit entstanden sind. Werde bewusster. Werde zum Beobachter. Achte auf das, was Du denkst, achte auf das, was Du sagst, achte auf das, was Du tust. Je achtsamer Du bist, desto mehr wird Dein Leben von Deinem wahren Wesen bestimmt und die alten Programme aus der Vergangenheit haben dann keine Macht mehr über Dich.

Welche Gewohnheiten hättest Du gern?

Erfolgreiche Menschen haben andere Gewohnheiten als die Erfolglosen. Gewinner haben andere Gewohnheiten als Verlierer. Gesunde Menschen haben andere Gewohnheiten als Kranke. Wohlhabende haben andere Gewohnheiten als im Mangel lebende. Unsterbliche haben andere Gewohnheiten als Sterbliche. Die Fröhlichen haben andere Gewohnheiten als die Kritischen. Die Freien haben andere Gewohnheiten als die Unfreien. Verantwortungsvolle Menschen haben andere Gewohnheiten als Verantwortungslose.

Um Gewohnheiten zu bestimmen muss man lernen, seine Aufmerksamkeit auf das gewünschte Ergebnis zu lenken. Die beste Gewohnheit ist die Freiheit von unbewussten Programmen, die Schaden anrichten können. Wer Meister seiner Aufmerksamkeit wird, der meistert nicht nur all seine Gewohnheiten sondern sein ganzes Leben.

Klarheit finden

Wir müssen unsere Ziele erkennen, sonst können wir sie nicht erreichen.
Im Jahre 1952 schwamm Florence Chadwick von Catalina Island zur kalifornischen Küste eine Distanz von 21 Meilen. Das sind ca. 34km!! Sie schwamm 15 Stunden durch Nebel und kaltes Wasser, in dem sich Haie tummeln. Florence wollte aufgeben, aber ihre Mutter, die sie gemeinsam mit Anderen im Boot begleitete, motivierte sie, weiter zu schwimmen. Doch letztendlich, vollkommen erschöpft, kletterte sie doch ins Boot. Später erkannte Florence, dass sie nur noch eine Meile von der Küste entfernt war - aber der Nebel hielt sie davon ab zu sehen, wie nah sie dran war, ihr Ziel zu erreichen. Nach dieser Erfahrung erklärte Florence, dass sie nie wieder aufgeben würde. Florence konnte nicht durch den Nebel sehen. Auch wir haben "Nebel", der uns daran hindert, unsere Ziele zu sehen. Nebel, der uns unsicher macht und uns zweifeln lässt, ob wir unsere Ziele wirklich erreichen. Dieser Nebel besteht aus tausend verschiedenen Meinungen und unzähligen unbewussten Überzeugungen, die unseren Geist bevölkern. Die Stimmen anderer, die unsere innere Welt belagern und unsere Sicht vernebeln und verdunkeln. Unzählige unbewusste Gedanken, die wie Wolken sind und uns daran hindern, den blauen Himmel zu sehen. Aber wir brauchen Klarheit, um ans Ziel zu kommen. Wenn wir still werden und beobachten, verschwindet der Nebel. Wenn wir lernen uns zu konzentrieren, beginnen wir gleichzeitig, unsere Gedanken zu beherrschen.

Die zweite Geburt oder wenn ich mein Lebe noch einmal beginnen könnte

Stell Dir einmal einen Garten vor mit Millionen Blumen. Und nur eine Blume blüht. Was ist hier schief gegangen? Würdest Du den Gärtner einen Gärtner nennen? Nein. Diese eine Blume blüht nicht wegen sondern „trotz" des Gärtners, sie ist ihm irgendwie entwischt. Wir alle hatten „Gärtner" in unserem Leben, solche und solche. Manchen Gärtnern sind wir „entwischt", manchen nicht. Wir waren vielen Einflüssen ausgeliefert. Als Kind saugen wir alles auf wie ein Schwamm, bis zum Alter von 7 Jahren glaubt ein Kind alles, was man ihm sagt. Wir haben viele Erfahrungen gemacht, haben Meinungen über uns angesammelt und daraus wurden Selbstbilder, Verhaltensmuster, Gewohnheiten und Programme. Und wenn unser Leben auf Autopilot läuft, dann leben wir ein Leben lang nach diesen alten Programmen aus der

Kindheit. „Das habe ich mir anders vorgestellt“, so oder so ähnlich beantworten viele die Frage nach dem Verlauf ihres Lebens. Es heißt, dass 98 Prozent der Menschen leben (und sterben), OHNE ihre Wünsche erfüllt und ihre Vision verwirklicht zu haben. Traurige Bilanz. Diese Menschen wurden geboren und dann haben sie sich angepasst und brav funktioniert.

Die erste Geburt ist die Geburt des Körpers. Das geschieht einfach. Aber, es braucht noch eine zweite Geburt, die Geburt der Individualität. Das Erwachen des Bewusstseins. In dieser bewussten Freiheit beginnt das wirkliche Leben, das Leben als wir selbst. Jetzt sind wir voll und ganz unser eigener Gärtner und können unser Leben in einen Paradiesgarten verwandeln. Hast Du Dich schon mal gefragt:

„Wenn ich mein Leben noch einmal beginnen könnte, dann würde ich…“

Diese Frau hat genau damit begonnen, mit einem Neuanfang: „Für mich war das Seminar ein Aufwachen aus einem Trauma. Bisher wurde ich gelebt. Ich habe andere geliebt, für andere gearbeitet, für andere gelebt, für mich nie Zeit gehabt. Ängste und Zweifel plagten mich oft, obwohl ich vom Naturell her ein fröhlicher Mensch bin. Mein Leben lief nicht so, wie ich es mir aus tiefsten Herzen ersehnt hatte. Jetzt lebe ich so bewusst wie noch nie in meinem Leben. Freunde am Telefon sagen: "Hanne, was ist los, Du hörst Dich verdammt gut an.“ Ein freundlicher Mensch war ich schon immer, aber noch nie so frei.“ Das Seminar gibt außerdem ganz viel anwendungsbereites Wissen“, sagt Hanne B.

Was, wenn JETZT auch für Dich der richtige Zeitpunkt dafür ist. Bist Du bereit für einen Neuanfang? Vielleicht wurde Dein bisheriges Leben bestimmt von Deinen Eltern, von den Erwartungen anderer, von Gewohnheiten, vom Verstand, der wiederum von anderen programmiert wurde oder vielleicht haben Unsicherheiten oder Zweifel „mitbestimmt“? Der wichtigste Faktor, der unser Leben bestimmt, sind wir selbst, es sei denn, wir vergessen das. Dann bestimmen andere über unser Leben. Erinnere Dich an Dich selbst und Deine wahren Absichten und Ziele, die Dir wirklich Erfüllung bringen. Diese Zeilen sind eine Einladung. Die Gelegenheit für eine „Erinnerung“ ist das Seminar Lebe DEIN Leben. Lebe Dein Leben – Verwirkliche Deine Vision. Das einzige Glück heißt, Du selbst zu sein. Warum noch warten?

Schlusswort und Ausblick

Das ganze Leben ist ein Spiel mit Energien. Wenn wir ganz wir selbst sind, voller lichter Energie, dann sind wir im Gleichgewicht, in Harmonie: wir sind glücklich, voller Freude, zufrieden, wahrhaftig, erfüllt; einfach, weil wir natürlich sind. Nicht irgendjemand sind, sondern wir selbst, der, der wir wirklich sind. Nichts kann uns mehr erfüllen, als wir selbst zu sein. Auf diese natürliche Weise erfüllt zu sein bedeutet, niemand kann uns hypnotisieren, niemand kann uns manipulieren, niemand kann uns abhängig machen, seinen Willen aufzwängen, in den Krieg schicken oder sonst irgendwie missbrauchen.

Faszinierende Möglichkeiten warten

Wir sind die Götter, die wir einst gefürchtet haben und wir sind die Götter, die wir einst angebetet haben. Es braucht nur die Erinnerung an unser wahres Sein und das Leben verwandelt sich in ein goldenes Zeitalter. Natürlich wird es Herausforderungen zu bestehen geben und es gibt „Schlaglöcher". Aber wer bewusst ist, der ist auch vorbereitet und meistert das größte Abenteuer aller Zeiten, zu dem wir alle uns jetzt und hier verabredet haben. So wie meine Indianerfreunde, die Hopi Indianer sagen: „… wir sind die, auf die wir gewartet haben".

Erfüllung finden

Am besten genießen wir dieses Zeitalter der Erleuchtung, wenn wir dafür sorgen, dass wir körperlich, geistig und spirituell fit sind. Grenzenlose Möglichkeiten warten auf uns. Ewige Jugend, ein viel längeres und vor allem gesundes Leben und damit alle Zeit der Welt, um das uns innewohnende Potenzial zu verwirklichen. Die eigene Vision zu erkennen und zu verwirklichen, das ist der Sinn unseres Lebens. Glück und Erfüllung sind uns sicher, wenn wir uns selbst treu sind und leben, wie es uns wirklich entspricht.

Goldene Zukunft

Auf jeden von uns wartet eine großartige Zeit, eine goldene Zukunft, die jetzt beginnt. Und wer dafür bereit ist, der tut das, was es braucht, und glaub mir, es ist leichter als die meisten Menschen glauben. Die längste Reise beginnt mit dem ersten Schritt und den hast Du getan. Du hast mir Gelegenheit gegeben, Dich daran zu erinnern, dass es einzig und allein deine Entscheidung ist, was Du aus Deinem Leben machst. Jetzt kannst du frei wählen und ich hoffe, du wählst, dein Leben befreit zu leben. Du kannst natürlich auch so leben wie viele, die ihr Leben nicht leben, aber ich glaube, du hast dich längst entschieden, aufzuwachen, Deine eigene Größe zu erleben, deinen eigenen Weg zu erkennen und ihn unbeirrt zu gehen. So beginnst Du das zu verwirklichen, was du im Herzen deines Herzens schon immer wolltest.

Alles, was Du willst

Eine Frau geht durch die Stadt und sieht zufällig die große Aufschrift auf der Schaufensterscheibe eines neuen Ladens. Dort steht:

„HIER können Sie ALLES haben."

Das macht sie neugierig und sie geht hinein. Hinter der Ladentheke trifft sie auf eine nette Bedienung, die die Frau fragt: „Sie wünschen bitte?" und die Frau antwortet: „Also, draußen steht: Hier können Sie alles haben. Und so hätte ich gern meine Gesundheit zurück, dann möchte ich inneren Frieden und auch Frieden für die Welt. Und einen Man, der mich liebt, so wie ich bin und finanzielle Unabhängigkeit und, und, und". Die Bedienung sagt daraufhin zu der Frau: „ Sie sind genau richtig hier, aber ich muss Sie darauf aufmerksam machen, dass wir eine Samenhandlung sind. Wir verkaufen ihnen jeden Samen für alles, was sie haben wollen, aber säen und ernten müssen sie selbst.

Willst Du auch dafür sorgen, dass in deinem Lebensgarten all das wächst und gedeiht, was Du wirklich willst? Wenn du bereit bist…

Vor über 15 Jahren habe ich einen kleinen Laden aufgemacht und begonnen, meine „Besucher" also bewusste Lebensgärtner mit dem Saatgut auszustatten, dass Sie haben wollen. Mein Laden heißt „Lebe Dein Leben“, in diesen Worten ist, finde ich, alles enthalten, was daran erinnert, warum wir hier sind.

Jeder Mensch ist einmalig, ein Original, etwas ganz Besonderes. Und jeder Mensch ist ein geborener „Irgendetwas“. Dieses „Irgendetwas“ herauszufinden und zu leben, das bringt wahre Erfüllung. Jeder hat alles, was er braucht bei sich oder besser gesagt, er trägt es in sich. Würden die Menschen öfter in sich gehen, dann wären sie seltener außer sich. Wir müssen also nach Innen gehen und uns er-Innern an das, was drauf wartet, sich durch uns in der Welt auszudrücken. So, wie man Wasser aus einem Brunnen schöpft, so können wir aus uns selbst schöpfen, wir müssen nur unsere Aufmerksamkeit darauf lenken und uns dafür entscheiden, schöpferisch zu leben als der, der wir wirklich sind. Der Rest ist ein Kinderspiel.

Wenn man in einem Garten etwas Bestimmtes ernten will, muss man zuvor die Bedingungen schaffen, damit das wachsen kann, was wachsen soll.
Wenn ich gesund sein will, muss ich Gesundheit säen – in mir. Wenn ich Liebe erfahren will oder Erfolg haben will oder Klarheit oder was auch immer, dann muss ich lernen, die richtigen Ursachen zu setzen. Alle erfolgreichen Menschen, Schauspieler, Künstler, Sportler, Wissenschaftler, Manager wissen das und setzen dieses Wissen bewusst und gezielt ein, um das zu erreichen, was immer sie wollen. Darum werden Lebensschulen so dringend gebraucht, denn erst, wenn wir das Wesentliche gelernt haben, beginnt das wirkliche Leben. Wesentlich ist, glücklich zu sein, gesund, erfolgreich, sich selbst zu verwirklichen und die Welt dadurch schöpferisch zu bereichern.

Warum sind manche Menschen gesünder als andere?
Warum sind manche Menschen kreativer als andere?
Warum sind manche Menschen erfolgreicher als anderen?
Warum sind manche Menschen glücklicher als andere?

Ganz nüchtern betrachtet haben beide „Seiten“ die gleichen Ausgangsbedingungen. Der Gesunde und der Kranke, der Reiche und der Arme, der Glückliche und der Unglückliche, jeder von denen hat immer 24 Stunden am Tag zur Verfügung. Der Gesunde, der Kreative, der Erfolgreiche, der Glückliche haben keine Sekunde mehr als der Kranke, als der Unkreative, als der Arme oder als der Unglückliche. Jeder entscheidet, wie man diese 24 Stunden erfüllt, und da findet man die Unterschiede.

Also liegt es nicht an den Möglichkeiten, die sich jedem Menschen immer wieder aufs Neue bieten, sondern es liegt daran, was man in der zur Verfügung stehenden Zeit und aus den immer neuen Möglichkeiten macht. Und das man es so macht, damit man mit dem Ergebnis zufrieden ist. Hier sind wir beim Säen angelangt, beim Ursachen setzen.

Es gibt bestimmte Verhaltensweisen und Eigenschaften, die den Erfolgreichen vom Erfolglosen unterscheiden. Und damit wir uns richtig verstehen, gemeint ist hier Erfolg im Allgemeinen. Erfolg ist nicht nur Geld oder Position, Erfolg ist: Gesundheit, Lebensfreude, eine erfüllende Partnerschaft, glücklich sein, Selbsterkenntnis, Probleme lösen zu können, sich Wünsche zu erfüllen, Ziele zu erreichen, die eigene Berufung leben, Freiheit, Selbstverwirklichung in jeder Hinsicht. Und Misserfolg ist Mangel, Krankheit, Abhängigkeiten aller Art, als jemand zu leben, der man gar nicht ist. Auch hier gibt es wie immer im Leben eine gute Nachricht, die sofort für positive Veränderung sorgt, wenn man die Botschaft erkennt und ihr folgt. Eigenschaften kann man entwickeln, Schwächen kann man in Stärken verwandeln.

Würdest Du gern erfahren, warum manche Menschen ihre Ziele erreichen und andere nicht? Warum die einen gesund, zufrieden und erfolgreich sind und die anderen nicht?

Das Leben ist ein Spiel, das Freude machen soll und wer spielerisch lebt und Freude daran hat, der spielt einfach immer weiter. Darum finde ich ein zeitlich unbegrenztes Leben so faszinierend.

Wer spielt, der will auch gewinnen. Und wer die Spielregeln kennt und danach lebt, der hat es leicht. Gewinnen bedeutet unter anderem, gesund und vital zu sein, mit Freude die eigene Berufung leben, mit einem Partner zusammen glücklich zu sein, Liebe und Erfüllung finden. Gewinnen heißt auch, sich kreativ auszudrücken und sich zu verwirklichen, finanziell frei zu sein, vielleicht ein eigenes Geschäft aufzubauen und erfolgreich zu führen. Diese Aufzählung lässt sich beliebig fortsetzen.

Eigenschaften, die zum Erfolg führen

Erfolgreiche Menschen besitzen Vertrauen, Leidenschaft für ihre Ziele, Motivation. Sie ergreifen die Initiative, sie treffen Entscheidungen, sie haben ein klares Ziel, können sich auf Wesentliches konzentrieren, sie glauben an sich selbst und daran, dass sie es schaffen. Aber es gibt noch mehr Auswahl: Ausdauer, Beharrlichkeit, Bewusstsein, Selbstvertrauen, Klarheit, Fokus auf Wesentliches, Falsches loslassen, inneren Frieden finden, Abschalten lernen, Gedanken beherrschen, die eigene Vision erkennen und verwirklichen, frei sein von der Meinung anderer, sich selbst heilen und verjüngen, Mut, Misserfolgsmechanismen erkennen und verwandeln in das, was Erfolg erschafft, magnetisch sein für Liebe, den inneren Schweinehund überwinden, Vergangenheit hinter sich lassen...

Ich hoffe, diese Aufzählung entmutig dich nicht. Im Gegenteil, all diese Eigenschaften kann man sich aneignen, man kann sie stärken. Auch die Erfolgreichsten dieser Welt haben einmal angefangen. Außerdem ist es durchaus möglich, dass schon die Stärkung einer einzigen dieser Eigenschaften dazu führt, sein Leben wie ein Zauberer oder eine Zauberin in die gewünschte Form zu verwandeln. Wäre es nicht wünschenswert, wenn man beginnt, Erfolg bringende Eigenschaften bei sich selbst zu fördern und zu stärken? Alles ist schon da, es braucht nur ein richtiges Klima, um zu wachsen. Wir entscheiden, welches innere Klima wir wählen. Bist Du bereit für die Verwirklichung Deines Potenzials? Nimmst Du meine Einladung an? Wenn Du jetzt Ja sagst, dann beginnt es im gleichen Augenblick. Lass Dich erinnern, dass es leicht ist, wenn man die Zusammenhänge erkennt und anfängt, sich auf den Weg zu machen. Das Ergebnis wird Dich begeistern.

Die Eigenschaften, die erfolgreiche Menschen ausmachen sind die gleichen Eigenschaften, die den Erfolglosen fehlen. Die Aufgabe ist hier, das Fehlende hinzuzufügen. Wer bereit ist, die Vorraussetzungen für den eigenen Lebenserfolg zu schaffen, den man sich wünscht, der ist auch erfolgreich.

Ein universelles Gesetz sagt: „Tu alles, was Du kannst, und das Universum tut den Rest." Meine Seminare und Beratungen sind eine Einladung an diejenigen, die bereit sind, alles für die Verwirklichung Ihrer Ziele zu tun. Diese Menschen unterstütze ich gern dabei, ihre Vision klar zu erkennen, und sich bewusst zu machen, welcher Weg sicher dahin führt, also herauszufinden, was zu tun ist und manchmal auch, was zu lassen ist, damit die Vision Wirklichkeit wird.

Dieses Buch ist...

ein Weckruf an Dein ganzes Sein
"Aha", um zu erkennen, wer Du wirklich bist
eine Möglichkeit zu erkennen, was Du wirklich willst
Gelegenheit zu überprüfen, was Dich belastet
ein Angebot, loszulassen, was nicht zu Dir gehört
ein Herausfinden, was Dir am meisten fehlt
eine Erinnerung an Deine Wirklichkeit.
eine Einladung, nach Hause zu kommen – zu Dir selbst

Wer bist Du wirklich? Was meinst Du, wenn Du „ICH" sagst?

Ich - als Illusion - ist

- meine Name, mein Körper, mein Ego
- meine Vergangenheit
- Meinungen und Vorstellungen über mich
- Erfahrungen, Eindrücke, Programme
- Gewohnheiten, Verhaltensmuster
- Launen Masken, Persönlichkeit(en)

Ich - als Selbst – ist

- reines ewiges Sein
- bewusste Vollkommenheit
- das Verbundensein mit allem, was ist
- die Bäume
- das Summen der Bienen
- das Kichern eines Kindes
- die Wolken, der Wind,
- das ganze Universum

Hat das Buch Dich daran erinnert, was alles auf Dich wartet? Hat es Dich inspiriert, weiter zu gehen? Der Weg der Herde ist einfach – und führt schon zu Lebzeiten in den Tod. Ich bin sicher, Du gehst Deinen individuellen Weg. Stell Dir vor, Du würdest alles, was Du weißt, auch leben. Willst Du Dein Leben leben, authentisch, bewusst und frei? Vielleicht lernen wir uns einmal kennen, im Einzelgespräch oder im Seminar – wenn Du willst, schreib mir.

Ein Dankeschön an Dich

Die Worte in diesem Buch werden zu Bildern in Deiner Vorstellung. Und ich fühle mich geehrt, dass Du diese schriftliche Einladung angenommen hast, mit mir einzutauchen in das faszinierende Abenteuer Leben und die grenzenlosen Möglichkeiten, die nur darauf warten, dass wir unser spirituelles Erbe antreten.

Es gibt keinen Zufall und Du liest auch nicht zufällig dieses Buch. Es ist vielmehr Ausdruck von Resonanz und Synchronizität. Danke, dass ich meine Erfahrungen und Erkenntnisse in Form dieses Buches mit Dir teilen darf.

Ich habe eine Vision

Jeder möchte die Welt verbessern und jeder könnte es auch, wenn er nur bei sich selber anfangen wollte. Mach mit! Es ist mein tiefstes Anliegen, andere Menschen an sich selbst zu erinnern und Sie dabei zu unterstützen, ihre Vision zu verwirklichen. So entsteht eine neue Welt, Individuum für Individuum. Und Du bist herzlich eingeladen, dieses Erblühen mit zu vollziehen.

Das Buch sollte ursprünglich hier enden. Aber da noch "Material" vorhanden war, habe ich mich entschlossen, weitere Seiten anzufügen.

Die folgenden Texte sind eine Sammlung von Auszügen aus Aufnahmen meiner Seminare „Lebe Dein Leben“ und „Ewige Jugend“ aus dem Zeitraum 2008-2010. Außerdem enthalten sind Geschichten, die ich gern erzähle, Antworten auf Fragen von Seminarteilnehmern oder Menschen, die meine Einzelberatungen in Anspruch nehmen sowie Einladungen, die ich an meine Freunde verschickt habe. Vielleicht ist auch für Dich etwas dabei. Worte, die man liest, werden zu inneren Bildern, die man sieht. Wenn Du in Resonanz bist mit diesen Zeilen und wenn Du Dich dazu „eingeladen“ fühlst, Dein Lebe zu leben, dann schreib mir, ich freue mich auf deine Nachricht.

Wie frei willst Du sein?

Wohlstand – wenn alles im Leben zu Wohle steht

Es gibt Menschen, die haben viel Zeit, aber kein Geld. Und es gibt Menschen, die haben viel Geld, aber keine Zeit. Ein wohlhabender Mensch hat beides: Alle Zeit der Welt, um unendlich kreativ zu sein und die entsprechenden Mittel, um seine Ziele und Visionen in Wirklichkeit zu verwandeln, nicht in 20 oder 30 Jahren, sondern jetzt! Wie viel wirklich freie Zeit hast Du im Leben?
Friedrich Nietzsche hat einmal gesagt: Wer nicht mindestens 2/3 des Tages für sich selber hat, der ist ein Sklave, selbst, wenn er König ist. Wenn man die Zeit des nächtlichen Schlafes abzieht (24 Std - 8 Std Schlaf), dann bleiben 16 Stunden. Zwei Drittel von 16 Stunden sind immerhin fast 11 freie Stunden für sich selbst. Für viele Menschen ist das ein Traum.

Als ich vor 20 Jahren meine erste Firma gegründet habe, da hatte ich nur die Schlafenszeit „für mich“, sonst war ich im Hamsterrad "unterwegs", 7 Tage die Woche, 365Tage im Jahr. Und, ich war sehr erfolgreich. Ich hatte viel Geld, aber keine Zeit. Dann erlebte ich eine Krise, obwohl der Erfolg mich begleitete, fehlte mir Erfüllung. Und ich erkannte für mich, Erfolg ohne Erfüllung ist kein wahrer Erfolg. So begann meine eigene Suche nach Erfüllung. Kurz darauf verkaufte ich meine Firma und mein mexikanisches Restaurant, besorgte mir ein Ticket um den Globus und begann eine Weltreise, die mich letztendlich zu mir selbst führte und mir half, mich an meine Wahrheit zu "erinnern". Dabei entdeckte ich auch meine Gabe, andere Menschen dabei zu unterstützen, Klarheit zu finden, ihre Ziele zu erkennen und zu verwirklichen und sie letztendlich zu dem großen Ziel zu führen, Sie an Ihre Wahrheit zu erinnern. Denn, wer sich "erinnert" hat, der lebt befreit.

Seitdem gehe ich den Weg der Freude und auf einmal war Erfüllung mein Begleiter. Früher dachte und lebte ich im "entweder/oder - Modus“. Entweder Zeit haben oder Geld haben. Nun, das Leben hat mich überrascht und mir gezeigt, dass es auch leichter, stimmiger geht, nämlich: "Sowohl als auch". Hättest Du nicht auch gern die Vorteile der Erfahrung, ZEIT UND GELD zu haben?! Was würde das bedeuten für Deine Wünsche, Ziele und Visionen? Auf einmal könntest Du Dich ganz dem widmen, was Dein Herz Dir sagt.

Meinst Du nicht auch, es ist eine gute Idee, diese Freiheit für sich selbst zu verwirklichen? Nimm meine Hand, wenn Du willst und ich zeige Dir, dass wir alle nicht nur eine Vision "mitgebracht" haben, sondern, dass wir auch dafür gesorgt haben, diese Vision, also unser Potenzial zu verwirklichen. Lass Dir im Lebe Dein Leben Seminar (live oder Heimstudium) zeigen, welche Befreiung es mit sich bringt, sich endlich wirklich für das Leben zu entscheiden, dass auf Dich wartet. Verwirkliche den Wohlstand der dafür sorgt, dass alles in Deinem Leben zum Wohle steht. Lebe Dein Leben - Ein Weckruf an Dich. Ich freue mich auf die Begegnung mit Dir.

Anpassung macht unfrei und verursacht Stress

Vom Stress zur Entspannung - von der Anpassung zur individuellen Freiheit

Sind wir nicht hier, um märchenhaft zu leben?

Wenn Dir jemand einen Zauberstab geben würde, mit dem Du unerwünschte Situationen in Deinem Leben ändern könntest, würdest Du Dich trauen, diesen Zauberstab zu benutzen? Was würdest Du ändern und wann? Dieser Planet könnte ein Garten voller Blumen sein, ein Himmel auf Erden, ein Ort, an dem jeder seiner wahren Natur entspricht und sich selbst verwirklicht. Aber wir haben aus dieser Welt eine Fabrik gemacht und wir durchlaufen "Prozesse", damit wir geeignete Systemlinge werden und uns an die "Hausordnung" halten. Wenn man aufmerksam beobachtet, hat man oft den Eindruck, viele sind auf der Welt, um so zu sein, wie andere sie gern haben wollen. Die meisten Menschen verbiegen sich, belügen sich, sie funktionieren brav wie Diener eines "Systems" und finden das normal. Anstatt ihr Leben zu leben, passen sie sich an das an, was sie vorfinden. Aber ist es ein Zeichen innerer Stärke, sich an ein krankes System anzupassen? Ist das der Sinn des Lebens? Zum Glück gibt es Ausnahmen. Jeder von uns wurde als "Ausnahme" geboren. Frei. Als Individuum. Als jemand, der sich selbst gehört. Als ein souveräner Mensch, der das Recht hat, glücklich zu sein, gesund, kreativ, authentisch. Wie viele Menschen kennst Du, die ihr Leben WIRKLICH leben? Und noch viel wichtiger ist die Antwort auf die Frage: Lebst Du Dein Leben? Verwirklichst Du das, was Dir am Herzen liegt? Wenn nicht, dann fang jetzt damit an. Klarheit finden ist der erste Schritt und dann wird es viel leichter. Es gibt Entscheidungen, die sollte man nicht lange vor sich herschieben. Dazu gehört die Entscheidung, befreit zu leben. Echt. Ehrlich. Authentisch. Dazu lade ich ein im Seminar.

Ein kleines Rotkehlchen

Eine liebe Freundin, Tierärztin, brachte mir vor 3 Wochen ein kleines verletztes Rotkehlchen. Augenscheinlich war ein Flügel leicht verletzt, sonst alles ok. So habe ich die Pflege übernommen und siehe da, dem kleinen Federball geht es von Tag zu Tag besser. Es singt sogar schon wieder und zwar bezaubernd. Jetzt ist das Rotkehlchen wieder fit und sicherlich stark genug, für sich selbst zu sorgen. Unter helfen verstehe ich immer Hilfe zur Selbsthilfe, so, wie in diesem Fall. Aber wusstest Du, dass 60% der Insekten fressenden Singvögel den Winter nicht überleben? Sie, also Rotkehlchen, Zaunkönig, Goldhähnchen u.v.a. sind auf Insekten angewiesen und diese sind in der kalten Jahreszeit kaum zu finden. Warum erzähle ich das? Ganz einfach, auch die menschliche Gesellschaft ist Teil der Natur und es wird Winter, in diesem Falle wird es Winter in der Wirtschaft und im sozial-industriellen Komplex. Im Winter macht die Natur eine Pause, alles kommt zur Ruhe, Wachstum beginnt erst wieder im Frühling. Nun gibt es Tiere, die halten Winterschlaf und überdauern so diese kalte Zeit oder sie legen Vorräte an wie Eichhörnchen. Dann gibt es Tiere wie zum Beispiel Grizzlybären, die fressen sich „vorher satt“ und leben dann vom „Winterspeck“. Wieder andere Tiere, die meisten, müssen bei Eis und Schnee nach Nahrung suchen, und wenn sie nichts finden ... Das System, in dem wir leben, hat viele

Abhängigkeiten geschaffen. Je „abhängiger" ein Mensch ist, desto unfreier wird er. Solange das System „funktioniert", fühlt man sich in Sicherheit, aber wehe, es kommt Veränderung, dann zeigt sich, was in einem steckt. Der eine wartet, dass die Welt sich wandelt, der andere fängt einfach an und handelt. Als ich eine Weltreise machte, hatte ich ein Motto: Ein Fremder ist ein Freund, den man noch nicht kennt. Das ist eine Einladung an meine Freunde, auch, wenn wir uns noch nicht kennen. Eine Einladung für alle, die befreiter leben wollen, nicht irgendwann, sondern ab JETZT.
Wenn Du gern am Lebe Dein Leben Seminar teilnehmen willst, dann melde dich jetzt vor dem „Wintereinbruch", denn umso leichter wird der Neubeginn Deines Lebens, wenn Du rechtzeitig die Weichen stellst!

Loslassen und frei sein - der Neubeginn Deines Lebens

Ein Bauer ging eine Straße entlang. Über seiner Schulter hielt er einen Stock. An diesem Stock hing ein Topf, der mit Suppe aus Sojabohnen gefüllt war. Plötzlich stolperte der alte Mann, der Topf fiel zu Boden und zerbrach. Doch er ging unbeirrt weiter, verschwendete keinen Augenblick an den Zwischenfall. Ein anderer Passant, der das Missgeschick des Bauern beobachtet hatte, stürzte herbei und rief aufgeregt: "Hast du denn nicht mitbekommen, dass dein Topf zerbrochen ist?" Der Alte ging ruhig weiter und sagte: "Doch, ich habe ihn runterfallen hören". Der Passant schüttelte verständnislos seinen Kopf. "Und du hast dich noch nicht einmal umgedreht und etwas unternommen?" Der Alte lächelte und schaute den betroffenen Passanten an: "Der Topf ist zerbrochen, die Suppe ist weg. Was soll ich dagegen unternehmen?"

Es gibt Menschen, die unterhalten eine Sorgenfabrik. Sie verstehen es, den hellen Tag dunkel zu machen. Sie grübeln über eine vergebene Chance, ärgern sich über vergossene Milch und kommen über ein Missgeschick nicht zur Ruhe. Sie belasten sich, werden unglücklich und anfällig für alle möglichen Krankheiten. Und, sie verbreiten diese Schwingung um sich herum. Der alte Bauer kann uns zum Vorbild werden, zeigt er doch deutlich, dass wir unsere Sorgen hinter uns lassen können. Es lohnt sich nicht, auch nur einen Blick auf die zerbrochene Suppenschüssel zu werfen. Problemlos, das ist wörtlich zu verstehen, erreicht der Bauer sein Ziel. Wie sieht die Straße unseres Lebens aus? Ist sie bedeckt mit zerbrochenen Schüsseln, mit angestaubten Problemen, über die wir wieder und immer wieder grübeln? Eine Möglichkeit, sich "unfrei" zu machen, ist, ständig nach Hindernissen zu suchen und sich als Folge damit zu umgeben. Genauso kann man sich wieder befreien, durch Loslassen von dem, was nicht glücklich macht. Und dann lenkt man seinen Fokus auf das, WAS MAN WIRKLICH WILL. Bist Du bereit für den Neubeginn Deines Lebens?

Bewusst Sein - klar sein - frei sein

Das Inventar eines Luxusbordells wurde versteigert und eine Frau kauft einen Papagei des Hauses. Sie lässt den Käfig drei Wochen lang zugedeckt in der Hoffnung, dass der Papagei seinen lästerlichen Wortschatz vergisst. Als sie den Käfig schließlich abdeckt, sieht sich der Papagei aufmerksam um und bemerkt: „Arrk! Neues Haus. Neue Madame.“ Als die Töchter der Frau nach Hause kommen, fügt der Papagei hinzu: "Arrk! Neue Mädchen.“ Und als am Abend der Ehemann nach Hause kommt, ruft der Papagei:“ Arrk! Immer noch die alten Kunden.“

Selbstvergessenheit

Wenn man sich mit seinem Verstand identifiziert, verliert man sein Bewusstsein. Man vergisst sich selbst. Selbstvergessenheit oder Unbewusstheit bedeutet Schlaf, bedeutet Mechanik, bedeutet Gewohnheiten und Programme. Man funktioniert wie ein Automat. Immer wieder die gleichen Geschichten. In der Partnerschaft, finanziell, beruflich oder gesundheitlich. Wenn ein Raum dunkel ist, dann tastet man sich herum, man stolpert. Man sucht die Tür wie ein Blinder. Wenn dunkle Wolken im eigenen Leben aufziehen, dann beginnt man zu grübeln, sich Sorgen zu machen. Die Dunkelheit bedeutet Selbstvergessenheit, Unklarheit, Verwirrung, man kommt nicht weiter. Man dreht sich im Kreis der Gewohnheiten. Weil man nichts sehen kann, spielt man „Versuch und Irrtum“, man stolpert durchs Leben, man fällt hin und tut sich und manchmal auch anderen weh. Der Name für den dunklen Raum ist Unbewusstheit. Wenn im Raum das Licht an ist – wenn man zu Bewusstsein kommt und sich an sein wahres Wesen erinnert hat - dann SIEHT MAN und geht man einfach durch die Tür. Wenn wir ganz bewusst sind, dann sind wir klar. Wir wissen, was wir wollen und wie wir es erreichen. Mit mehr Bewusstsein setzt mehr Verstehen ein, man

sieht buchstäblich klarer. In dieser Klarheit sind Entscheidungen leicht. Je bewusster ein Mensch ist, desto mehr beginnt er seine Narrheiten aufzugeben und auf Schrott zu verzichten. Wenn man Kieselsteine für Diamanten hält und bei näherem Hinsehen feststellt, dass es Kieselsteine sind, dann lacht man und lässt die Steine los. Bewusstheit befreit von Irrtümern. Man gibt bedeutungslose Beziehungen auf. Man gibt Jobs auf, die das innere Wesen nicht erfüllen. Man gibt Orte auf, an denen kein Wachstum möglich ist. Man beginnt, seiner eigenen Natur zu folgen und sein Leben zu leben. Wenn man zwischen Drama und Freude wählen müsste, würden die meisten sich spontan für Freude entscheiden. Aber trotzdem wiederholen sich oft immer wieder die gleichen Dramen. Viele Menschen wundern sich, warum sie ihre Ziele nicht erreichen, warum sie nicht gesund werden, warum sie finanziell nicht weiter kommen oder warum ihre Partnerschaft nicht harmonisch verläuft. Was, wenn ein Teil im Innern dieser Menschen heimlich ihre besten Absichten und Wünsche sabotiert?
Diese Wiederholungen geschehen nicht bewusst. Wäre es nicht sinnvoll dafür zu sorgen, dass man bewusst bestimmt, wie das eigene Leben verläuft, anstatt es alten Programmierungen und Konditionierungen oder anderen zu überlassen? Bist Du bereit, DEIN NEUES LEBEN JETZT ZU BEGINNEN?

Verbrenne Deinen Zweifel. Lebe Dein Leben, bewusst und frei!

SATSANG mit Marco. Wir Menschen sind wie reines Gold, aber wir haben auf unserer Lebensreise auch vieles angesammelt, was nicht wirklich zu uns gehört: Ängste, Zweifel, Sorgen ... Und deshalb ist es so wichtig, Falsches loszulassen, um wieder frei zu sein, um Potenziale in Wirklichkeit zu verwandeln. So gehen wir im Leben immer wieder durchs Feuer. Alles, was wir nicht sind, verbrennt in diesem Feuer, bis wir in unserer ganzen Pracht staunend vor uns selbst stehen. Bewusstsein befreit. So, wie Licht die Dunkelheit vertreibt, so verbrennt Bewusstheit alles Karma. Wer Feuer in seinem Herzen hat, der verbrennt alle Zweifel und geht mutig seinen individuellen Weg. Wer keine Zweifel mehr hat, ist gesegnet mit Klarheit und Entschlossenheit. Das wirkliche Leben kann beginnen – bist Du bereit?!

Erfahrungsberichte: Es war dort eine Atmosphäre, in der ALLES möglich war. Ihr habt einen wunderbar weiten Raum erschaffen. Das „Ostfeuer" ist bei mir erbarmungslos übergesprungen. :-) Jan

Marco hat eine Art Fragen zu stellen, die ich sehr gut finde und da sie in der Erzählung gut eingebettet sind, wirken diese sehr stark... Das gesamte Wochenende war für mich sehr erfolgreich, denn ich habe euch kennen gelernt oder wie es sich für mich anfühlte, wieder getroffen. Ich durfte einige Fragezeichen in mir zu Ausrufezeichen machen und die Lebensschule ist das, was ich schon immer gesucht habe. Lutz

Es ist Dein Leben - oder?

Ein junger Mann mit einer guten Stimme wird gebeten, bei einem Theaterstück mitzuspielen, obwohl er sich damit herauszureden versucht, dass solche Situationen ihn immer sehr verwirren würden. Man erklärt ihm, dass seine Rolle sehr einfach sei und er nur einen ganz kurzen Auftritt habe. Er müsse nur sagen. „Ich komme, einen Kuss zu stehlen und mich dann in den Kampf zu stürzen. Horch! Ein Pistolenschuss", und dann von der Bühne gehen. Bei der Premiere taucht er auf der Bühne auf, schon etwas verlegen wegen der altmodischen, engen Kniehosen, die er im letzten Augenblick noch anziehen musste. Doch angesichts der attraktiven Hauptdarstellerin, die in einem weißen Kleid auf einer Gartenbank sitzt und auf ihn wartet, ist er dann völlig aufgelöst. Er räuspert sich und sagt:" Ich komme, einen Stuss zu kehlen- nein – einen Kuss zu stehlen und mich dann in den Stampf zu kürzen – ich meine, in den Kampf zu stürzen. Horch! Ein Sistolenpuss, nein, ein Postilenschuss, nein, ein Pistolenschuss. Oh, Schiss Schoss, Scheiß auf euch alle! Ich wollte doch von Anfang an überhaupt nicht in diesem verdammten Stück mitspielen!"

Wir können unserem eigenen Weg folgen oder das tun, was andere von uns erwarten. Letzteres führt dazu, dass wir früher oder später erkennen, "im falschen Film" und am falschen Platz zu sein. Und im Leben am falschen Platz zu sein, tut weh. Es gibt nur ein einziges Glück und das heißt, du selbst zu sein. Die Wurzel allen Unglücks ist, jemand zu sein, der man gar nicht sein will und nicht sein kann, Dinge zu tun, die dem eigenen Wesen nicht entsprechen oder mit Menschen zusammen zu sein, mit denen man nicht zusammen sein will. Warum tut man sich das an? Wir geraten auf

„Umwege“. Wir verirren uns. Wir vergessen uns selbst. Die Stimmen der anderen werden lauter und „glaubwürdiger“ als unsere eigene Stimme. Die Gesellschaft ruft: Verleugne Dich selbst. Unser Herz flüstert: Lebe Dein Leben! Echt. Ehrlich. Authentisch. Die Anderen erwarten: Du musst Opfer bringen für die Gemeinschaft. Deine eigene Stimme sagt: Ich bin nicht zu verkaufen. Ich gehöre mir selbst. Es ist Dein Leben, oder? Du brauchst niemanden um Erlaubnis zu fragen um Deiner Natur zu entsprechen und um Dein Leben zu leben! Du musst Dich einfach nur dafür entscheiden. Die beste Zeit für die beste Entscheidung ist immer JETZT.

Alle Zeit der Welt haben

... und wenn sie nicht gestorben sind, dann leben sie noch heute.
Wie oft haben wir Märchen mit diesem Schluss gehört oder gelesen. Im Märchen kennt man keine Grenzen, alles, was man sich vorstellen kann, ist möglich. Warum sollten wir uns Grenzen setzen, nur, weil das andere tun?

Alle Zeit der Welt haben – märchenhaft leben

Wann immer wir uns selbst dabei ertappen, dass wir denken und sagen: "Ich habe keine Zeit", immer dann klopft unsere "Todesprogrammierung" an die Tür. Dieses "Anklopfen" zeigt uns, was wir tief in uns glauben. Und mal ganz ehrlich, hat der Krankheits- und Todeskult nicht lange Tradition? Wer "andere" Erfahrungen machen will, wer strahlende Gesundheit und ein laaanges Leben will, der ist auch bereit, die richtigen Ursachen zu setzen. Wer sein Leben wirklich liebt, der schützt es. Bist DU bereit für ein märchenhaftes Leben? Das Leben ist das Wichtigste. Leben ist Zeit und Zeit ist Leben. Wie lange willst Du leben? Ein glücklicher und gesunder Mensch antwortet auf diese Frage sicher anders als jemand, der „andere Erfahrungen“ macht. Wie lange würdest Du leben wollen, wenn Du keine gesundheitlichen und finanziellen Probleme zu erwarten hättest? Meine eigene Antwort ist: EWIG! Wenn man sich bewusst macht, dass die menschliche Zelle unsterblich ist (wissenschaftlich bewiesen), dann begeht jeder, der stirbt, Selbstmord. Natürlich über einen längeren Zeitraum und nicht ganz offensichtlich. Ein Tod auf Raten. Die Masse der Menschen wählt diesen Weg. Aber, es gibt Ausnahmen. Für Sympathisanten dieser Ausnahmen, für die Seltensten der Seltenen, schreibe ich diese Zeilen. Ja, ich schreibe diese Zeilen für Dich.

Das ist eine Einladung an echte Weggefährten. Eine Erinnerung! Wer weiß, vielleicht haben wir vor „einiger Zeit“ einmal eine Abmachung getroffen und jetzt erfüllen wir dieses Versprechen und machen uns gemeinsam auf den Weg in eine neue paradiesische Welt. Märchenhaft zu leben ist das, was wir als Kinder alle für möglich gehalten haben. Wenn Du ein glückliches, gesundes Kind fragst: „ Wie lange willst Du leben?“ dann wird das Kind sicher antworten. Ewig. Und jetzt frage ich Dich, ich frage Dein Herz, Deine Seele, Dein ganzes Sein: „ Wenn Du wüsstest, dass Du für immer glücklich bist, gesund, kreativ und keine finanziellen Probleme haben wirst, wie lange würdest Du leben wollen? Dann sind wir uns einig?

Erfahre unter anderem das „zwei-Minuten-Geheimnis“ eines 242 Jahre alten Chinesen und seiner 221 Jahre alten Frau. In dieser Familie gab es Tradition: Ihr Sohn 196 Jahre, ihre Schwiegertochter 193, Enkel 151 und seine Frau 138.

Ein zwei Minuten - Ritual, das die bisherige Lebensspanne ver_DREI_facht. Diese und weitere atemberaubende Erkenntnisse und wundersame Geheimnisse warten auch auf Dich. Bist Du bereit für eine unendliche Reise?! Schreib mir. Ich freue mich auf Deine Antwort.
Gern sende ich dir die ausführlichen Seminarunterlagen für das Seminar Ewige Jugend - Märchenhaft leben zu. Infos www.ewige-jugend-jetzt.de

Deine ewige Jugend klopft an

Was würdest Du tun, wenn Du wüsstest, dass Du auf jeden Fall erfolgreich bist, egal welches Ziel Du hast? Was würdest Du tun, wenn Geld keine Rolle spielen würde? Wenn man Dir einen Zauberstab in die Hand geben würde, mit dem Du unerwünschte Erfahrungen in Deinem Leben verwandeln könntest in DAS, WAS DU WIRKICH WILLST, würdest Du Dich trauen, diesen Zauberstab zu benutzen? Die gute Nachricht ist, Du besitzt diesen Zauberstab bereits. Der Neubeginn Deines Lebens. Das Lebe Dein Leben - Seminar ist eine Erinnerung, ein Weckruf ... den inneren Zauberer zu aktivieren und dafür zu sorgen, wirklich märchenhaft zu leben. Infos unter www.ewige-jugend-jetzt.de

Wer das Leben liebt ...

Wer das Leben liebt, und wer glücklich ist wie ein Kind, der will, dass das Leben ewig ist, siehst Du das auch so? Kann man sein Leben unbegrenzt verlängern? Kann man das Altwerden verlangsamen? Kann man den Alterungsprozess stoppen oder sogar umkehren? Ist ewige Jugend möglich? Die Antwort auf diese vier Fragen lautet: JA. Ja, für den, der diese Ziele hat und danach lebt. Jetzt liegt es nur noch an Dir, diese Möglichkeit in eine Realität zu verwandeln. Das Seminar "Ewige Jugend - Ewiges Leben" zeigt Dir einen Weg, Jetzt die Weichen zu stellen für ein Leben ohne Grenzen. Es ist Deine Wahl und sicher hast Du einen "guten Geschmack". Frei nach dem Motto von Oscar Wild: Ich habe einen ganz einfachen Geschmack: Ich bin immer mit dem Allerbesten zufrieden. Meld Dich schnell, wenn Du, wie ich, ein Leben liebst, ein märchenhaftes Leben, das niemals endet.

An meine Freunde – Ein WeckRuf für Langlebige

Aus Liebe zum wirklichen Leben. Der Mensch ist ein Zauberer. Er kann authentisch sein oder als jemand leben, der er gar nicht ist. So kann man zum Beispiel „zaubern", sich selbst zu vergessen. Man kann als Persönlichkeit leben – Persönlichkeit heißt Maske. Man kann „in der Zeit" leben. Zeit ist eine Erfindung des Verstandes, ein Denk- oder Vorstellungsprodukt. Zeit bedeutet in Wirklichkeit Verstand. Der Verstand lebt entweder in der Vergangenheit oder in der Zukunft. Nur wenn man wirklich HIER ist, JETZT, dann gibt es eine gegenwärtige Erfahrung, jenseits des Denkens und jenseits der Zeit. Die Gegenwart ist die Seele der Ewigkeit und wer gegenwärtig lebt, der ist mit seiner eigenen Unsterblichkeit im engsten Kontakt. Die einzig authentische Art zu leben ist die, in der Gegenwart zu leben. Gegenwart bedeutet Zeitlosigkeit. Dieser Augenblick ist die Tür zur Ewigkeit. Dann bekommt das ganze Leben Tiefe. Auf einmal hat die Vergangenheit mit ihrer Last keine Bedeutung mehr. Gegenwärtig sein heißt, frei sein. Gegenwärtig sein heißt auch, in Berührung zu sein mit seiner eigenen Unsterblichkeit. Lass Dich berühren und erfahre Deine Unendlichkeit. Und wenn DU willst, nutze Deine Möglichkeit, den Alterungsprozess zu verlangsamen, zu stoppen und sogar jünger zu werden. Verlängere Dein Leben in die Ewigkeit hinein und sorge dafür, dass das ganze dekoriert wird mit Freude, Leichtigkeit und auch Fülle und Wohlstand, die Deinen inneren Reichtum auch im Außen widerspiegeln.

Nimm Dein göttliches Erbe an. Jetzt ist die Gelegenheit und ich mache Dir ein Angebot, dem Du nicht widerstehen kannst. Ist ewige Jugend möglich? Bewusstsein sucht und findet seinen höchsten Ausdruck in Dir. Ein Seminar und Fest für Unsterbliche. www.ewige-jugend-jetzt.de

Ein Egoist ist ein Mensch …

der keine Rücksicht nimmt auf den Egoismus der anderen. Wirft man Dir manchmal vor, du seiest egoistisch, weil Du Deinen individuellen Weg gehst? Oder, weil Du nicht die Erwartungen der anderen erfüllst? Weil Du so bist, wie Du bist? Ist eine Blume egoistisch, weil sie erblüht? Nein, die Blume entspricht einfach nur sich selbst. Ist ein Vogel egoistisch, weil er sein eigenes Lied singt? Nein, der Vogel folgt seiner Natur. Ist die Sonne egoistisch, weil sie strahlt? Natürlich nicht, sie kann nicht anders sein, als sie ist. Die Blumen, die Tiere, die Vögel…alle Lebewesen leben ihr Leben. Niemand hält sie für Sonderlinge, Spinner oder Verrückte, nur weil Blumen und Tiere natürlich sind. Aber Menschen, besonders bewusste Individuen werden oft verurteilt und an den Pranger gestellt, wenn oder weil sie der Masse nicht folgen. Aber, wer anderen folgt, der hört sich selbst nicht. Und wer sich selbst (er)hört – der MUSS seinen eigenen Weg gehen, sonst wird er krank und alles im Leben macht keinen Sinn. Erfüllung findet nur, wer sich selbst treu ist und authentisch lebt. Lebe Dein Leben ist die beste Entscheidung.

Liebe ist eine seltene Blume. Liebst Du Dich selbst genug?

Liebe ist eine seltene Blume. Selten deshalb, weil ohne Wurzeln keine Flügel wachsen – und die menschlichen Wurzeln heißen Selbstwert und das eigene Selbstbild. Liebst Du Dich selbst genug? Kaum jemand bleibt verschont von der Krankheit sich mit anderen zu vergleichen. Aber wer sich mit anderen vergleicht, der verliert immer mehr sein natürliches Potenzial, ganz er oder sie selbst zu sein. Das viele Vergleichen erzeugt Urteile und Spaltungen im Menschen. Ein Teil wird akzeptiert und ein anderer Teil wird abgelehnt. Jetzt beginnt im Innern ein Kampf – und niemand, NIEMAND kann diesen Kampf gewinnen. Viele Menschen wundern sich, warum sie ihre Ziele nicht erreichen, warum sie nicht gesund werden oder warum ihre Partnerschaft nicht harmonisch verläuft. Was, wenn ein Teil im Innern dieser Menschen heimlich ihre besten Absichten und Wünsche sabotiert? Wenn man zwischen

Drama und Freude wählen müsste, würden die meisten sich spontan für Freude entscheiden. Aber trotzdem wiederholen sich oft immer wieder die gleichen Dramen. Diese Wiederholungen geschehen nicht bewusst. Wäre es nicht sinnvoll dafür zu sorgen, dass wir bewusst bestimmen, wie unser Leben verläuft, anstatt es alten Programmierungen und Konditionierungen zu überlassen?

Das Ende der Selbstsabotage

Der Schlüssel liegt in uns selbst und nur wir können diesen Schlüssel benutzen. Wenn wir uns ganz und gar annehmen, dann wachsen wir zusammen und sind wieder wahrhaft eins. In dieser Einheit mit uns selbst werden wir zu einem souveränen Menschen. Ein souveräner Mensch ist ein Mensch, der sich selbst besitzt, jemand, der befreit und authentisch lebt, jemand, der seinen individuellen Weg geht.

Gesundheit, eine harmonische Partnerschaft, Erfolg - alles in unserem Leben wird bestimmt von unserem Selbstwert

Liebst Du Dich selbst genug, um wirklich zu leben? Die Antwort auf diese Frage bestimmt, wie erfolgreich, gesund und zufrieden das Leben verläuft. Solange wir uns von uns selbst trennen, solange trennen wir uns auch davon, in der wahren Fülle zu leben. Beginnen wir aber, wirklich ja zu sagen zu uns selbst, dann öffnet sich auf einmal das Tor des Gelingens. Jetzt sind wir ganz in unserer Kraft und wir haben den Mut, unser Leben selbstbestimmt zu leben und unsere Vision mit Freude zu verwirklichen. Das Seminar von Marco Leonardo ist eine Einladung, sich „zu erinnern" und sich dafür zu entscheiden, der zu sein, der wir wirklich sind.

In welcher Welt willst Du leben?

Paradies oder Hölle- jeder wählt selbst. Es war einmal eine Zeit, so sagen die Legenden aller Völker, da lebten die Menschen einfach und zufrieden. In ihrem Wortschatz gab es kein Vokabular für Stress, harte Arbeit, Hass, Krieg, nicht für Krankheit oder Arzt, kein Wort für Priester und Politiker, nicht einmal für Garten. Sie hatten weder Waffen noch Gartengeräte. Es gab einfach keinen Grund Nahrung anzubauen, dafür zu arbeiten. Sie brauchten nur hinaus zu gehen und sich die Früchte, Nüsse oder andere Pflanzen und Kräuter abzupflücken. Und weil sie nicht für diese Früchte der Natur bezahlen mussten, mussten sie auch keiner Arbeit nachgehen. Sie gingen nicht in Büros oder Fabriken, denn sie brauchten keine Kleider, weil sie in einem angenehmen Klima lebten. Weil ihre Bedürfnisse so einfach waren wie ihre Behausungen, brauchten sie kein Geld und sie hatten auch keine finanziellen Sorgen. Somit gab es auch keinen Grund für eine Regierung, weil es kein anderes Gesetz brauchte als das der Liebe und der Natur. Es gab nichts zu stehlen und keine Verbrechen. Was haben die Menschen den ganzen Tag gemacht? Sie haben gelebt, gelacht, geliebt. Sie badeten in kristallklarem Wasser, sie atmeten die reinste Luft und sie erfreuten sich an allem, was die Natur hervorbrachte. Und sie waren einfach kreativ und fanden Freude darin, sich auszudrücken. Leben, Lieben, Lachen – so erfüllten sie ihre Bestimmung.

Die Zeiten änderten sich. Das unerfüllte Leben vieler führte zu Uneinigkeit und Gewalt. Anstatt Früchte, Nüsse und Gemüse zu essen, begannen die Menschen, Tiere zu töten, das Fleisch zu essen und die Tierhäute anzuziehen. Terror und Panik gingen durchs Paradies. Das Abschlachten war nicht genug, Menschen begannen mit Viehzucht. Jetzt mussten sie natürlich die Tiere füttern, also bauten sie auch Futtermittel an. Die Arbeit überstieg die Grenzen des Einzelnen, also wurden Arbeiter angeheuert und Bezahlung wurde notwendig. Geld wurde erfunden. Ein mächtigerer Mensch begann andere Menschen zu versklaven und sie wie Tiere zu halten. Das brachte die Stämme gegeneinander auf und aus Angst begannen sie sich in Gruppen zusammenzudrängen, die wir heute Städte nennen. Aus den Städten wurden Königreiche, aus den Königreichen wurden Länder mit Regierungen. Die Folge waren Gesetze aller Art, die festlegten, was geschieht, was Menschen dürfen und was nicht. Jetzt gehen die Menschen arbeiten um zu leben und sie leben um zu arbeiten. Sie verschulden sich und verkaufen ihre Seele für ein Überleben in der Sklaverei. Eilig laufen sie im Hamsterrad. Ihre Kinder stecken sie in Kindergärten und Schulen. Die Nahrungsmittel, die sie zu sich nehmen, enthalten kein Leben mehr, dafür sind sie jahrelang haltbar und unterstützen das Wachstum von Krebs und die ganze Industrie, die von Krankheiten lebt.

In welcher Welt würdest du gern leben? Wenn du wirklich die Wahl hättest, und du hast sie, für welche Lebensart würdest du dich entscheiden? Mach alles wieder rückgängig, was die Gesellschaft dir angetan hat. Lerne, aus deinen Konditionierungen und unbewussten Programmen auszusteigen, damit dein Leben wirklich beginnt. Du kannst aus deinem Leben ein Paradies machen, wenn du willst. Willst du? Genau dafür habe ich vor 16 Jahren das Lebe Dein Leben Seminar (oder neu, das Lebe Dein Leben - Jahrestraining) entwickelt. Schaffe die Hindernisse aus dem Weg und finde heraus, was dein Herz dir seit langem zuflüstert. Dann fang an, Dein Leben bewusst zu gestalten. Das Seminar ist für Menschen reserviert, die die Wahrheit und wirkliche Erfüllung suchen, Menschen, die das befreite Leben und diese Erde wirklich lieben.

Wie lange würdest Du leben wollen, wenn...

Du wüsstest, dass Du immer gesund und wohlhabend wärst? Hast Du, wie ich, diesen Fehler auch gemacht? Eine besondere Gelegenheit hat sich geboten, und ich habe zu lange gezögert ...Es gibt unzählige Menschen, die haben viel Zeit, aber kaum oder kein Geld. Und es gibt wenige Menschen, die haben viel, sehr viel Geld, aber keine Zeit. Ein wohlhabender Mensch hat beides, Zeit und Geld. Wir wurden frei geboren, wir gehörten nur uns selbst. Was ist davon übrig geblieben? Jeder Tag hat 24 Stunden. Wie viel Deiner Tages/Lebenszeit gehört Dir? Wie viel Zeit hast Du zur freien Verfügung? Wie lange willst Du leben? (Unter Berücksichtigung Deiner jetzigen Lebensumstände). Wie lange würdest Du leben wollen, wenn Dir alle Zeit der Welt gehört und Du wüsstest, dass Du NIEMALS finanzielle oder gesundheitliche Probleme haben wirst? Wenn Du ein Leben mit unbegrenzter Lebensspanne UND wirklichen Wohlstand wählen könntest, würdest Du zögern, JA zu sagen?

Wenn Dein JA ernst gemeint ist, glaubst Du nicht auch, es ist eine segensreiche Entscheidung, ein grenzenloses Leben im Wohlstand zu erschaffen?! Was, wenn diese Gelegenheit sich jetzt bietet. Viele Menschen sind schon zufrieden, wenn sie gerade so überleben, von Monat zu Monat. Ich hoffe einfach, Du willst mehr vom Leben, mehr LebensZeit und die Mittel, um befreit zu leben und sich kreativ auszudrücken, ohne über das „wie“ oder über Geld nachdenken zu müssen. Wenn Du nicht zum „Durchschnitt“ gehörst … dann sind diese Zeilen sicher für Dich bestimmt. Vielleicht haben

wir etwas gemeinsam, wir beide finden ein selbstbestimmtes freies Leben und finanzielle Sicherheit wichtig. Wenn das nicht so ist, dann vergib mir bitte … und lies einfach nicht weiter. Das ist eine Einladung an Dich – die "DNA des Wohlstands und des ewigen Lebens" zu aktivieren! Ein Weckruf ! Nimm Dir Zeit soviel Du willst und genieße die Entfaltung Deines Potenzials. Wie lange würden wir leben, wenn wir in jeder Hinsicht die optimalsten Bedingungen haben um wirklich zu wachsen, zu uns selbst erwachen und zu erblühen?
Es heißt, der Mensch nutzt derzeit höchstens 5% seiner Gehirnkapazität. Das bedeutet, dass wir gerade einmal ein Zwanzigstel unserer geistigen Möglichkeiten erkennen und anwenden. Was wäre, wenn wir 10% unseres Potenzials leben oder 20% oder 50% oder gar 100 Prozent?

Leben ist Zeit. Zeit ist LEBEN. Je mehr Zeit man zur freien! Verfügung hat, desto mehr LEBEN hat man. Auf einmal sind ALLE Ziele realisierbar, denn die Entscheidung für eine unbegrenzte Lebensspanne bringt Gelassenheit. Nie mehr Rennen, nie mehr Hetzen, nie mehr Stress, etwas nicht zu schaffen.
"Ich habe keine Zeit" heißt, mein Todesprogramm läutet die Glocken ... bald ist "Schluss". Ich muss mich beeilen, bald bin ich tot. So denken die meisten Menschen, auch wenn sie vorgeben, LEBEN zu wollen, aber ihre unbewussten Programmierungen bringen sie langsam um. Glaubst Du nicht auch, die Entscheidung für eine unbegrenztes Leben ist die beste und vernünftigste Wahl, die man treffen kann?! Wenn man genug Zeit hat, dann kann sich dieses Potenzial ganz von selbst entfalten. Ein Leben ohne zeitliche Begrenzung ist eine wahrhaft gesunde Idee, meinst Du nicht auch? Das nächste Seminar „Ewige Jugend und Ewiges Leben“ findet bald in Dessau statt – bist Du bereit für ein Abenteuer, das niemals endet? Und ja, es gibt dieses Seminar auch als komplettes Heimseminar! Wenn Du willst, sende ich Dir noch einmal die Seminarinfos und Inhalte zu.

Selbstliebe ist der Anfang eines märchenhaften Lebens

Was wir lieben, das achten und schützen wir. Es ist Dein Leben - und es ist kostbar. Liebst Du Dich selbst genug, um wirklich zu leben?! L(i)ebst Du Dein Leben?! Ein neues Jahr hat begonnen. Ist das vielleicht auch ein Neubeginn Deines Lebens? Was willst Du anders machen? Was willst Du verändern in Deinem Leben? Wie frei bist Du und wie frei willst Du sein? Welche Wünsche und Ziele liegen Dir am Herzen? Was würdest Du am liebsten tun? Den Weg der Freude gehen? Würdest Du gern eine Lebensschule für Kinder gründen oder eine andere Vision erfolgreich verwirklichen? "Freude und Erfüllung finden", Live oder als Heimseminar, jederzeit zu Hause mit freier Zeiteinteilung und telefonischem Coaching.

Vom Sucher zum Finder werden

Ist nicht jeder auf der Suche? Vielleicht ist den meisten Menschen ihr Suchen nicht bewusst. Sie nennen es Wünsche, die sie sich erfüllen wollen. Oder Ziele, die sie erreichen müssen. Dann, sagen sie, dann habe ich es geschafft. Wenn ich diesen Partner bekomme, dieses Haus, wenn ich dieses oder jenes schaffe, dann bin ich glücklich. Wie oft hat jeder dieses Spiel schon gespielt? Und wie oft haben wir uns betrogen gefühlt, wenn das eingetreten ist, was wir wollten? Wir haben uns nur den Wunsch erfüllt. Von wahrer Erfüllung ist keine Spur. Der Wunsch ist außen, aber das Gefühl, dass uns etwas fehlt, ist in uns. Diese innere Leere bleibt völlig unbeeindruckt von dem, was wir im Außen erreichen. Das Gefühl, dass etwas fehlt, ist echt, aber unser Verstand übersetzt dieses Gefühl immer mit: Wie wär's denn damit? Du weißt, Du hast Dir schon viele Wünsche erfüllt. Und spätestens nach drei Tagen hast Du Dich daran gewöhnt. Und schon suchst Du etwas anderes. Der Verstand lässt Dir keine Ruhe, er sagt: "Du musst Dich mehr anstrengen, renne ein bisschen schneller, morgen wirst Du es schaffen. Nur noch dieses eine Mal, dann kannst Du Dich entspannen…" Wer dieses Versteckspiel durchschaut, der wacht auf.

Was zählt wirklich? Worauf kommt es im Leben wirklich an?

Zwei wahre Geschichten. Ein Geschäftsinhaber hatte ein Schild über seine Tür genagelt - darauf war zu lesen "Hundebabys zu verkaufen." Dieser Satz lockte Kinder an. Bald erschien ein kleiner Junge und fragte: "Für wie viel verkaufen sie die Babys?" Der Besitzer antwortete: "Zwischen 30 und 50 Dollar". Der kleine Junge griff in seine Hosentasche und zog etwas Wechselgeld heraus. "Ich habe 2,37 Dollar, kann ich mir sie anschauen?" Der Besitzer grinste und pfiff. Aus der Hundehütte kam seine Hündin namens Lady, sie rannte den Gang seines Geschäfts hinunter, gefolgt von fünf kleinen Hundebabys. Eins davon war einzeln, ersichtlich weit hinter den anderen. Sofort sah der Junge den humpelnden Kleinen. Er fragte: "Was fehlt diesem kleinen Hund?" Der Mann erklärte, dass, als der Kleine geboren wurde, der Tierarzt meinte, er habe ein kaputtes Gelenk und wird für den Rest seines Lebens humpeln. Der kleine Junge, richtig aufgeregt, entgegnete: "Den kleinen Hund möchte ich kaufen!" Der Mann antwortete: "Nein, den kleinen Hund möchtest du nicht kaufen. Wenn Du ihn wirklich möchtest, dann schenke ich ihn Dir." Der kleine Junge war ganz durcheinander. Er sah direkt in die Augen des Mannes und sagte: "Ich möchte ihn nicht geschenkt haben. Er ist ganz genauso viel wert, wie die anderen Hunde und ich will für ihn den vollen Preis zahlen. Ich gebe ihnen jetzt die 2,37 Dollar und 50 Cents jeden Monat, bis ich ihn bezahlt habe. Der Mann entgegnete: "Du musst diesen Hund wirklich nicht bezahlen, mein Sohn. Er wird niemals rennen, hüpfen und spielen können wie die anderen kleinen Hunde." Der kleine Junge langte nach unten und krempelte sein Hosenbein hinauf, und zum Vorschein kam sein schlimm verkrümmtes, verkrüppeltes linkes Bein, geschient mit einer dicken Metallstange. Er sah zu dem Mann hinauf und sagte: "Na ja, ich kann auch nicht so gut rennen und der kleine Hund braucht jemanden, der Verständnis für ihn hat.“ Der Mann biss sich auf seine Unterlippe. Tränen stiegen in seine Augen, er lächelte und sagte, "Mein Sohn, ich hoffe und bete, dass jedes einzelne dieser kleinen Hundebabys einen Besitzer wie dich haben wird." Im Leben kommt es nicht darauf an, wer du bist, sondern dass jemand dich dafür schätzt, was du bist, dich akzeptiert und liebt." (Verfasser unbekannt) Heute Morgen war ein alter Freund zu Besuch, ein prächtiger, heller Mäusebussard. Vor drei Jahren habe ich ihn im Wald gefunden - er war verletzt. So nahm ich ihn mit und gab ihm, was er brauchte. Nach ca. 6 Wochen war er wieder fit und ich ließ ihn frei. Trotzdem kommt er immer wieder gern vorbei, sitzt ganz in der Nähe auf einer Eiche oder wie heute Morgen auf meinem Tipi, das 7 Meter von meinem Schreibtisch entfernt im Garten steht. Während ich Dir diese Zeilen schreibe, fliegt der Bussard gerade mit einem Stück Hühnerfleisch – mein Geschenk an ihn - auf einen hohen Baum und isst sich satt. Vermutlich wird er morgen wieder kommen … Hotel Mama“ ist ihm sicher angenehm, solange eine geschlossene Schneedecke herrscht und "seine Mäuse" sich gut verstecken. Ich hoffe sehr, auch Du bist rundum gut versorgt, auch mit guten Freunden, guten Gedanken und voller Freude für ein neues, faszinierendes Jahr.

Deine grenzenlose Zukunft

Wie lange willst du leben? Bist du interessiert und inspiriert, eine unbegrenzte Lebensspanne zu erschaffen, sozusagen als Spielfeld für die Ewigkeit und alle damit verbundenen Möglichkeiten? Meld dich einfach, es gibt keinen Zufall und sicher gibt es einen Weg!

Ewiges Leben - es beginnt JETZT

Ewige Jugend - ewiges Leben - es ist soweit. Unter hundert Menschen gibt es vielleicht zwei, möglicherweise drei wirkliche Individuen, die bereit sind, weiter zu gehen, als je ein Mensch zuvor. In diesem Fall bedeutet "weiter gehen", länger, ewig bleiben. ALLES kommt zu dem, der warten kann. Wer warten kann, hat Zeit. Wer Zeit "hat", der hat keine Eile und wer es nicht eilig hat, dem fließt alles von selbst, vom Selbst, zu. In diesem Sinne eine Botschaft aus der Zukunft für Gegenwärtige wie Dich, die bewusst und still genug sind, um das Flüstern der Unsterblichkeit wahrzunehmen. In der Anlage sende ich Dir die kompletten Informationen (nur für Dich bestimmt, bitte nicht weiterleiten). Am Donnerstag fliege ich zum zwanzigsten Mal nach Amerika. Du kannst sicher sein, dass ich etwas für die Ewigkeit mitbringe, und ich freue mich sehr, dieses Geschenk sehr bald mit Dir zu teilen. Also, öffne den Anhang und melde Dich schnell, wenn Dein Herz für die Ewigkeit genauso hoch und schnell schlägt wie meins. Anlage: Das Geheimnis der Verjüngung und des ewigen Lebens

Selbstverantwortung

Wenn ein menschlicher Organismus geschwächt ist, wird er anfällig für alle möglichen Parasiten und Krankheiten. Parasiten, zum Beispiel Blutsauger, leben auf Kosten anderer, sie ernähren sich von der Lebenskraft ihrer Wirte oder „Opfer“. Sie prellen die Zeche. Wenn eine Gesellschaft schwach wird, wenn sie am Zerfallen ist, dann gibt es in diesem Endstadium viele parasitäre Zustände, die den Untergang noch beschleunigen. Tacitus sagte einmal:“ Je mehr Gesetze, desto verkommener der Staat.“ Das sehen wir heute überall auf der Welt. Die Repräsentanten des Staates, also Politiker, erfinden ständig mehr Gesetze, um ihre Macht zu stärken und um die Menschen noch mehr zu kontrollieren. Bezahlt wird das ganze mit dem Blut der Menschen – den

Früchten ihrer Arbeit und Kreativität - durch immer mehr Abgaben und Steuern. In einer besseren, in einer bewussteren und damit freieren Welt braucht es keine Politiker. Politiker gibt es nur, weil viele Menschen Verantwortung abgeben und hoffen, dass andere, also Politiker, etwas für sie tun. Abhängige oder Menschen, die keine Verantwortung für ihr Leben übernehmen, solche Menschen suchen nach „Führern". Sie wünschen sich, dass jemand kommt, der sie gesund macht. Solche Menschen wünschen sich, dass jemand kommt, der sie reich macht oder versorgt, der sie glücklich macht. Einfach ausgedrückt, die Mehrzahl der Menschen wünscht sich, dass jemand kommt der etwas für sie tut, was diese Menschen aber selbst tun müssen. Denn Sie selbst sind für ihr Leben verantwortlich. Darum gibt es so viele Politiker, die sich gern „anbieten", die Probleme anderer zu lösen und das Leben der anderen zu managen Die Zeit der Politiker und Unterdrücker endet dann, wenn die Menschen zu sich selbst erwachen und ihr Leben mit Verantwortung leben. Dann entsteht eine neue Ordnung, die auf Bewusstsein, Mitgefühl und Liebe beruht. Dann fangen die Menschen an, von innen heraus stimmig zu leben und ihr Leben wahrhaft zu meistern. Unabhängige, freie Menschen lernen, für sich selbst zu sorgen, sie erschaffen sich eine Welt und ein Leben, das ihnen selbst gehört.

Die Natur ist das beste Beispiel. Die Tiere im Wald versorgen sich selbst. Die unfreien und abhängigen Tiere im Zoo müssen gefüttert werden. Und auch diejenigen, die abhängig im Zoo der menschlichen Gesellschaft „leben" oder funktionieren, auch die wollen und müssen gefüttert werden. Der Umverteilungsstaat und der sozial-industrielle Komplex machen das noch möglich. Aber wehe, wenn die Fütterung ausbleibt. Mit dem Staatsbankrott stirbt auch der Umverteilungsstaat, dem die Mittel fehlen. Ein guter Zeitpunkt für einen Neuanfang. Bist Du bereit?! Warum sollte man, wenn man in seinem Garten einen Apfelbaum pflanzt, diesen pflegt usw., warum sollte man von den Früchten, die man erntet, dem Politiker 20, 30, 50 oder 60 % der Ernte abgeben? Warum hört der Politiker nicht auf Politiker zu sein und pflanzt selbst einen Apfelbaum? Dann hört das Rauben und Erpressen auf. Dann hören die ganzen Egotrips und Machtspiele auf. Wenn die Menschen Verantwortung übernehmen und sich selbst versorgen, dann ist für alle gesorgt.

Ist ewige Jugend möglich?

Ist eine grenzenlose Lebensspanne für Menschen realisierbar? Die Wissenschaft sagt ja. Es gibt Bäume in Kalifornien, Sequoias, die werden unter günstigen Bedingungen über 5000 Jahre alt. Wie lange würden wir leben, wenn wir in jeder Hinsicht die optimalsten Bedingungen haben um wirklich zu wachsen, zu uns selbst erwachen und zu erblühen? Es heißt, der Mensch nutzt derzeit höchstens 5% seiner Gehirnkapazität. Das bedeutet, dass wir gerade einmal ein Zwanzigstel unserer geistigen Möglichkeiten erkennen und anwenden. Was wäre, wenn wir 10% unseres Potenzials leben oder 20% oder 50% oder .... Leben ist Zeit. Zeit ist LEBEN. Je mehr Zeit man zur freien! Verfügung hat, desto mehr LEBEN hat man. Auf einmal sind ALLE Ziele realisierbar, denn die Entscheidung für eine unbegrenzte Lebensspanne bringt Gelassenheit. Nie mehr Rennen, nie mehr Hetzen, nie mehr Stress, etwas nicht zu schaffen. "Ich habe keine Zeit" heißt, mein Todesprogramm läutet die Glocken ... bald ist "Schluss". Ich muss mich beeilen, bald bin ich tot. So denken die meisten Menschen, auch wenn sie vorgeben, LEBEN zu wollen, aber ihre unbewussten Programmierungen bringen sie langsam um. Glaubst Du nicht auch, die Entscheidung für ein unbegrenztes Leben ist die beste und vernünftigste Wahl, die man treffen kann?! Wenn man genug Zeit hat, dann kann sich dieses Potenzial ganz von selbst entfalten. Physische Unsterblichkeit ist eine wahrhaft gesunde Idee, meinst Du nicht auch? Seit über vierzehn Jahren gehe ich diesen "Weg". In dieser Zeit habe ich allein dafür ca. 30T EUR investiert. Und ganz ehrlich, das LEBEN ist das Wichtigste! Ich würde und ich werde ALLES GEBEN, um EWIG zu LEBEN. Ich gebe alles dafür, ewig jung und vital und für immer erfolgreich und kreativ zu sein. Würdest Du Dich nicht auch so entscheiden, nachdem Du erkannt hast, dass DEIN LEBEN das WERTVOLLSTE IST, was DU besitzt? Keine Sorge, Du musst nicht 30T EUR aufbringen, auch nicht 10.000, nicht einmal 5.000 oder 2.000! In diesem Seminar für ewige Jugend und physische Unsterblichkeit teile ich mit Dir einen Schatz, der im Grunde unbezahlbar ist. Warum? Es ist schön, in einer erleuchteten Welt unsterbliche Freunde zu haben. Wenn Du Dich für ein unbegrenztes Leben interessierst und Du den Weg der physischen Unsterblichkeit gehen willst ...., wer weiß, vielleicht beginnt dieses gemeinsame Abenteuer JETZT!? Die liegende Zahl Acht ist das Symbol für die Ewigkeit. Eine kleine Gruppe von 8 Unsterblichen macht sich jetzt auf "den Weg". Einer dieser Unsterblichen könntest DU sein,

einer davon bin ich. Wer lange genug lebt, der lebt ewig. Die nächsten Jahre werden ALLESENTSCHEIDEND! Zugegeben, es wird sehr, sehr abenteuerlich, viele Menschen werden "Überraschungen" erleben, die sie nie vergessen werden, aber, wer das übersteht, dem liegt eine NEUE WELT zu Füßen. Gern würde ich diesen Weg mit meinen engsten Freunden und Gleichgesinnten gehen. Nicht vergessen: Wie sieht die Welt in 20 Jahren aus? Viel Platz für Unsterbliche! Wer sein LEBEN liebt und schätzt, der tut alles, was er kann, dass dieses Leben niemals aufhört. Ich freue mich auf die Seltensten der Seltenen, ich freue mich auf Dich. Mit unsterblichen Grüße
Marco
PS: Wer das EINE findet, der findet ALLES. Ein unbegrenztes Leben ist ein Ziel und ein Weg. Die Entscheidung dafür schließt alle anderen Ziele mit ein. Das heißt, wer sich für ein LEBEN IN DER HÖCHSTEN FORM entscheidet, der gewinnt automatisch Erfolg, Wohlstand und Erfüllung, denn das sind Blüten und Früchte am Baum Deiner Schöpfung. Entscheide dich für das LEBEN, das SEIN ...trachte zuerst nach dem EINEN...und alles andere wird Dir dazu getan.

Ein kleiner Turmfalke - eine Geschichte aus meiner Kindheit

Es war ein kühler Sonntagmorgen. Ich lief über eine Wiese und meine Hose war schon ganz nass vom Tau im Gras. In der Ferne hörte ich einen Specht klopfen und darüber hinaus ein seltsames Geschrei, das von einem Bauernhof kam. Neugierig kletterte ich über den Zaun. Ich lief durch das hohe Gras und auf einmal hörte das Geschrei auf.

Gefangen im Netz von Überzeugungen

Wie ich weiter nach dem Grund dafür suchte, hörte ich den Hund des Bauern bellen und jemand schrie etwas Unverständliches über den Hof. Ich duckte mich, denn ich hatte dort „offiziell" nichts verloren - Privateigentum. Dann dachte ich, die Luft sei rein und suchte weiter – und da war er: Ein kleiner Turmfalke hatte sich in einem Drahtknäuel verfangen, das jemand dort aus Unachtsamkeit hingeworfen hat. Der Falke war buchstäblich in der Falle und wie es schien schon seit vielen Stunden. Vorsichtig ging ich näher heran und der Falke machte einen ruckartigen Versuch sich zu befreien, was ihm aber nicht gelang. Ich wusste, ich muss mich beeilen, bevor der Bauer mich entdeckt und zu mir kommt, seinen Hund auf mich hetzt, mich anzeigt oder verprügelt. Aber eine übereilte Bewegung hätte den Falken nur noch mehr aufgeregt und möglicherweise hätte er sich noch mehr verletzt. Langsam war ich so nah an dem kleinen Kerl, dass ich ihn hätte anfassen können. Er war wie erstarrt vor Angst und ich sah, wie aufgeregt sein Herz schlug. Dann sagte ich zu ihm: „Kleiner Freund, hab keine Angst. Ich könnte Dir niemals wehtun. Auch ich weiß aus eigener Erfahrung, wie es sich anfühlt, in einer Falle gefangen zu sein. Ich war selbst einmal gefangen, mein Geist war wie ein Gefängnis mit dicken Eisenstäben und ich war eingesperrt und mein Herz tat weh. Kleiner Freund, ... und geblutet habe ich auch viel. Lass mich dir helfen, wenn Du mich kratzt, hackst oder beißt, ist das ok, das kann ich gut verstehen. Ich habe früher auch gebissen. Dann beugte ich mich zu ihm und öffnete die Drahtschlinge. „Du bist frei kleiner Freund“ sagte ich. „Flieg!“ Aber er schaute mich für einen endlosen Augenblick einfach nur an – und sein Herz berührte meins. Dann flog er auf und davon. Kurz darauf kam er noch einmal zu mir zurückgeflogen, als ob er mir etwas sagen wollte...Nach dieser Erfahrung fühlte ich mich ganz leicht. Vielleicht ist es so, dass, wenn wir andere unterstützen oder entlasten, auch unsere eigenen Lasten weniger werden. Seit über 15 Jahren gebe ich nun Seminare, und ab und zu werde ich auch von Teilnehmern „gebissen“, wenn ich an Gitterstäbe komme oder Drahtschlingen entferne. Zugegeben, manchmal tut es weh, gebissen zu werden, aber das nehme ich in Kauf.

Frei geboren

Wir wurden frei geboren. Als Kind waren wir frei. Und wir hatten frei.
Wir lebten frei von Vergangenheit. Frei vom Verstand. In der Zeitlosigkeit des Jetzt. Wir hatten keine Verpflichtungen, keine Zwänge. Unser Leben und unsere Zeit gehörten uns selbst. Jedenfalls für eine Weile. Dann kam "etwas" dazwischen. Jeder Mensch hat jeden Tag 24 Stunden "Zeit". Die Frage ist, bestimme ich diese 24 Stunden selbst, bin ich frei zu wählen, was ich mit meinem Leben, was ich mit meiner Zeit mache? Wie viel von Dir und Deinem Leben gehören Dir? Wie frei bist Du? Wie frei willst DU sein? Freiheit ist wie alles im Leben eine Entscheidung. "Möchte" reicht nicht. Man muss Freiheit wollen! Willst Du? Das nächste "Befreit leben" Seminar steht vor der Tür. Komm herein. Ich freue mich auf befreiende Erlebnisse für die Seltenen, die sich für ein souveränes Leben entscheiden.

PS: Ein souveräner Mensch ist ein Mensch, der sich selbst gehört.
PPS: Freie Eltern - freie Kinder. Je freier wir selbst SIND, desto leichter fällt es Kindern, diese gelebte Freiheit auch für sich selbst in Anspruch zu nehmen. Jede Familie ist eine Lebensschule. Lebensschulen werden überall gebraucht. Jetzt selbst eine gründen!

Kann ich ein Geheimnis mit dir teilen?

Als Kind habe ich oft und gern „Indianer“ gespielt. Vielleicht, weil ich mal einer war. Schon immer hat mich die Kultur der Indianer fasziniert, ihre Natürlichkeit, ihre Ursprünglichkeit, ihr Authentisch-SEIN. Sie waren einfach und klar, hatten kein Abitur, aber waren weise, sie gehörten keiner Religion an und waren doch religiös, sie waren dankbar und zufrieden und liebten das Leben in der Natur. Sie wussten mit ihrem Herzen über die Einheit allen Seins, sie hatten tiefen Respekt für alles Lebendige und sie lebten in Freiheit und Würde, im Einklang mit sich und der Welt ... (bis der „weiße Mann“ kam). Ich glaube fest daran, dass diese Lebensart sich wieder durchsetzt, zumindest für die, die das wollen. Etwas ganz besonderes habe ich vor - mit Dir, wenn Du willst. Lange habe ich in Stille gewartet...
Lebe Dein Leben – Jahrestraining, ein Klima erschaffen, in dem Deine Seele erblüht. 365 Tage im Jahr "mit mir" - für die Verwirklichung Deiner Vision. Dabei will ich Dich noch intensiver unterstützen. INDIANEREHRENWORT.
Dazu gehören Gesundheit, Liebe, Erfolg, Erfüllung. ... ein erleuchtetes, laaanges Leben. Und das Ganze beinhaltet auch, dass wir uns noch öfter sehen, hören und schreiben. Als es vor ein paar Wochen zu einem Wiedersehen von Seminarteilnehmern kam, da war das wie unter „alten Indianern“, wir saßen abends still am Lagerfeuer und es entstand der Eindruck, als ob man sich schon seit Ewigkeiten kennt. Vielen Teilnehmern fiel buchstäblich ein Stein vom Herzen, endlich wieder mal mit Gleichgesinnten zusammen zu sein... sprich, ganz entspannt so zu sein, wie man wirklich ist. Den meisten Menschen fällt das im Seminar leicht ... und im Alltag - schwer. „Zu Hause“ treffen viele auf Unverständnis für ihre Ansichten und ihre bewusste Lebensführung. Ob Eltern, Partner, Familie, „Freunde“ oder Kollegen und Bekannte – viele von denen, die mit und um einen leben, geben einem oft das Gefühl, dass man „nicht ganz richtig“ ist, wenn man den Mut aufbringt, den eigenen, individuellen Weg zu gehen. Ja, die Masse hasst jeden, der ihr nicht folgt. Aber die gute Nachricht ist, die, die

ihren eigenen Weg gehen, sind nicht allein. So entstand die Idee, 365 Tage im Jahr die Gelegenheit zu haben, täglich etwas für sich und seine Ziele zu tun – mit einem JahresSeminar. Dieses Jahrestraining ist viel, viel mehr als die „normale Umgebung", denn hier finden sich nur Individuen zusammen, die sich ganz bewusst dafür entschieden haben, wirklich befreiter zu leben. Es ist fast so wie eine neue Familie, eine Familie von erwachten Seelen, die einem gut tun und das Gefühl geben, dass man richtig ist, so, wie man ist. Niemand muss sich verbiegen oder maskieren, jeder wird geschätzt für DAS, was er wirklich ist. Denn am besten wachsen wir in Liebe. Was ist mit Dir? Hast Du als Kind auch gern Indianer gespielt? Ursprünglich war dieses Jahrestraining für diejenigen gedacht, die das Lebe Dein Leben Seminar bereits besucht haben. Aber ich habe mich entschlossen, die Tür noch eine kurze Zeit offen zu lassen – für Dich?! Schon viele Male hab ich Kalifornien besucht und bei jeder einzelnen Reise musste ich Zeit mit den riesigen und uralten Mammutbäumen verbringen. Bis zu 100 m hoch sind diese Giganten gewachsen, einige haben Durchmesser von 6 und mehr Metern und sie sind teilweise über 5000 Jahre!!! alt. Ich glaube, die fühlen sich sehr, sehr wohl und haben ein ideales Klima, um ihr Potenzial voll auszuschöpfen. Lebst Du auch in einem Klima, in dem DU Dich voll und ganz entfalten kannst?

Im Leben am falschen Platz zu sein, tut weh. Denn es gibt nur ein einziges Glück und das heißt, du selbst zu sein. Die Wurzel allen Unglücks ist, jemand zu sein, der man gar nicht sein will und nicht sein kann, Dinge zu tun, die dem eigenen Wesen nicht entsprechen oder mit Menschen zusammen zu sein, mit denen man nicht zusammen sein will. Kannst Du in Deiner Partnerschaft Du selbst sein? Und an Deinem Arbeitsplatz, in Deiner Familie, mit anderen Menschen, kannst Du einfach so sein, wie Du bist? Wenn nicht, welchen Rat gibst Du Dir? Befreit leben - die Freude, den eigenen Weg zu gehen. "Lebe Dein Leben" ist leichter gesagt als getan, deshalb muss dieser Entschluss stärker sein als die "Gegenkräfte", sonst legt sich der Alltag wieder über unseren Herzenswunsch ... man schläft wieder ein und vergisst sich selbst. Und man darf auch nicht vergessen, dass wir uns in Strukturen bewegen, die nicht darauf abzielen, dass wir erwachen und erblühen, im Gegenteil. Eine Gesellschaft, die die Menschen unglücklich macht, ist hässlich, normal, aber hässlich. Und die Gesellschaften in der Welt sind leider in diesem Zustand. Wenn sich dagegen Gleichgesinnte zu einer MeisterAllianz verbinden, dann profitiert jeder Einzelne enorm davon und wir werden immun gegen „die

Krankheiten der menschlichen Welt“, wir bewegen uns zum HEILSEIN und tragen nicht mehr zu den Problemen bei, die Folge der Unbewusstheit sind.
Um diese Gesellschaft zu verändern, müssen wir uns selbst verändern, einer nach dem anderen. Zusammen wird es leichter.
Dieses Zusammen-Sein ist eine besondere Reise, eine Reise von außen nach innen, von Logik zur Liebe, vom Künstlichen zum Natürlichen, von der Masse zu Dir selbst. Wollen wir zusammen reisen auf diesem wunderbaren blauen Planeten ... als ParadiesPioniere?! Ich freue mich auf Dich in der spirituellen Olympiade. Leben ist Zeit und Zeit ist Leben. Ich will meine Zeit/mein Leben nur noch mit Menschen teilen, die WIRKLICH LEBEN WOLLEN. Und auch, wenn ich zurückgezogener auf meinem Berg bin, so bin ich durch dieses Jahrestraining HIER und JETZT für diejenigen DA (also auch für Dich), für alle, die sich entschieden haben, diese lange Lebensreise mit Gleichgesinnten zu unternehmen. Viele Mystiker sprechen oft in dem Gleichnis vom „anderen Ufer“ (Shangri la, Avalon, Shambala, Paradies, Erleuchtung). Dort anzukommen und wirklich wie ein Gott auf Erden zu leben bedeutet, eine unwiderrufliche Entscheidung zu treffen, man muss DAS mehr wollen als "die alte Leier im Leben mit den immer wiederkehrenden blöden alten Geschichten. Willst Du? Die Reise beginnt hier, da, wo Du jetzt bist. Und unser Boot legt am 25. Sept. ab. Wenn Du willst, dann bist DU herzlich willkommen an Bord.

Willkommen ist, wer folgendes wirklich, wirklich will:

Befreites Leben, Gesundheit und Langlebigkeit, Wohlstand, die eigene Wahrheit erkennen und leben, Liebe, Lebensqualität, Erschaffen einer erleuchteten Welt, indem wir uns selbst erleuchten /erinnern, der beste Freund (Mutter/Vater/Vorbild) für seine eigenen Kinder sein, Dein eigenes Stück Land und Selbstversorgung, erfüllende Liebe, harmonisches Miteinander, Klarheit, innerer Frieden. Kurz, ein erleuchtetes Leben in der höchsten und besten Form, im höchsten Bewusstsein. Dieses Jahrestraining halte ich für die beste Entscheidung, um sicher durch die aufregendsten Zeiten zu segeln, die vor uns liegen. Nicht vergessen, bald gibt es viel Platz für Unsterbliche hier und wir sind dabei. Diese Einladung ist nur für die Seltensten der Seltenen, für jemanden wie Dich. Danke, dass ich dieses Geheimnis mit einem besonderen Menschen, wie Dir, teilen darf. Danke auch, dass Du "unser Geheimnis" für Dich behalten wirst. Dieses JahresSeminar ist nur für Wenige bestimmt und nicht für die Öffentlichkeit. Diese Einladung (Jahrestraining) ist sehr limitiert und sie beginnt sehr bald! Indianergüsse Marco, (wachsames Auge)

Was Teilnehmer des JahresTrainings sagen:

Hallo Marco, ein Jahrestraining - ein Klima erschaffen, in dem Deine Seele erblüht. Das macht wirklich Sinn. Jeder Mensch sucht und braucht Gemeinschaft, besonders die Gemeinschaft. E. aus Wien

Lieber Marco, das Jahrestraining ist ja wohl wieder mehr als ein gelungenes Angebot von Dir! Woher nimmst Du bloß immer diese Ideen – einfach herrlich!!! Beim Lesen Deiner Zeilen… da ging mir wirklich das Herz auf – Tausend Dank dafür!
Endlich mal wieder ein sehr viel versprechender Lichtblick im täglichen Geschehen… :-) und ruft ja förmlich nach Erfolgsaussichten für jedermann, an seiner Vision zu arbeiten und sie auch zu verwirklichen!!!

Schon die Indianertreffen haben immer soooo viel gebracht und ich hatte mir immer gewünscht, dass diese viel öfter stattfinden. Der Austausch, der da unter uns immer stattgefunden hat, diese herrliche Energie, die dabei entstanden ist… einfach unbeschreiblich. Und irgendwie hat es sich jedes Mal ergeben, dass jemand eine Information parat hatte, wonach ein anderer schon lange gesucht hat. Das war für alle immer mehr als bereichernd, einfach zu „sehen", dass das Leben funktioniert!!! Was da in so einem geplanten Forum alles stattfinden kann… – allein die Vorstellung lässt da schon „Flügel" wachsen!!!

Theoretisch wissen wir wohl alle genau, worum es im Leben geht – nur lässt uns der Alltag zu Hause leider zu schnell wieder an unsere so innig „geliebten" Gewohnheiten anknüpfen… ein paar Tage läuft alles ganz gut… und dann… ;-)Aber wenn wir erst… und das, wann immer wir wollen, uns im Forum oder am Telefon austauschen können… - kaum auszudenken!!! Da wird es viel leichter fallen, Ziele zu konkretisieren und auch konsequent zu verfolgen! Wer weiß, vielleicht wachsen wir gemeinsam zu einem wundervollen Team zusammen, wo bei jedem Erfolg im Leben endlich zur Gewohnheit wird… im beruflichen, wie auch im privaten Bereich?!? Ich glaube, dass es für jeden Einzelnen viel einfacher sein wird, seine eigenen Ziele zu verwirklichen, wenn er das Gefühl hat, dass da viele Gleichgesinnte hinter ihm und seiner Idee stehen. Nach unseren gemeinsamen Treffen ist man immer wieder viel Klarer, gut motiviert und voller Energie… und dann, wenn es irgendwo einen scheinbaren „Stillstand“ gibt, ist man zu oft zu schnell dabei, alles hinzuschmeißen. Manchmal sieht man halt den Wald vor lauter Bäumen nicht, ist das nicht so?!? Da mal von außen „jemanden“ draufschauen lassen, ohne auf das nächste Indianertreffen warten zu müssen, um einen kleinen Hinweis, eine Anregung, eine Aufmunterung zum Dranbleiben oder vielleicht sogar zu einer Kursänderung zu bekommen… – wirklich eine tolle Idee!!! „ICHE“ bin jedenfalls dabei!!! Wäre auch wirklich spannend zu erfahren, wie es dann mit der Selbstdisziplin aussieht, wenn das Ziel im Forum erst einmal klar formuliert „festgeschrieben“ ist und man auf einmal unter „Beobachtung“ steht… :-). Vielleicht kommt ja auch noch so nebenbei die eine oder andere Idee zur Verwirklichung von anderen Indianern, an die man selbst noch gar nicht gedacht hat… oder man verfeinert gemeinsam… oder… oder… oder… - ich glaube, dem Wachstum für jeden Einzelnen sind hier dann keine Grenzen mehr gesetzt!!! Und wenn ich mir vorstelle, was wir voneinander lernen könnten… - also, ich glaube, ich hätte noch 1000 gute Gründe, dabei zu sein…J Freu mich drauf!!!

Jahrestraining mit Marco - was trainieren wir denn da - unsere göttliche Entfaltung HIER & JETZT auf Erden? Traumhaft - wer möchte da nicht dabei SEIN?!? Ob es nun auf ein Jahr begrenzt ist oder darüber hinaus geht - letztendlich zählt, dass man sich gemEINsam über einen längeren Zeitraum auf etwas so Wundervolles EINlässt, was den menschlichen Verstand jeglicher Vorstellungskraft entzieht. Ich bin sicher, dass durch die kommulierende Gruppenenergie bzw. Schwingung es für jeden Einzelnen zu sprunghaften Bewusstseins-Erweiterungen kommen kann - könnte man so als EINfacheren, leichteren Weg ins Licht bezeichnen. Weiterhin finde ich den Austausch unterEINander über das individuelle Wachsen interessant, wobei ja jeder den anderen widerspiegelt (und DAS bei bewussten Menschen) - dies führt sicher zu wundervollen Erkenntnissen, gegenseitiger Unterstützung und gibt Kraft / Energie. Da ja Peter auch durch Marco spricht - sind wir eh schon GANZ nah dran. Und wenn wir uns als Gruppe JETZT finden sollen, um gemeinsam unsere höchste Vision zu verwirklichen - SO SEI ES. let's begin.

vielen lieben Dank für deine himmlische, tränenrührende EINladung. Ich weiß jetzt gar nicht, was ich schreiben soll! (Der Verstand setzt gerade aus :)

Auf jeden Fall kommt ein dickes JAAAA aus meinem Herzen - gemEINsam den Weg ins LICHT zu gehen ...mmmh ... der Gedanke an meine tiefsten Visionen auf einem "neuen" göttlichen Planet voller Licht & Liebe und wundervoller Zauberwelt zu leben, ist sooo geheimnisvoll schön - und ich glaube fest, dass ES so kommen wird, ALL-ES sagt es mir und ICH BIN jetzt schon soooo dankbar dafür und habe tiefstes Vertrauen - ich könnte deshalb nur weinen .... ICH BIN dabei – Ann

Lebe Dein Leben Seminar ... für Dich und Deine Vision

Ich habe gehört:„Und was geschieht, wenn Du eines der 10 Gebote brichst?“ erkundigt sich der Pfarrer. Meint Mäxchen nach kurzem Überlegen: „ Na, dann sind es nur noch neun!“ Die eigene Vision zu leben ist manchmal nicht ganz leicht, nicht wegen der Vision an sich, sondern wegen den vielen „Meinungen“ anderer, wegen den Mistkäfern in der Welt, die sagen: "Lass es lieber, das geht sowieso nicht...". Wenn man jedoch still genug ist, um sein eigenes Herz zu hören anstatt das zu tun, was andere erwarten, dann MUSS man seinen individuellen Weg gehen, weil man weiß, darum "bin ich hier". Das Lebe Dein Leben Seminar existiert einfach deshalb, um Dich dabei zu unterstützen, das zu erreichen, was Du wirklich willst?!
Klarheit - Fokus - Wesentliches - vom Wissen zum Tun und vom Tun zum Sein. Noch klarer zu sein bedeutet, dass Deine Vision sich viel leichter verwirklicht. Zeit für Dich selbst heißt Lebe Dein Leben, verwirkliche Deine Vision. Gesundheit, Erfolg und Erfüllung. Befreit zu leben ist kein zufälliges Glück, es ist unsere Bestimmung. Warum nicht die „Hindernisse“ aus dem Weg räumen und wirklich sein, der wir sind? Und endlich damit anfangen. Worauf sollte man warten? Das Leben ist so kostbar.

Authentisch leben - die Freiheit du selbst zu sein

Es braucht sehr viel Mut, Du selbst zu sein. Erst wenn Du nur noch eins willst, Du selbst sein um jeden Preis, wenn es Dir egal ist, ob Du verurteilt wirst und Dein Ansehen verlierst, wenn Du bereit bist, all das in Kauf zu nehmen und aufzuhören, ein anderer zu sein, dann wird Dein wahres, ursprüngliches Wesen wachsen und Deine Individualität wird aufblühen. Von dem Moment an hat der Herdenzwang für Dich keine Bedeutung mehr, Du bist neu geboren und frei. Jetzt brauchst Du keine Maske mehr, Du kannst einfach Du selbst sein, so wie die Existenz Dich geschaffen hat. Jetzt steht Deiner Vision nichts mehr im Weg. Und wenn Du willst, dass aus dieser Welt ein Paradies wird, dann mach ein Paradies aus Deinem Leben. Einfach, indem Du Du selbst bist und Deiner Natur folgst. Gebraucht wirst Du überall. Ein Pärchen steigt in ein Taxi ein. Der Taxifahrer fragt nach einer kurzen Weile: „Wo soll`s denn hingehen?“ Die beiden antworten: "Ist ganz egal, wir werden überall gebraucht!“ Es gibt genug zu tun, denn Liebe und Bewusstsein werden überall gebraucht. Entscheide Dich für ein wunderbares Leben, ein Leben als Du selbst. Dann wirst Du überall gebraucht und egal, was Du tust, egal, wo Du bist, dann bist Du ein Segen für die Welt und überall, wo Du hinkommst, wird die Welt ein bisschen lichter, liebevoller und vollkommener. Lebe Dein Leben, das steckt an. Bist Du dabei?

Lebe die Freiheit Du selbst zu sein

Seminarinhalte

Das Geheimnis erfolgreicher Menschen

Gib Deiner Liebe eine Chance zu erblühen

Magnetisch sein für Liebe, für den idealen Partner

Liebevolles Miteinander, harmonische Beziehungen

Abschalten in Sekunden – bewusste Gedankenstille

Klarheit finden, Sicherheit und Selbstvertrauen

Gesundheit und Langlebigkeit, lebendig sein

Selbstbewusstsein - Frei sein von der Meinung anderer

Misserfolgsmechanismen erkennen und auflösen

Selbstsabotage beenden, Krankheiten „ablegen"

Das Unterbewusstsein zu seinem besten Freund machen und so alle Ziele leichter erreichen

Die eigene Lebensvision erkennen und verwirklichen

Selbstliebe und Selbstwert, negatives Selbstbild auflösen

Einen optimalen Lebensraum schaffen, in dem Deine Seele erblüht, leben im Meisterbewusstsein

Selbsterkenntnis – die ewige Suche beenden und der sein, der wir wirklich sind, erwachen zu sich selbst

Loslassen von Schuldgefühlen, negativen Überzeugungen, Rucksack der Vergangenheit ausziehen

Vom Beruf zur wahren Berufung finden

Tun, was Freude macht und dafür gut bezahlt werden

Verborgene Talente und Fähigkeiten entdecken

Eigene Ideen (z.B. Lebensschule für Kinder/Jugendliche, eigenes Geschäft) erfolgreich vermarkten u.v.m.

Gib Deiner Liebe eine Chance zu erblühen

Lebe Dein Leben   Verwirkliche Deine Vision

Was lerne/erfahre ich konkret im Lebe Dein Leben - Seminar?

Du erinnerst Dich daran, wer Du wirklich bist

Du erfährst die Klarheit, die Dir zeigt, welcher Weg DEIN WEG ist

Du machst Dir bewusst, wie Du Dein Leben frei und selbstbestimmt gestaltest

Du erkennst Deine individuelle Bestimmung

Du erkennst, was zu tun ist, damit sich Deine Vision erfolgreich verwirklicht

Du findest die beste Voraussetzung, auf zukünftige Ereignisse optimal vorbereitet zu sein

Individualität - die Freude, den eigenen Weg zu gehen

Ein Maler muss malen, ein Tänzer muss tanzen und ein Dichter muss schreiben, wenn er mit sich in Frieden leben will. Wenn Du mit Dir in Frieden leben willst, gesund, glücklich und erfolgreich ... dann erkenne und lebe Deine Berufung. Erinnere Dich an Deine Vision und verwirkliche sie. Lebe Dein Leben. Singe Dein Lied, denn jeder ist mit einem Lied im Herzen gekommen, und solange Du es nicht singst, bleibst du unerfüllt. Du musst Dein Ding machen - das meine ich, wenn ich sage, singe Dein Lied. Was auch immer Du tun möchtest, tu es! Kümmere Dich nicht darum, was andere sagen, das ist irrelevant. Schließe keine Kompromisse mehr, wenn es um die Stimme Deines Herzens geht! Wenn Du keine Kompromisse eingehst, wird Dein Wesen immer mehr erblühen. Singe Dein Lied und Du wirst feststellen, dass das Leben Dich unterstützt. Als Kind sangen wir unser Lied, wir waren klar, authentisch und glücklich. Aber irgendwann wurden wir erwachsen. Und viele unserer ursprünglichen Ziele und Träume sind "unterwegs" irgendwo verloren gegangen. Die gute Nachricht ist, man kann sein Leben ändern und sein Lied „wieder finden“. Suchst Du einen Neuanfang im Beruf, sehnst Du Dich nach einer erfüllenden Partnerschaft, wünschst Du Dir mehr Erfolg? Vielleicht ist Dir Deine spirituelle Entwicklung wichtig und Selbstverwirklichung Dein Ziel, oder willst Du einfach Dein Leben bewusst und befreit leben?

Verwirkliche Deine Vision. Eine Muschel öffnet sich nur für einen Schluck Wasser und findet dabei im Innern eine Perle. Wer das EINE findet, der findet alles. Gelegenheit für Klarheit - Fokus - Wesentliches

Stell Dir vor, Dein Leben ist eine Reise und Du kannst noch umbuchen, jetzt! Es ist Dein Leben. Wage einen Neubeginn. Erinnere Dich an Dich selbst, Deine Träume und Ziele warten auf Dich." Das Seminar ist auch für Jugendliche zur Lebenswegplanung geeignet.

Lebenslehrer/Mitarbeiter für Lebensschule gesucht

Kinder werden absolut klar geboren, doch je mehr sie heranwachsen, desto mehr Verwirrung sammeln sie an, denn Verwirrung ist das, was sie in der Welt vorfinden. Wir brauchen den Kindern nicht beizubringen, wie man lebt, sie leben ja noch! Was Kinder brauchen ist vielmehr ein Freund/Lebenslehrer, der sie ermutigt, sie selbst zu sein und zu bleiben, denn es braucht Mut, authentisch zu sein. Ist es auch Dein Herzenswunsch, dass Kinder lernen, ihr eigenes Glück zu schmieden und dass sie ihre Vision bewusst verwirklichen? Willst Du Kinder dabei unterstützen, dass sie ihre Klarheit bewahren, dass sie mehr in sich verwurzelt sind, wirklich frei und selbstbestimmt sowie voller Selbstvertrauen ihren individuellen Weg gehen? Viele Kinder warten darauf, jemandem zu begegnen, der diesen Weg selbst geht und bereit ist, seine Erfahrungen mit anderen zu teilen. In jeder Stadt/Region könnte eine Lebensschule für Kinder entstehen - auch in Deiner unmittelbaren Nähe. Würdest Du gern, mit meiner Unterstützung, eine Lebensschule für Kinder aufbauen?? Neben – oder hauptberuflich möglich. Wenn Dein Herz JA sagt, dann schreib mir – es gibt jetzt eine besondere Möglichkeit dafür.

Klarheit - in Deine Zukunft sehen

Der beste Weg, die eigene Zukunft vorherzusagen, ist, sie bewusst zu gestalten. Wir müssen unsere Ziele erkennen, sonst können wir sie nicht erreichen.

Klarheit Fokus Wesentliches

Klarheit verbrennt Zweifel und ohne Zweifel erreicht man jedes Ziel sicherer und leichter. Fokus auf Wesentliches hilft uns, unsere Aufmerksamkeit auf das zu lenken, was wir wirklich wollen. Das Lebe Dein Leben Seminar hat genau das zum Ziel: Klarheit Fokus Wesentliches. Damit verwandelt sich die eigene Vision in Wirklichkeit. Warum warten? Je mehr man von einer Sache

überzeugt ist, umso mehr strahlt man das aus und das zieht Erfolg nach sich. Was liegt Dir am Herzen? Welche Vision hast Du? Willst Du ein Projekt verwirklichen oder eine Lebensschule für Kinder/Jugendliche gründen? Das nächste Seminar ist genau dafür da.
Es war einmal ...drei kurze Geschichten und WARUM LebensSchulen für Kinder so dringend gebraucht werden.

Der Lebenswunsch. Die Geburt seines ersten Kindes erfüllte den Vater mit Freude. Staunend blickte er das Neugeborene immer wieder an. "Was wünschst du ihm, einmal zu sein, wenn es groß geworden ist?" fragte ihn jemand. "Maßlos glücklich", antwortete der Vater.

Ein schöner Tag. Als der Meister mit einer Gruppe von Lehrern zusammentraf, unterhielt er sich lange und angeregt mit ihnen, denn er war selbst einmal Lehrer gewesen. "Das Schlimme bei den Lehrern ist", sagte er, "dass sie immer wieder vergessen, was das Ziel der Erziehung ist, nämlich nicht das Lernen, sondern das Leben." Und er erzählte, wie er einmal einen Jungen, der eigentlich in der Schule sein sollte, beim Fischen erwischte. "Hallo, ein schöner Tag zum Fischen!" sagte er zu dem Kerl.
"Ja", kam es kurz und bündig zurück. Nach einer Weile fragte der Meister: "Warum bist du heute nicht in der Schule?" "Nun, wie Sie ja eben selbst gesagt haben - es ist ein schöner Tag zum Fischen."

Dann erzählte der Vater vom Schulzeugnis seiner kleinen Tochter, in dem als Bemerkung stand: "Meena ist eine gute Schülerin. Sie könnte noch bessere Noten erreichen, wenn ihre pure Lebensfreude nicht ihren Lernerfolg behindern würde." Willst Du Kinder auf ihrem Weg zu sich selbst begleiten? Willst Du sie darin unterstützen, bewusst und frei zu sein und ihnen zeigen, wie sie ihr eigenes Glück schmieden können?! Ausbildung zum Lebenslehrer zum Aufbau einer Lebensschule für Kinder in Deiner Stadt in Deutschland, Österreich, Schweiz und anderswo.

Opfere niemals, was gut für Dich ist - lebe Dein Leben!

Willst Du Klarheit für Deine Vision? Willst Du Hindernisse auflösen? Willst Du befreit Dein Leben leben?

Darf's ein bisschen mehr sein?

Willst Du mehr Klarheit und Entschlossenheit, weniger „Hindernisse“ und mehr Leichtigkeit, brauchst Du mehr Energie oder Vertrauen ... für die Verwirklichung Deiner Vision? Alles ist schwer, bis es leicht wird. Das Lebe Dein Leben – Seminar soll erleichtern und befreien. Es ist eine ideale Gelegenheit, das, was Du im Herzen Deines Herzens willst, noch leichter in Wirklichkeit zu verwandeln. Am besten geht das, wenn man die Hindernisse erkannt und beseitigt hat - bist DU bereit? Die Besonderheit - zum LiveSeminar gibt es GRATIS das komplette Heimstudium dazu, also ausführliche Unterlagen, Arbeitblätter und obendrein eine DVD mit 23 Std. Seminarmitschnitt. So "bleibt man am Ball" und kann seine Ziele und seine Vision auch nach dem Seminar "pflegen" ... so wie ein Gärtner, der regelmäßig Blumen gießt.

Selbstwert – Liebst Du Dich selbst?

Liebe ist eine seltene Blume. Jeder Mensch hat eine ganz individuelle Bestimmung, eine innere Vision. Diese Vision zu erkennen und zu verwirklichen, das ist der Sinn unseres Lebens. Und am besten wachsen wir in Liebe. Lieben Sie sich selbst genug um wirklich zu leben? Liebe ist etwas Seltenes. Selten deshalb, weil ohne Wurzeln keine Flügel wachsen. Unsere Wurzeln heißen Selbstwert und Selbstvertrauen.

Am besten wachsen wir in Liebe

Mit diesem Fundament gelingt vieles leichter. Denn Gesundheit, eine harmonische Partnerschaft, Erfolg, alles in unserem Leben wird bestimmt von unserem Selbstwert und unserem Selbstbild. Stell Dir vor, Dein Leben ist eine Reise und Du kannst noch umbuchen. Wann, glaubst Du, ist die beste Gelegenheit dazu? Lebe Dein Leben, bewusst und frei. Erfüllung findet man nur in der Gegenwart.

Sing Dein eigenes Lied!

Blumen blühen ihrer Natur gemäß und Vögel singen ganz selbstverständlich ihr Lied. Ist das nicht Anlass genug, sich selbst dieses Geschenk zu machen? Seiner wahren Natur zu folgen, im Leben sein eigenes Lied zu singen und dankbar zu erblühen, darum sind wir hier. Verwirkliche Deine Vision!
Willst Du:

- Klarheit finden für das, was Du wirklich WIRKLICH willst?
- Deine Lebensziele leichter und sicherer erreichen?
- Vielleicht eine eigene Lebensschule für Kinder gründen oder ein anderes Projekt/Geschäft erfolgreich starten?
- Hindernisse erkennen und aus dem Weg räumen mit einer kraftvollen Technik im Seminar?
- Befreit(er) leben, als der, der Du wirklich bist?

Der Neubeginn Deines Lebens - Willst Du:

- Erfüllung finden in der Partnerschaft (Liebesabenteuer statt Beziehungsdrama)?
- Deine eigene, wahre Berufung erkennen und leben, den Weg der Freude gehen?
- Mehr Vitalität mit dem Ziel dauerhafter Gesundheit?
- Deinen individuellen Weg in mehr finanzielle Unabhängigkeit gehen?
- Dein Leben neu beginnen – JETZT?

Eine kleine Geschichte zum Schulbeginn:

Einmal hat der Lehrer furchtbar mit einem Schüler geschimpft: "Marcus, du hast in Geographie schon wieder nichts gelernt." "Verzeiht, Herr", hat Marcus gesagt, "mein Vater hat gestern gemeint: Das, was jetzt vor sich geht, wird die ganze Welt verändern! - Da wollte ich lieber noch ein wenig abwarten."
Wahrlich, es geht viel vor sich auf unserem Planeten. Aber es gibt keinen Grund darauf zu warten, dass es besser wird, es sei denn, wir beginnen selbst damit etwas Stimmiges zu erschaffen. Die größte Veränderung in der Welt ist die Veränderung bei und in sich selbst. So entsteht ein Paradies auf Erden. Individuum für Individuum. Das Lebe Dein Leben Seminar ist ein ideales Werkzeug, um Glücks- und Erfolgshindernisse loszulassen, damit sich das, was Du wirklich, **wirklich** willst, immer leichter von selbst einstellt. Glaub mir kein Wort, aber probiere es aus. Wir zaubern ohnehin die ganze Zeit und

nennen das Ergebnis unsere Lebensumstände. Warum nicht dafür sorgen, dass uns unsere eigenen Schöpfungen besser gefallen als vielleicht in vergangenen Zeiten. Auch in der Vergangenheit haben wir unser Leben selbst gestaltet, aber vielleicht unbewusst und deshalb manchmal so, wie wir es gar nicht haben wollten. Wäre es nicht eine tolle Idee, ganz bewusst zu bestimmen, was unserer Bestimmung wirklich entspricht? Wenn es um Liebe, Lebensfreude, Leichtigkeit, Klarheit, Freiheit und finanzielle Unabhängigkeit geht, dann sollte man keine Zeit verlieren. Und vor allem sollte man niemals das Wesentlichste – Dein Leben – „auf morgen" verschieben! Lebe DEIN Leben! Hast Du Zeit für Dich selbst...um an einem der nächsten Seminare teilzunehmen?!

Der Wert Deiner Freiheit

Überzeugungen können unsere Freiheit massiv einschränken. Eine kleine Geschichte: Beschaffe Dir ein Aquarium. Unterteile es mit einer durchsichtigen Glasscheibe, so dass jetzt eine Art Fischdoppelhaus entsteht. Jetzt suche Dir einen Barrakuda - wir wollen ihn Hans nennen - und eine Seebarbe. (Barrakudas fressen Seebarben.) Auf jede Seite des Aquariums kommt ein Fisch. Hans wird blitzschnell auf die Seebarbe losgehen und ... mit voller Wucht gegen die gläserne Trennwand prallen. Er wird erneut Anlauf nehmen und noch einen Versuch starten ...-krach!

Nach einiger Zeit hat Hans eine sehr wunde Nase. Schließlich wird er glauben, dass Seebarbenjagd gleichbedeutend mit Schmerz ist, und wird der Seebarbe nicht länger nachjagen. Jetzt kannst Du die gläserne Trennwand herausnehmen, und nun rate mal, was passiert! Hans wird Zeit seines Lebens auf seiner Aquariumseite bleiben. Er wird getrost verhungern, und dabei schwimmt die Seebarbe nur wenige Zentimeter vor seiner Nase herum. Er kennt seine Grenzen, und er wird sie nicht überschreiten. Überzeugungen stecken unser Territorium ab, das wir verteidigen und dessen Grenzen wir nie überschreiten. Es sei denn, wir fassen einen festen Entschluss - für ein befreites Leben. Freiheit kann viele Bedeutungen haben. Auf jeden Fall ist Freiheit die Grundlage für ein erfüllendes Leben. Ein Sklave sagt: „Ich muss". Ein freier Mensch sagt: "Ich will".

Wem gehört die Welt?

Vor einiger Zeit lief im deutschen Fernsehen eine Sendung mit dem Titel: „Wem gehört Deutschland?“ Kaum verwunderlich, dass die Antwort lautet: Dem Großkapital, also hauptsächlich Banken bzw. ihren Eigentümern. Dazu muss man wissen, dass es auch geschichtlich nichts Neues ist, dass immer einige Wenige über die Mehrheit der Menschen und die Entwicklung auf der Erde bestimmt haben. Man nennt diese „Bestimmer“ auch die Eliten. Mitglieder dieser elitären Schicht sind davon überzeugt, dass sie berufen sind, die Welt zu regieren. Sie glauben, einen besonderen genetischen Code zu besitzen, der sie ermächtigt, zu herrschen. Die Herrscherkaste hat in der Vergangenheit streng darauf geachtet, dass nur Ehen zwischen Menschen geschlossen wurden, die adeliger Abstammung waren, damit die „Linie“ derer nicht unterbrochen wurde, die man auch die „Blaublütigen“ nennt. Wie dem auch sei, jedenfalls gibt es seit langer Zeit elitäre Kreise und Geheimgesellschaften, die einen bedeutenden Einfluss auf den Verlauf der Geschichte hatten und haben. Wer bisher zur Elite gehörte, der war ein „Eingeweihter“, der die Gesetze versteht, nach denen das Leben funktioniert.

Geheimes Wissen war lange Zeit nur denen zugänglich, die zum „Club“ gehörten. So wurden die Mitglieder dieser Gesellschaften zu führenden und mächtigen Persönlichkeiten ihrer Zeit. Und, wie überall auf der Welt, so gibt es auch unter den elitären Kreisen Menschen mit guten Absichten und es gibt diejenigen, die „andere Interesse“ verfolgen.

Man unterscheidet zwei Gruppen von Eliten. Die eine Gruppe, die Mehrzahl der Eliten, also über neunzig Prozent, diese Mehrzahl lebt wie Parasiten auf Kosten der Menschen, die sie wie Sklaven ausbeuten.

Die zweite Gruppe bereichert die Welt auf positive Weise, diese Individuen sind aber in der Minderheit, weniger als zehn Prozent. Diese Wenigen teilen ihr Glück und ihre Erfolge und helfen anderen, erfolgreich und glücklich zu sein. Sie leben im Einklang mit sich und der Welt und sie schützen die Natur, ohne einer grünen Religion anzugehören. Sie sind keine Gutmenschen, sie handeln einfach richtig aus Ihrer Bewusstheit heraus und tun das Stimmige. Gutmenschen dagegen sind gefährlich, denn Gutmenschen sind Moralisten, die die anderen ändern und verbessern wollen. Ihr „Gutmenschentum“ erinnert eher an die Heuchelei der Priester und Poliker. Wir brauchen keinen

Öko-Faschismus, um diese Welt zu bewahren, es reicht vollkommen aus, wenn Menschen bewusst, frei und authentisch leben.

Die Sklaverei wurde nie abgeschafft, nur modifiziert

Es gibt verschiedene Arten, andere zu versklaven. Schulden sind ein Weg. Angstmache, Freiheitsberaubung und Desinformation sind andere Methoden. Auch das Zurückhalten von hilfreichem Wissen und das Unterdrücken befreiender Erkenntnisse gehören dazu. Wir sind längst so weit, dass alle Krankheiten geheilt werden könnten, dass alle Energieprobleme gelöst werden könnten, aber es gibt Interessen, die nicht dem Allgemeinwohl dienen, wohl aber den Machthabern. Einfach deshalb, weil die Menschen das mit sich machen lassen, weil sie es anderen überlassen, anstatt selbst etwas zu ändern und dafür zu sorgen, dass es stimmt. Anfangen kann jeder bei sich selbst, dann ändert sich die Welt.

Was unterscheidet Sklaven der Neuzeit von den Sklaven früherer Epochen?

97 % der Menschen leben als Sklaven, ihre Ketten sind unsichtbar. Vielleicht haben sie ein neues Auto, ein schickes Haus, aber oft gehört alles der Bank. Diese Menschen sind nicht wirklich frei, denn sie leben nach dem Motto: Heute kaufen, übermorgen bezahlen: Ein Leben auf Kredit. Solange sie das Hamsterrad am Laufen halten, solange sie Ihre Zinsen und Kredite bedienen können, solange scheint alles gut. Aber das ist Sklaverei, denn der Hamsterradbetreiber ist nicht frei, das Hamsterrad zu verlassen, er kann nicht kommen und gehen, wann und wohin er will, er ist an seine Kredite gebunden. Er ist im „Rad“ gefangen. Wenn er aufhört zu treten, fällt sein Schuldenberg auf ihn zurück. Du bist ein Sklave, wenn Du so lebst. Wie ein Sklave, der Baumwolle pflückt. Die Baumwollpflücker haben den ganzen Tag gearbeitet, sie hatten etwas zu essen und Unterkunft. Das ist bei den meisten Kreditlern heute nicht anders. Sie sind genauso unfrei.

Viele sind Schuldsklaven, sie arbeiten ihr ganzes Leben, schuften Tag ein, Tag aus, um ihre Schulden zu bezahlen, die Autoraten, die Kreditrate fürs Haus oder die monatliche Miete, die bei vielen die Hälfte ihres Einkommens verschlingt. Sie haben nicht mal die Zeit, über Wege in die Freiheit nachzudenken, selbst freie Zeit ist ein Luxus, den viele glauben, sich nicht leisten zu können.

Das Denken wird versklavt

Sklaverei ist nicht mehr physischer Natur, die heutige Sklaverei findet geistig statt. Die Mächtigen der Welt haben Erkenntnisse und Informationen, die sie für sich behalten, denn sie lieben keinen Wettbewerb. Und die staatlichen, also die herkömmlichen Schulen dienen dem Establishment, damit sich an den Strukturen nichts ändert.

Wissen ist Macht

Wissen ist Macht, aber gemeint ist nicht „Schulwissen". Schulbildung ist meist Auswendig-Lernen für eine gute Note oder Prüfung, um es anschließend wieder zu vergessen, weil man es im wirklichen Leben nicht braucht. Dieses tote Wissen ist nicht Macht, das ist Ohnmacht. Falsches und unnützes Wissen macht niemanden gesünder, freier, glücklicher oder erfolgreicher. Aber das ist ja offenbar auch nicht Aufgabe der Schule, oder?

Weniger als drei Prozent der Menschheit besitzen mehr als die anderen 97% zusammen. Warum ist das so? Warum werden die Reichen immer reicher? Es gibt universelle Prinzipien, die bei jedem funktionieren, der danach lebt. Das Gesetz der Schwerkraft oder das Gesetz von Ursache und Wirkung wirkt für jeden Menschen gleich, man muss nicht einmal daran glauben. Das gilt auch für geistige Gesetze. Auch die haben wir in der Schule nicht gelernt, sollten wir aber.

Wie innen, so außen

Vielleicht sind die Reichen deshalb reicher, weil sie unter anderem das Gesetz der Resonanz verstanden haben und es kontinuierlich anwenden. Das kann jeder andere Mensch auch, wenn er das will. Im Grunde wendet jeder Mensch dieses Resonanzgesetz schon an, aber nur wenige tun das bewusst. Jeder ist Schöpfer seines Lebens. Jeder erschafft seine Lebensumstände selbst, aber viele Menschen machen gern die „Anderen" für alles verantwortlich - das sind die Verlierer im Leben. Die Gewinner übernehmen Verantwortung für alles, für ihre Erfolge und ihre Misserfolge....

Dein Leben und Deine Welt könnten Dir gehören

Wenige Familien auf diesem Planeten kontrollieren fast alles. Sie kontrollieren den Fluss des Öls, den Fluss der Informationen über die Medien, den Fluss der Nahrungsmittel. Vor allem kontrollieren sie ihre eigenen Gedanken, ihre innere Welt! - und somit regieren sie die äußere Welt und alle, die sich nicht selbst regieren. Sind die wenigen Eliten schlecht oder böse, weil sie wohlhabend sind und sind die anderen 97 % der Menschheit gut, weil sie weniger haben? Sagen wir mal so, in jedem Spiel braucht es zwei Seiten, zwei Parteien, damit das Spiel funktioniert. Was unterscheidet die 3% von den anderen 97%? Ganz einfach, die Wenigen, die Eliten, besitzen ein geheimes Wissen. Allerdings ist dieses Geheimwissen gar nicht so geheim. Wer dahinter kommen will, findet es heraus. Dieses "Insiderwissen" macht sie zu führenden Persönlichkeiten in Wirtschaft und Politik. Sie sind Insider, sie kennen die universellen Gesetze und sie wenden sie an, sie wissen mehr... Aber, sie brauchen natürlich Mitspieler im Spiel ihrer Macht, und solange alle anderen mitspielen und sich von Politkern herumkommandieren lassen, anstatt ihr Leben selbst in die Hand zu nehmen, solange bleibt alles, wie es ist.

Das Blatt wendet sich erst, wenn mehr Menschen erwachen und beginnen, ihr Leben bewusst zu gestalten, wenn immer mehr Menschen die volle Verantwortung für sich übernehmen, dann gibt es immer mehr freie Menschen. Und irgendwann ist die kritische Masse erreicht.

Ich bin nicht zu verkaufen

Politiker kaufen ihre Wähler mit Wahlgeschenken und Wahlversprechen. Priester verkaufen Schuldgefühle, sie verkaufen ein besseres Leben nach dem Tod, sie handeln mit Angst vorm Fegefeuer und Gier nach einem imaginären Paradies. Der Preis dafür: Immer schön machen, was die selbsternannten Gottesvertreter dir sagen und vor allem bald sterben, bevor die „Ware Paradies" geliefert wird. Natürlich wird nicht geliefert, und niemand steht von den Toten auf, um Beweise zu erbringen.

Was wäre, wenn mehr Menschen damit beginnen, ihr wirkliches Potenzial zu leben? Wenn sie anfangen, ihre geistigen Kräfte zu entfalten und im Einklang mit den universellen Gesetzen anwenden? Politiker, Priester, Banker und ihre Elitenfreunde haben sich lange Zeit gegen die Menschen verschworen, aber damit ist es bald vorbei. Denn dieses „Spiel der Herren und Diener" funktioniert nur, wenn viele Menschen Verantwortung abgeben und alles mit sich machen lassen, wenn sie schlafen. Im gleichen Maße, wie immer mehr Menschen zu sich selbst erwachen und ihr Leben bewusst bestimmen, werden die Sklaverei und Unterdrückung verschwinden. Jeder Einzelne, dem ein Paradies auf Erden am Herzen liegt, kann etwas dazu beitragen. Du bist gemeint! Du kannst diese Erde in ein Paradies verwandeln, in dem Du Dein eigenes Leben paradiesisch gestaltest. Alles, was Du dazu brauchst, trägst Du seit Ewigkeiten in Dir. Verwirkliche die Vision, die in Deinem Herzen darauf wartet.

Auch Du bist ein Zauber und alles ist möglich.

Dein Leben gehört nur Dir allein. Du kannst bewusst selbst bestimmen, was in Deinem Lebe geschieht. Oder, Du überlässt es anderen, dann bestimmen die über Dich. Es findet sich immer jemand, der gern andere führt und lenkt und herumkommandiert.

Selbstverantwortung

Verantwortung ist für manche selbstverständlich und für andere nicht. Auch wenn ich jetzt jemandem auf die Füße trete, jeder ist für sein Leben selbst verantwortlich. Das gilt für alle Bereiche, die eigene Gesundheit, die finanzielle und berufliche Situation und genauso gilt das für die Qualität Partnerschaft, für den Erfolg, für Freiheit, für die eigene Bewusstheit usw.

Das ist die Freiheit, die man niemandem entziehen kann, die Freiheit der Wahl zwischen verschiedenen Möglichkeiten. Und die Freiheit, eine Entscheidung zu treffen und danach zu handeln.

Wer an dieser Stelle anderer Meinung ist, der glaubt wahrscheinlich auch, dass die Autos verantwortlich sind für die Autounfälle. Natürlich ist das Unsinn. Das Auto wird von jemandem gesteuert, von einem Menschen.

Genauso lenkt jeder Mensch sein eignes Leben. Die Konsequenz daraus lautet: Jeder ist die Ursache für das, was ihm widerfährt. Die große Frage ist nur, ist der Mensch wirklich wach? Lebt und steuert er sein Leben bewusst oder schläft der Mensch? Lässt er sich und sein Leben, unbewusst wie ein Automat, von anderen, von Fremden bestimmen? Oder „überantwortet" dieser Mensch den Verlauf seines Lebens seinen eigenen alten Programmierungen, die er, meist zufällig, in der Vergangenheit gespeichert hat?

Der bewusste Schöpfer und das unbewusste Opfer - beide sind Zauberer. Beide erschaffen sich ihre eigene Welt, für die sie selbst und nur sie selbst verantwortlich sind. Und weil das so ist, kann jeder Mensch sein Leben neu erschaffen und gestalten. Wer diese Worte wirklich in ihrer Tiefe verstanden hat, der wartet nicht mehr auf Erlöser, Politiker oder „bessere Zeiten". Jemand, der erkennt, warum sein Leben so ist wie es ist und wie er es sinnvoll gestalten und verändern kann, der beginnt damit und zwar Jetzt. Nur muss diese Erkenntnis wirklich stattgefunden haben.

Hier scheiden sich die Geister. Hier sind wir an einem entscheidenden Punkt. Jeder hat die Möglichkeit der Selbstbestimmung, aber nicht jeder entscheidet sich auch dafür. Es reicht nicht aus, es nur zu wissen, man muss es auch tun. Wann weiß man etwas? Wenn man danach lebt. Vorher ist alles nur Theorie. Leben bedeutet Praxis, bedeutet Erfahrung, nicht blindes Glauben.

Lebe Dein Leben, bewusst und frei.

Wann immer wir uns dabei „ertappen", etwas mit „ich muss" zu beginnen, immer dann spüren wir Einschränkungen und Grenzen - von außen aufgesetzt oder selbst gemacht. Was wäre, wenn man das ändern könnte? Warum nicht Grenzen, die krank machen oder ein glückliches Leben verhindern, in Frage stellen? Ist Freiheit nicht eine Entscheidung, die man trifft und ist diese Entscheidung es nicht auch wert, dass man alles dafür tut? Willst Du?

Frei sein - Wie frei bist Du? Wie frei willst Du sein?

Bist Du finanziell frei? Oder arbeitest Du für jemanden, den Du nicht magst, in einem Job, der nicht Deiner wahren Berufung entspricht? Bist Du emotional frei oder hängt Dein Glück von anderen Menschen ab? Wie fühlt sich das an?
Bist Du gesundheitlich frei oder brauchst Du Ärzte, Apotheker, Medikamente, Maschinen? Bist Du spirituell frei oder ein Anhänger von...?
Bist Du frei von Manipulation, Meinungen und Erwartungen? Oder bestimmen andere Dein Leben? Bist Du frei von unbewussten Überzeugungen, die Dein Leben ständig beeinflussen? Bestimmt die Vergangenheit mit ihren alten Programmen und Geschichten über Dich und Dein Leben? Bist Du frei von der Illusion des „Ich"? Wie frei bist Du wirklich? Wie frei willst Du sein?
Das nächste Befreit Leben Seminar für Dich und Deine Lieben hat immer einen freien Platz für Menschen, die so frei sein wollen wie der Wind.

Deine Zukunft voraussagen

Wer für drei Tage in die Zukunft schauen kann, ist erfolgreich für hundert Jahre, so sagt ein chinesisches Sprichwort. Der beste Weg, seine eigene Zukunft vorauszusagen, ist, sie selbst zu bestimmen. Je bewusster das geschieht, desto leichter nimmt das Gewünschte Form an. Unser Energiefeld, der Grad unserer Bewusstheit, bestimmt, welche Erfahrungen wir machen.
Wie bewusst bist Du? Wie bewusst willst Du sein? Welche Erfahrungen willst Du machen? Bist Du bereit für einen Quantensprung in ein märchenhaftes Leben? Das Lebe Dein Leben Seminar ist eine Einladung für einen Neubeginn Deines Lebens. Willst Du Deine eigene Vision erkennen und verwirklichen, oder ein Projekt, das Dir am Herzen liegt, ins Leben rufen – vielleicht eine eigene Lebensschule für Kinder und Jugendliche gründen? Was auch immer Du beginnen willst, der beste Zeitpunkt ist JETZT.

Auslaufmodell Psychotherapie

Ein Mann und eine Frau schlafen im gleichen Bett und der Mann bekommt einen schrecklichen Albtraum. Die Frau wird wach und hört ihren Mann verzweifelt um Hilfe schreien- es muss ein schrecklicher Traum sein. Was macht diese Frau? Gibt sie ihrem Mann, wie die Psychologen, gute Ratschläge wie: „Tu dies oder tu das“.? Oder fängt sie an, den Albtraum zu analysieren? Wenn diese Frau ihren Mann wirklich liebt, dann verlängert sie nicht die Illusion und die Qualen des Albtraumes, sondern sie weckt ihren Mann auf. Alles, wovor er sich fürchtet, existiert nur, weil er träumt, in seiner Vorstellung, wenn er wach ist, sind die Traumgespenster nicht da. Aber sind die Menschen wirklich wach oder träumen sie Tag und Nacht ihren „persönlichen Traum“ voller Ärger und Sorgen über Dinge, die nie etwas mit der Gegenwart zu tun haben? Die Gegenwart JETZT ist die einzige Wirklichkeit, alle Sorgen existieren in der Vorstellung, also in einer möglichen Zukunft oder man spielt „Vergangenheit“ und lässt sich von Erinnerungen vereinnahmen. In beiden Fällen befindet man sich beim Träumen, man schläft mit offenen Augen, aber man ist nicht wach, nicht wirklich bewusst.

Ein Neurotiker baut Luftschlösser, ein Psychotiker wohnt in den Luftschlössern und der Psychiater kassiert die Miete. Wie die meisten Therapien ist auch Psychotherapie hilfreich, aber nur innerhalb der schmalen Grenzen, die jede Form der so genannten Therapien mit sich bringt, also hilfreich innerhalb der Grenzen des Egos. Psychotherapie ist ein gutes Geschäft, aber sie verhilft nicht zum Erwachen, sie sorgt höchstens für angenehmere Träume.

Psychotherapie heißt übersetzt: Wissenschaft von der Seele. Zunächst einmal muss man feststellen, dass Wissenschaftler die Existenz der Seele leugnen. Und zweitens befassen sich die Psychotherapeuten gar nicht mit der Seele des Menschen, sondern mit seiner Maske, der Persönlichkeit, dem Ego, dem Verstand. Der wirkliche Mensch aber ist hinter der Maske, hinter Vorstellungen, Albträumen, Ego! So kümmern sich die Therapeuten die ganze Zeit um das Ego des Menschen, sie stärken die Illusion, die Illusion des Ichs. Wie können sie auch anders, sie erleben sich ja selbst als ICH. Im Grunde sitzen die meisten Therapeuten im gleichen Boot wie ihre Patienten. Der Unterschied ist, dass die Therapeuten mehr Bescheid wissen. Sie sind Studierte und Gelehrte. So, wie überall im Leben, gibt es Unwissende und es gibt unwissende Gelehrte. Ein Unwissender ist jemand, der sich selbst nicht kennt. Alles, was er weiß, hat er von anderen.

Bewusstseinserweiterung und Erwachen - die Psychotherapie der Zukunft

Die Zukunft gehört dem erwachenden Bewusstsein. Ein wirklicher Therapeut ist zu sich selbst erwacht. Dann ist seine Aufgabe ganz klar. Nicht die Illusion des ICHs aufrechtzuerhalten, sondern sie aufzulösen. Den anderen an seine wahre Natur zu erinnern. Wer selbst wach ist, der kann anderen helfen zu erwachen. Wer sich selbst erinnert hat, der kann andere erinnern. In diesem Sinne heißt die Therapie der Zukunft: Selbsterkenntnis. Bewusstheit. Achtsamkeit. Im gleichen Maße, wie sich ein meditativer Zustand in den Menschen ausbreitet, wird die bisherige Psychotherapie verschwinden. Die Sonne kennt keine Schatten und Bewusstsein kennt keine Albträume. Kein Grund mehr mit der Dunkelheit des Unbewussten zu arbeiten. Was passiert mit der Dunkelheit, wenn man das Licht einschaltet? Dieses Licht heißt Bewusstsein. Bewusstsein ist unsere wahre Natur. Wer neugierig ist auf seinen natürlichen Zustand, der kann sich erinnern lassen, zum Beispiel in meinen „Wach auf und Lebe Dein Leben – Einzelberatungen“ oder Seminaren.

Artikel im TuN Magazin Redaktion. Es geht darum, Kindern und Jugendlichen zu ermöglichen, sich entsprechend ihren Begabungen und nach ihrem eigenen Tempo zu entwickeln und ihre Zukunftsvision leicht und mit Freude zu finden. Doch die „Lebensschule“ von Marco Leonardo ist für Menschen jeden Alters geeignet und bringt die Teilnehmer mindestens einen Schritt weiter Richtung Lebensaufgabe. Ich sprach mit dem „Brandstifter“ und „Ent-Leerer“ - wie er sich selbst gerne nennt - über seine eigenen Visionen, die Seminare und einiges mehr.

Alterlos und reiselustig

TuN: Möchtest Du ein wenig über Dich sagen? Und wie alt bist Du?

ML: Liebe Ines, danke für Deine Frage. Seitdem ich mich daran erinnert habe, wer ich wirklich bin, kann ich mit Gewissheit antworten: Ich wurde nie geboren. Und wenn Du die Form meinst, mein Körper ist alterlos. Das körperliche Alter habe ich einfach vergessen, und ich sage Dir auch, warum: Seit über einem Jahrzehnt fasziniert mich die Möglichkeit, unbegrenzt lange zu leben, in diesem Körper. Und das erste, was ich meinen Freunden und Seminarteilnehmern im Seminar "Ist ewige Jugend möglich?" bewusst mache, ist, dass im "Handbuch für Unsterbliche" ganz oben steht: Vergiss Dein chronologisches Alter. Also gehe ich mit gutem Beispiel voran. Bisher habe ich bis auf zwei Jahre im Ausland, die meiste Zeit bei Dessau gelebt, in wunderbarer natürlicher Umgebung. Nach meiner Schulzeit und anschließender handwerklicher Lehre fing ich wieder an zu leben, ich verwirklichte mir einen Kindheitstraum und machte eine große Reise durch die USA, Canada und Mexico. Zurück gekehrt, gründete ich mehrere eigene Firmen mit zuletzt 150 Mitarbeitern. Als mich diese Tätigkeit nicht mehr erfüllte, verkaufte ich meine Firma und begann wieder zu reisen - um die ganze Welt, aber dieses Mal hauptsächlich nach Innen. Und das war die beste Reise meines Lebens.

Wann ist Kinderzeit?

TuN: Bist Du verheiratet und hast Du Kinder?
ML: Das Geheimnis des Verheiratetseins hat sich mir noch nicht offenbart, dafür etwas viel besseres, viel heiligeres: die Liebe zu einem ganz besonderen Menschen und das ist ein unschätzbares Geschenk. Und was Kinder angeht, so lerne ich von der Natur: Bevor ein Baum Früchte trägt, blüht er. Diese Reihenfolge leuchtet mir ein und ich genieße das Erblühen im Jetzt. Viele Menschen, die sich Kinder wünschen, haben es eilig. Vielleicht liege ich falsch, aber es sieht oft so aus, als ob die "Eiligen" glauben, sie haben nicht genügend Zeit, alles muss schnell erledigt werden, auch das mit den Kindern. Wer glaubt, keine Zeit zu haben (die meisten glauben an 70-80 Jahre), bei dem läuten oft unbewusst die Todesglocken. Schnell schnell, die Zeit läuft ab. Und wer eine starke "Todesprogrammierung" spürt, der hastet durch sein Leben...

Dieses Programm habe ich ersetzt durch etwas Besseres und es macht mir große Freude, diese Erfahrung mit anderen zu teilen. Darum liebe ich es, unendlich Zeit zu haben für alles, was man im Leben erreichen will, dann lebt man entspannt und kann jeden Augenblick genießen. Und diejenigen, die meinem Weckruf folgen, die sind mir sehr dankbar, denn sie erfahren, was es bedeutet, alle Zeit der Welt zu haben.

TuN: Ich habe auch keine Kinder – weil mein Mann und ich uns so entschieden haben. Aber meinst Du nicht, dass andere Menschen wirklich einen ehrlich tiefen Kinderwunsch haben – und zwar im Jetzt?

ML: Ganz sicher haben Paare den ehrlichen Wunsch, wie Du es nennst. Im Wort Erwachsen steckt das Wort Erwachen drin. Wenn alle Erwachsenen in diesem Sinne auch Erwachte sein wollten, dann wäre diese Welt ein Paradies und die Kinder dieser Erwachsenen/Erwachten wären glücklicher als „Gott". In diesem Bewusstsein übernimmt jeder die volle Verantwortung für sein Leben. Manchmal neigen Menschen bisher allerdings dazu, die Dinge zu überstürzen. Der Kinderwunsch ist da, aber die Konsequenzen überlässt man oft dem Zufall. Und wenn das Kind geboren ist, dann gibt man es „ab", jetzt will man wieder arbeiten und hat keine Zeit für das Kind, dass man sich über alles gewünscht hat. Man verlässt sich auf den Staat, der für Kitaplätze sorgen soll, man erwartet, dass einem (Sozial)-Leistungen zustehen, dass die „anderen" sich kümmern. Auch wenn ich jetzt jemandem auf die Füße trete, wofür ich mich entschuldige, wäre es nicht weiser und vorausschauender, wenn man sein Leben zuerst auf ein sicheres Fundament stellt, bevor man weitere Seelen einlädt? Mit Fundament meine ich: Jede Mutter und jeder Vater wünschen sich, dass ihre Kinder gesund sind. Dass ihre Kinder glücklich sind. Dass sie sie selbst sind und befreit leben. Nun die Frage: Sind diejenigen, die Kinder in ihr Leben einladen wollen, sind diejenigen glücklich, frei, gesund, sie selbst? Das, was wir sind, geben wir weiter. Und das größte Geschenk, das wir anderen machen können, ist, unser Leben stimmig zu leben.

Bewusst zu sich selbst

TuN: Das leuchtet mir voll und ganz ein! Machen wir nun weiter mit Deinem Leben: Du sagtest bereits, dass Dich die Arbeit in Deiner Firma irgendwann nicht mehr erfüllt hat.

ML: Das ist richtig. Es machte mir große Freude, die Firma aufzubauen. Und dann kam ein Zeitpunkt, wo sich diese Sache für mich "erfüllt" hatte, es hat von da an nicht mehr gestimmt, diesen Weg weiterzugehen. So verkaufte ich alles und ging auf Weltreise. Ich war in Amerika, Kanada, Australien und Neuseeland unterwegs. Es war der klassische Aussteigerweg auf der Suche nach der Wahrheit und nach mir selbst.

TuN: Und – bist Du fündig geworden?

ML: Ja, etwas hat sich grundlegend verändert. Bisher waren Erfahrungen wichtig, bis ich den gefunden hatte, der die Erfahrung macht. Vom Beobachten zum Beobachter... In Neuseeland ist es "passiert" beim Meditieren. Ich wusste plötzlich, dass mein ewiges Suchen ein Ende gefunden hatte.

TuN: Ich persönlich habe auch die Erfahrung gemacht, dass man bei einem Auslandsaufenthalt viel über sich selbst lernt – wenn auch nicht immer so tiefgreifend wie Dein Erlebnis. Eine Änderung der Umgebung scheint im Menschen einiges zu verändern. Es muss ja nicht immer gleich eine Weltreise sein – oder wie siehst Du das?

ML: Manchmal hilft eine neue Umgebung, sich selbst zu erneuern. In gewohnter Umgebung kann man fast ohne Bewusstheit funktionieren, Gewohnheiten verleiten dazu, unbewusst zu sein. Aber wenn man wirklich bewusst ist, dann ist jeder Augenblick neu und voller Erkenntnisse. Dann braucht es keiner Reise nach irgendwohin, wer bewusst ist, der ist am Ziel. Viele Wahrheitssucher suchen - so wie auch ich einmal- nach dem "Weg". Irgendwann erkennt man, dass es diesen Weg nicht gibt. Einen Weg zu gehen heißt immer auch, weg zu gehen, weg von hier. Und dann beginnt ein unendliches Spiel, das Spiel des Suchens. Wer sucht, der schaut in die Zukunft und kann das Offensichtliche nicht sehen, was sich nur im HIER und JETZT finden lässt.

Loslassen und souverän entscheiden

TuN: Kommen wir zu Dir zurück: Was meinst Du mit „Brandstifter“ und “Entleerer“?

ML: Ich lege sozusagen Feuer an den hemmenden Überzeugungen, die die Menschen daran hindern, ihre Grenzenlosigkeit zu erkennen. Als Ent-Leerer helfe ich den Menschen dabei, blockierende Verhaltensmuster und Ansichten zu erkennen und loszuwerden: Wenn du alles von dir wegtust, was du NICHT bist, dann bleibst nur noch du übrig.

TuN: Es geht also darum, Glaubensmuster und störende Gewohnheiten loszulassen. Doch das fällt vielen Menschen schwer. Warum ist das so?

ML: Diese alten Programme nehmen die meisten von uns bewusst gar nicht mehr wahr. Wir sind an tausend unsichtbare Stricke gefesselt und bemerken es nicht einmal. Es geht oft nur darum, die Erwartungen anderer zu erfüllen, zu funktionieren – und nicht zu LEBEN. Viele meinen, dass Loslassen ein lang andauernder Prozess ist, das muss er aber nicht sein. In meinem Seminar „Lebe Dein Leben" gelingt es fast allen Teilnehmern, sich von hemmenden Elementen zu lösen. Dabei geht es um wahre Selbsterinnerung und vor allem um die Entscheidung, in welchem Bewusstsein ich leben will. Als WER ich leben will, als Persönlichkeit oder als ich selbst.

TuN: Dieses Seminar ist also wirklich für alle Menschen geeignet?

ML: Auf jeden Fall. Im Leben am falschen Platz zu sein, tut weh. Wer das spürt, der ist bereit, alles dafür zu tun, um seinen Platz zu finden. Seiner Bestimmung zu folgen und sein Leben authentisch zu leben, ist der Wunsch, den jeder Mensch verspürt.

TuN: Ist eines der Ziele dabei, seine eigene Lebensaufgabe zu finden?

ML: Bewusstheit bringt Klarheit. Alles andere kommt ganz automatisch von selbst, nämlich vom Selbst. Wenn Du beginnst, ein souveräner Mensch zu sein, echt zu sein, ehrlich zu leben und Deinem Herzen zu folgen, erkennst Du, was und wer zu Dir passt.

Innere Widerstände lösen

TuN: Was genau wird in Deinem Seminar gemacht?

ML: Eigentlich geht es nur darum, sich zu erinnern. Weil jeder Mensch einmalig ist, ist auch jedes Seminar einmalig. Ich stelle Situationen her, in denen man sich erkennt und daran erinnert, wer man wirklich ist.

TuN: Drei Dinge möchte ich herausgreifen aus Deinen Seminarthemen. Du betonst immer wieder, wie wichtig die Selbstliebe ist.

ML: Wenn man in einem Licht-Stromkreis einen Widerstand einbaut, dann fließt weniger Strom zur Lampe, sie wird weniger hell leuchten. Wenn man Widerstände gegen sich selbst aufbaut, wenn man gegen seine wahre Natur kämpft, dann kann die Energie, die uns wachsen lässt, nicht frei fließen. Und am besten wachsen wir in Liebe.

Mit eigenen Träumen zum Erfolg

TuN: Du sagst auch, dass Anpassung die Wurzel allen Übels ist.

ML: Wenn ein Mensch nur die Ideale anderer lebt, kann er nicht glücklich sein. Auch das Vergleichen mit anderen, das Anpassen an eine kranke Masse oder das Spielen einer Rolle lässt uns leiden. Kurz: Wir leiden, wenn wir unser Leben nicht selbst bestimmen, denn dann bestimmen andere darüber. Ein authentisches Leben, souverän und in Selbstverantwortung bringt uns wieder zu uns selbst. Das Seminar lädt dazu ein, sich zu erinnern und sich dafür zu entscheiden, der zu sein, der Du wirklich bist.

TuN: Ein weiteres Thema bei Dir ist der Umgang mit Geld.

ML: Geld ist einfach Energie. Und wir selbst entscheiden, in welchem Maße wir daran teilhaben, ob wir Geld anziehen oder abstoßen. Dem Geld ist es egal, es geht dahin, wo es willkommen ist. Im Seminar sorgen wir dafür, Hindernisse aufzulösen, so dass man sich nicht selbst im Wege steht, weil man vielleicht begrenzende Überzeugungen in sich hat, die den persönlichen Erfolg behindern können.

TuN: Ich habe Stimmen zu Deinen Seminaren gelesen und die Teilnehmer loben neben vielen anderen Dingen – Deine ruhige und einfühlsame Art. Wie gehst Du an die Sache heran? Gehört eine besondere Begabung dazu? Oder empfindest Du einfach „nur“ Liebe und Respekt gegenüber Deinen Mitmenschen?

ML: Vielleicht ist es die Ruhe in jedem selbst, die Ruhe, die die Teilnehmer spüren, wenn sie wirklich bewusst sind. Ich bin nur ein leerer Raum und dann geschieht etwas, das "ich" nicht mache.

Schulen fürs Leben

TuN: Deine Seminare bilden auch Lebenslehrer aus. Was können die Menschen danach konkret damit TuN?

ML: Sie können eine eigene Lebensschule gründen – für Kinder und Jugendliche in Kindergärten, Schulen und Heimen. Auch in einer Praxis für Lebensberatung ist dieses Wissen hervorragend anwendbar. Wer möchte, kann darüber Vorträge oder Seminare halten oder Bewusstseinstraining durchführen. Natürlich ist das Wissen auch ganz einfach in der unmittelbaren Umgebung jedes einzelnen einzustreuen und Du kannst Deine Familie, Kollegen, Freunde wieder an ihre wahre Natur „erinnern“. Wer das alles nicht möchte, geht von nun an einfach stimmig und bewusst durchs Leben und genießt sein Dasein. Jeder macht also aus den Erfahrungen im Seminar das, was für ihn wichtig und richtig ist.

TuN: Wieso glaubst Du, dass die Lebensschulen notwendig sind?

ML: Ich glaube, dass die herkömmlichen Schulen uns und unsere Kinder von der Wirklichkeit entfernen und an den Bedürfnissen des Einzelnen vorbei agieren. Die Schüler werden nach starren Lehrplänen unterrichtet und mit totem Wissen voll gestopft. Gleichmacherei und Konkurrenzkampf bestimmen den Alltag. Aber man wird von den Lehrern leider nicht gefragt: Warum bist du hier? Wofür interessierst du dich? Hast du gelernt, wie du Krisen meisterst oder deine Ziele sicher erreichst? Alles, worauf es im Leben wirklich ankommt, lernt man nicht in der Schule. Deswegen bin ich für eine Art Lebensführerschein statt starrer Benotung.

Eigene Vision erkennen

TuN: Und was passiert in Deinen Lebensschulen?

ML: Jeder Mensch hat eine ganz individuelle Bestimmung, eine innere Vision. Diese zu erkennen und zu verwirklichen – das ist der Sinn unseres Lebens. Und dahin möchte ich die Kinder und Jugendlichen und auch die Erwachsenen führen.

TuN: Wie läuft das denn genau ab in so einer Lebensschule?

ML: Wir treffen uns z.B. in Wohnzimmern von Gleichgesinnten oder anderen Räumlichkeiten – und zwar am Nachmittag nach der offiziellen Schule. Dabei gibt der Lebenslehrer seine Erfahrungen zu einem speziellen Thema weiter. Die Anwesenden sprechen darüber und jeder nimmt das für sich mit, was er möchte und was für ihn passt. Beim nächsten Mal könnte man das Thema nochmals vertiefen, entstandene Fragen beantworten oder mit etwas Neuem beginnen.

TuN: Es gibt also keinen Lehrplan und auch keine typischen Lehrer?

ML: Richtig – die aktuellen Interessen der Teilnehmer bestimmen das jeweilige Thema. Das führt dazu, dass jeder aktiv beteiligt ist und die Gruppe sich gegenseitig inspiriert. Von Mal zu Mal verbessert sich dadurch die Lebensqualität jedes einzelnen Teilnehmers spürbar. Jeder wird immer besser in die Lage versetzt, sein Leben erfolgreich selbst zu gestalten.

Alle sind Menschen, jeder ist Lebenslehrer

TuN: Könntest Du nicht einfach versuchen, das herkömmliche Schulsystem zu verbessern?

ML: Diese Frage wird mir oft gestellt. Ich denke, dass das momentane Schulsystem zu schwerfällig ist. Daher sehe ich die Lebensschulen sozusagen als Wegbereiter. Wenn sie sich erst einmal durchgesetzt und Erfolg bewiesen haben, zeigt sich sehr schnell, welche Vorteile sie bieten. Auch braucht es eine völlig neue Definition der Lehrerfunktion. Erziehung – wenn es so etwas überhaupt geben sollte – bedeutet vorleben, Vorbild sein, den Weg, den ich lehre, selbst zu gehen. Wenn ich andere, speziell Kinder, dazu motivieren will, sie selbst zu sein, sich zu lieben und ihr Leben authentisch zu gestalten, dann sollte ich als Lehrer oder besser Begleiter und Freund, als Beispiel vorangehen.

TuN: Da kann ich nur voll und ganz zustimmen. Kann denn jeder ein Lebenslehrer sein?

ML: Im Prinzip ja. Voraussetzung sind ein Herz und die Liebe zur Wahrheit. Jeder hat alles, was er braucht, bereits in sich. Wenn dann noch der tiefe Wunsch besteht, selbst ein erfüllendes Leben zu leben und dies mit anderen zu teilen, dann ist dies die beste Grundlage. Als Lebenslehrer sollte man sich nur noch ein wenig besser „erinnern" können und diese lebendige Erinnerung anschaulich an andere weitergeben können und wollen.

TuN: Gibt es denn schon „Filialen" Deiner Lebensschulen und wo?

ML: Ein Lebenslehrer beschreibt nicht eine Person, sondern ein erwachtes Bewusstsein. Und eine Lebensschule ist nicht vorrangig ein Ort, sondern ein Bewusstseinsfeld, das dazu einlädt, Du selbst zu sein. In diesem Sinne sind alle Menschen Lebenslehrer, nämlich dort, wo sie sind. Und einige sind auch dabei, Lebensschulen aufzubauen, im Erzgebirge, in Berlin, München, Würzburg und anderswo.

Löwe mit Herz

TuN: Du hast auch ein Projekt mit Namen „Leocardia" gegründet. Was bedeutet der Name und welchen Zweck hat das Ganze?

ML: Leo steht für Löwe und ist Synonym für Selbstbewusstsein, Mut, Kraft und Individualität. Cardia – das Herz – repräsentiert Liebe, Weisheit und Mitgefühl. Leocardia soll daran erinnern, dass wir alle mit diesen Eigenschaften ausgestattet sind und dass die Entwicklung dieser Qualitäten zu einem bewussteren und erfüllten Leben führt. Zweck dieses Projektes ist es, interessierte Menschen für die Gründung von Lebensschulen zu inspirieren.

Ethische Unternehmer und 2012

TuN: Du arbeitest auch weiterhin als Unternehmensberater und Motivationstrainer. Was von Deinem Wissen kannst Du dafür nutzen?

ML: Erfolg ohne Erfüllung ist kein wirklicher Erfolg. Das habe ich selbst erfahren. Wahre Erfüllung findet der Mensch letztendlich nur, wenn er „seine" Aufgabe gefunden hat und als der lebt, der er wirklich ist. Und wenn wir lernen, unsere Ziele in Harmonie mit den geistigen Gesetzen zu erreichen, wird daraus ein ganz neues Unternehmertum erwachsen.

TuN: Ein Thema, was auch meine Leser immer wieder interessiert, ist 2012. Was denkst Du darüber oder ist es für Dich gar nicht relevant?

ML: Ich glaube, dass die Welt sich ändert, wenn das einzelne Individuum diese Veränderung vollzieht. Natürlich kann man sich etwas "wünschen" für 2012 und darüber hinaus, aber wünschen alleine reicht nicht aus. Wir alle sind so sicher wie unsere Gedanken. Und wer seine Gedanken meistert, der meistert sein gesamtes Leben. Dann muss man nicht fragen, was zukünftig sein wird. Die einfachste Möglichkeit, die Zukunft vorherzusagen ist, sie selbst zu bestimmen. Dazu motiviere ich die Menschen, die mir begegnen. Und warum bis 2012 warten? Erwachen braucht keine Zeit!

...

Fragen und Antworten aus Seminaren und Beratungen

Was kann ich machen, wenn die alten Muster hochkommen?

Mach gar nichts damit, aber sei so bewusst, wie Du kannst. Wenn es Wut ist, sei Dir der der Wut bewusst. Wenn es Lust ist, dann sei Dir der Lust bewusst. Wenn es Geiz ist, dann sei Dir dessen bewusst. Sei Dir all dieser Dinge bewusst, weil Bewusstheit die ganze Wurzel durchtrennt. Und wie heißt diese Wurzel? Unbewusstheit, das ist die Wurzel all dieser Dinge. Du kannst nur wütend sein, wenn Du unbewusst bist. Deine ganze Energie fließt in die Wut und Du bist nicht da. Versuch einmal wütend zu sein und gleichzeitig

bewusst und Du wirst feststellen, dass das unmöglich ist. Entweder Du bist bewusst, dann wirst Du keine Wut finden, oder Du bist wütend und die Bewusstheit ist verschwunden. Unbewusstheit ist die größte Krankheit. Bewusstheit ist die einzige Medizin.
Wenn Du zu einem Psychologen gehst, wird er Deine Wut analysieren und das vom Hundertsten ins Tausendste. Deshalb finde einen Menschen, der Dir Bewusstheit verschreibt und keine Medikamente chemischer oder analytischer Art. Solange Dir Bewusstheit fehlt, funktioniert Deine innere Chemie auf eine Weise, dass sie Dich unbewusst macht. Aber das kann verändert werden, Du kannst Dich wieder ent-automatisieren.

Das Ego, das eingebildete Zentrum, ist die Quelle aller Neurosen, einfach deshalb, weil das Ego das Zentrum der Falschheit ist. Beobachte einmal einen Verrückten. Was ist mit ihm passiert? Genau das, was den „Normalen Menschen" teilweise passiert. Bei einem Verrückten wird die Illusion des Ego, des Ich so real, dass alles andere falsch erscheint. Die äußere Welt wird für ihn zur Illusion und nur seine innere Welt, die Welt des Ego ist wahr. Vielleicht besuchst Du einen Freund im Irrenhaus und er nimmt Dich gar nicht wahr, auch wenn Du vor ihm stehst oder Dich neben ihm hinsetzt. Du bist für ihn nicht „da", aber ein Teil seines Geistes wird zu seinem Freund, er spricht zu ihm und antwortet ihm. Ein Verrückter ist jemand, bei dem das Ego vollkommen Besitz von ihm ergriffen hat.
Das genaue Gegenteil nennen wir Erleuchtung, ein Erleuchteter hat das Ego komplett fallengelassen, jetzt ist er einfach natürlich. Jetzt fließt er wie ein Fluss zum Ozean, wie der Wind, der durch die Bäume weht, wie eine Wolke, die am Himmel schwebt. Ohne Ego ist er wieder ein Teil der Natur, gelöst und natürlich. Ego bedeutet Verspannung, zusammengezogen sein, getrennt sein, abgeschnitten von der Verbindung mit dem Ganzen.

Sich selbst annehmen

Ich hab sehr oft das Problem, mich selbst anzunehmen. Was ich mir jedoch nicht vorstellen kann, ist dies in einem Seminar zu lernen. Annette

M. Annette, das lernt man auch nicht. Man erinnert sich an seine wahre Natur. Wenn Du Du selbst bist, ist alles ganz einfach. Du bist bewusste Vollkommenheit und viel, viel mehr. Nur wenn wir vergessen, wer wir wirklich sind, dann geht's auf und ab...und wir sind wie ein Blatt im Wind. Du hast in jedem Augenblick die Wahl, Dich zu entscheiden. Für ein Leben in der Wirklichkeit oder für ein Dasein als Persönlichkeit in der Illusion des „Ich". Das Seminar dient der Erinnerung an Dein wahres Wesen. Also, bist Du bereit für die große Erinnerung?

Ast absägen oder dranbleiben?

H., jeder weiß, wie wichtig es ist, an einer Sache dranzubleiben. Marco, Du betontest letzte Woche beim Indianertreffen, dass Du Äste, die keine Früchte tragen, einfach absägst. Nur ist aus meiner Sicht leider nicht immer gleich zu erkennen, ob an diesem Ast Früchte reifen werden, erstmal erblüht ja der ganze Baum und jeder Ast. Ich glaube, dass ich viel zu lange an Dingen festhalte, die mich nicht weiter bringen. Wie unterscheide ich das am besten?

M. liebe H., bei Obstbäumen ist es so, dass dort, wo Blüten sind und auch nur dort auch Früchte reifen können, vorausgesetzt, die Bedingungen bleiben weiterhin gut für den Baum. Aber unabhängig von Fruchttrieben wachsen auch so genannte Wasserreiser/Wassertriebe, an denen wird keine Frucht sein, sie sind einfach nur "da" :-) natürlich kann man alles dem Zufall und dem Wildwuchs überlassen, irgendetwas wächst immer, aber, wenn du ganz bestimmte Früchte ernten willst, zum Beispiel Gesundheit, finanzielle Unabhängigkeit, inneren Frieden, ewige Jugend oder was auch immer, dann prüfe, ob Deine täglichen Gedanken, Stimmungen, Entscheidungen und Handlungen zu Deinen Zielen hinführen, oder ob das Alltagsgeschehen diese Ziele boykottiert. Wenn Du etwas willentlich festhältst, dann gehört es dir vielleicht nicht. Aber was in deinem Bewusstsein verwirklicht ist, wenn es verINNERlicht ist ..., also schau innen, dann erkennst Du, dass Du eine Königin bist, wenn Du wirklich HIER und JETZT BIST. Dann liegt Dir die Welt zu Füßen. Noch Fragen eure königliche Hoheit?

Beziehungen beenden...

Y. lieber Marco, mich beschäftigt diese Frage (schon seit Jahren :roll:) in Bezug auf meine Beziehung zu meiner Mutter... Normalerweise schaue ich, ob in einer Beziehung Kraft, Freude, Inspiration, Zuneigung... fließen oder nicht, und die Antworten sind meist eindeutig und es fällt mir nicht schwer

zu handeln... aber bei meiner Mutter hadere ich. Unsere Begegnungen "kosten" mich Kraft, machen mir keine Freude und rauben mir eher die Inspiration.
ABER - meine Mutter wird mir ja nicht aus heiterem Himmel zugefallen sein und ich denke 1) wenn ich selbst in meiner Kraft und Liebe gefestigt wäre, dann würden mich Begegnungen mit ihr nicht erschüttern und 2) woher weiß ich, dass ich durch eine Trennung nicht einfach dem Konflikt aus dem Weg gehe, der dann ungelöst weiter in mir besteht ? Y.

M. liebe Y., vielleicht ist diese "Beziehung" die beste Gelegenheit, bewusst zu sein und zu bleiben, niemand kann so gut "Knöpfe" drücken wie ein naher Verwandter, denn sobald es emotional wird, geht die Post ab :-). Da ist enorm viel Potenzial drin in dieser Situation - dreh einfach den Spieß um: anstatt dem Spiel der Persönlichkeiten im Theater der Illusion auf den Leim zu gehen, sei so achtsam wie Du nur kannst: Wenn du dieses wache, gegenwärtige Bewusstsein aufrechterhalten kannst, während Dein Spiegel Dich verführt zu glauben, du seiest die "Person y.", wenn du dann höchst aufmerksam bist und bleibst, dann geschieht ein Wunder - und auch Deine liebe Mitspielerin gewinnt dabei enorm an Erkenntnis und Selbsterinnerung an ihre wahre Natur. Wenn es dir mit ihr gelingt, ganz in Deiner Mitte zu sein, dann schläft der Buddha nie mehr ein! :-) Sport frei

Hast Du eine Botschaft an die Menschen?

M. Unser ganzes Leben ist eine Reflexion von uns selbst. Alles, was uns widerfährt, spiegelt uns selbst wieder. Jeder ist die Ursache für das, was ihm widerfährt. Wer die ganze Verantwortung für alles in seinem Leben übernimmt, der ist frei. Frei, sein Leben bewusst zu gestalten, jederzeit ein neues Leben zu beginnen und zu erschaffen und frei, Unerwünschtes zu verändern. Frei, sein Leben wirklich zu leben, echt ehrlich authentisch. Jeder Mensch ist ein Zauberer, aber die meisten Menschen haben das, haben sich selbst vergessen. Auch ein unerfülltes Leben ist selbst gemacht. Deshalb, meine Botschaft: Wach auf, erinnere Dich und Lebe Dein Leben, bewusst und frei.

Bist du krankenversichert? Nein, meine „Religion“ verbietet das.

Wie heißt deine Religion? Sie hat viele Namen: Selbstverantwortung. Bewusstsein. Selbstwert. Liebe zum Leben in der höchsten und besten Form. Und, ewige Jugend, grenzenlose Lebensspanne

ML: liebe Brigitte, danke für deine Zeilen. Du sagst: Es sind beides Gefängnisse mit Gefangenen, auf die ich mich gestern eingelassen habe...und ich frage mich und Dich, wo ist dabei mein Gefängnis, dass ich die Schönheit meiner gestrigen Fülle und Freiheit nicht bewahren konnte!?!

Ich sehe "DEIN" Gefängnis nicht, Brigitte, vielleicht, weil keins da ist. Du hast Dich bewusst in Freiheit darauf eingelassen, auf die Grenzen zu schauen, die andere sich erschaffen und du hast dir erlaubt zu fühlen, wie es sich anfühlt, jetzt weißt du es und jetzt kannst Du von Deiner Freiheit wieder Gebrauch machen und deine Aufmerksamkeit den Dingen schenken, die schön sind. Wir können die Rosenblüten bewundern oder die Dornen zählen, beides befindet sich an der gleichen Rose.

Unsterblichkeit

Lieber Marco, habe gerade Harry Potter 7 wieder rausgekramt. Da geht es auch um Unsterblichkeit und die Zusammenhänge von Macht, Magie und Liebe, geniales Buch! Was ist für physische Unsterblichkeit JETZT Voraussetzung? Bitte vervollständige meine Liste. - totales freies Fließen im Jetzt (aber will man dann noch physisch unsterblich werden?) - also zunächst die Absicht, es sein zu wollen - loslassen aller Glaubenssätze, die auf Begrenzung beruhen - einen stabilen, gesunden und durchlässigen Körper (gereinigt, basisch, widerstandslos). Da fällt der „Capuzienoh" wohl eine Weile weg... Wie erkläre ich das meinen Zellen? Mutter hat bis zu ihrem phys. Tod dran gearbeitet, aber sie sagte, die Energie sei noch zu dicht.... Das Kollektivbewusstsein hatte noch zuviel Wirkung. Oder gibt es einen anderen Weg? Andrea

M.L. Deine Aufgabe ist es, DEIN BEWUSSTSEIN auszurichten auf das Stimmige, das Kollektivbewusstsein wird erhöht, weil Individuen, wie Du, erwacht leben! Der zu sein, der wir sind, bedeutet, immer zur richtigen Zeit am richtigen Ort zu sein, das HIER und JETZT ist das Klima für Wunder :-) Und in ein paar Wochen im Seminar zeige ich Dir, was es mit der

Verwirklichung der ewigen Jugend auf sich hat - Indianerehrenwort! PS. Ich habe eine sehr wichtige Information (nur für Unsterbliche wie Dich), wenn Du willst, schicke ich sie dir! Ich glaube, Du hast schon lange darauf gewartet :-)) Und hier noch zu Deinen Fragen:

1. der cappuzino bleibt dir erhalten
2. die Entscheidung für ein VOLLES LEBEN ohne „Auswechselbank", weil es Freude macht, spielt man immer weiter in unendlicher Kreativität
3. Todesprogrammierung entfernen durch geistige Desinfektion (machen wir im Seminar)
4. lebensbejahende Lebensweise in jeder Hinsicht
5. bewusste Stille :-)
6. unsterbliche Freunde :-)

Heute lachst du über gestern, morgen über heute, also lach doch gleich :-))

Wer ist Marco Leonardo und was befähigt ihn zu lehren?

Liebe sagt mir, ich bin alles und Weisheit sagt mir, ich bin Nichts. Ich bin alles, was du bist und alles, was du leugnest zu sein. Ich bin ein Goldsucher und - Finder. In jedem von uns liegt ein großer Schatz, und ich erinnere gern an diesen inneren Reichtum, der in dir, der in jedem steckt. Und ich zeige denen, die wollen, wie man diesen Schatz aus dem Verborgenen ans Licht bringt. Am liebsten bin ich ein Brandstifter, der Feuer legt an den Überzeugungen, die die Menschen daran hindern, ihre Grenzenlosigkeit zu erkennen. Es gibt keine Lehre und ich bin kein Lehrer, wohl aber ein Ent-Leerer. „Wenn du alles von dir wegtust, was nicht Gott ist, dann bleibt nur noch Gott übrig." Wenn du das Wort Gott nicht magst, dann eben: „Wenn du alles von dir weg tust, WAS DU NICHT BIST, dann bleibst nur noch DU übrig." Du kannst mich einen Räuber und Dieb nennen, denn ich nehme, wenn man mich fragt, gern begrenzende Vorstellungen weg, das, was du nicht bist, so dass nur die Wirklichkeit – dein wahres Sein - übrig bleibt.

Kann ich mich irgendwo über die Seriosität erkundigen?

Wo immer du willst. Sagen kann es dir aber letztendlich nur dein Herz.

Welche religiösen/ideologischen Ansichten tauchen in der Ausbildung auf?

Bewusstsein und Liebe, Erkenntnis und Selbsterkenntnis befreien uns von Grenzen, egal, ob diese Grenzen durch Ideologien oder eine clevere Priesterschaft hervorgerufen werden. Es geht darum, Klarheit zu finden und frei zu sein. Liebe und Bewusstsein bringen diese Klarheit.

Kann ein Lernerfolg garantiert werden, oder kann es auch passieren, dass ich genauso dumm aus dem Seminar rausgehe, wie ich reingegangen bin?

In diesem Seminar geht es nicht darum etwas zu lernen, das Wesentliche ist, sich zu erinnern. Erinnern an sich selbst, an die innere WEISHEIT. Es geht weniger um Wissen und Information (das auch), wichtig sind hier vor allem Erkennen, Verstehen, Sein. Aus diesem Bewusstsein heraus Klarheit finden. Niemand, niemand verlässt dieses Seminar so, wie sie/er es betreten hat. Wir machen nicht nur Schritte, sondern einen Sprung: in ein neues Leben, ein Leben voller Bewusstsein.

Mir erscheint der Punkt „Loslassen von Belastungen“ nicht in dieser Zeit zu bewältigen zu sein. Andere brauchen dafür eine psychotherapeutische Betreuung über Jahre. Kannst du mir das erklären?

Loslassen mag als Prozess erscheinen, geschieht aber letztendlich in einem Augenblick. Es ist die Freiheit des Menschen, ein Spiel, das wir mit uns selbst spielen. Es heißt: Selbstvergessenheit und Selbsterinnerung. Es ist eine Frage des Bewusstseins und die Entscheidung, in welchem Bewusstsein, als wer ich leben will. Als Ego oder als ich selbst. Wirklich nur eine Frage der Identifikation. Wer bin ich jetzt? Wieder „eingeschlafen“, lebe ich als Persönlichkeit, als Verstand, als Gemüt? Oder bin ich bei Bewusstsein, ganz still und wach, hier und jetzt? Das ist nicht zu vergleichen mit Psychotherapie, denn die dauert ewig und findet auf der Ebene der Illusion des Ich`s statt. Es geht wirklich ums Aufwachen.
Selbstverwirklichung ist ein irreführendes Wort. Das Selbst, Dein wahres Wesen, ist längst verwirklicht. Es ist nur so, dass die meisten Menschen glauben oder besser „träumen“ ein „Ich“ zu sein. Dieses Ich ist unwirklich. Was passiert mit der Dunkelheit, wenn das Licht angeschaltet wird? Was passiert mit dem Traum, wenn du aufwachst? Das Gleiche passiert mit dem Ich, dem Ego. Die Illusion verschwindet und die Wirklichkeit strahlt sonnenklar. Bist du bereit für das größte Abenteuer aller Zeiten?

Lebe Dein Leben – Teil II

Den ersten Teil des Lebe Dein Leben Seminars hast Du jetzt schon absolviert, du hast dieses Buch gelesen. Der zweite Teil ist die Praxis, die Umsetzung. Nachfolgend findest Du Erfahrungsberichte von Teilnehmern der Seminare. Und, wenn Du willst, informiere Dich über Termine für Live Seminare oder das komplette Heimstudium unter www.lebedeinleben.de.

Engel gesucht für die Verwirklichung einer großen Vision:

Es gibt verschiedene freie Stellen für „Engel" in unserem Team. Wenn Du in Resonanz bist mit dem, was in diesem Buch geschrieben steht, dann schreib mir – vielleicht gibt es eine erleuchtete Form der Zusammenarbeit bei der Verwirklichung einer Vision für ein märchenhaftes Leben auf dieser Erde.

„Engel" in menschlicher Form gesucht für

- **den Aufbau von Lebensschulen für Kinder und Jugendliche**
- **Organisation Management für nationale und internationale Projekte**
- **PR Projekte, Herausgabe eines Magazins**
- **journalistische Arbeit und gemeinsame Publikationen**
- **graphische Arbeiten, Gestaltung online- und Printprojekte**
- **Internetprojekte, Webdesign,**
- **Übersetzungen**

Wer kann und will helfen?

1) mit Kontakten zu Journalisten oder Redakteuren, die über die Lebensschule für Kinder berichten würden?

2) Wer will in der Lebensschule Dessau mitarbeiten (mit Kindern und allg. Organisation)?

3) Wer hat Erfahrung mit Seminarorganisation? Oder wer will Seminare organisieren und sich so einen Teil oder die ganze Ausbildung finanzieren? Oder wer will Seminarteilnehmer werben (gilt auch für Österreich und Schweiz)?

4) PresseArtikel vor Ort: Wer will sich dafür einsetzen, dass ein Artikel über die Lebensschule für Kinder in der Tagespresse erscheint? Einfach durch tel. Kontaktaufnahme mit der Lokalredaktion der Tages-/Wochenzeitung.

5) Wer hat viele Kontakte, auch (e mail Verteiler)

Ist dieses Buch ein geeignetes Geschenk?

Was wir ehrlichen Herzens verschenken, ohne etwas dafür zu erwarten, das ist wie eine Saat des Glücks. Meine Erfahrung ist: Wer anderen hilft zu erwachen, wer andere dabei unterstützt, das zu erreichen, was ihnen am Herzen liegt, der kann sich vom Leben jeden Wunsch erfüllen lassen.

Blumen blühen und Vögel singen ihr Lied. Aber wie viele Menschen singen ihr eigenes Lied, wie viele tanzen ihren eigenen Tanz? Wie viele Menschen lassen ihre Seele erblühen?

Wie viele Menschen kennst Du, die ihr Leben wirklich leben? Und, wem wünschst Du das? Welchen Menschen wünschst Du, dass Sie ihr Leben leben, dass sie ihre Bestimmung erkennen und verwirklichen, dass sie glücklich sind? Wenn dieses Buch Dich an Deine Wahrheit erinnert hat, wenn es Dir Mut gemacht hat, innere Grenzen infrage zu stellen und zu überschreiten, um noch mehr Deinem Herzen zu folgen, dann verschenke dieses Buch weiter an Freunde und diejenigen, die darauf warten und vielleicht auch nur ein „Weckerklingeln" brauchen, um zu sich selbst zu erwachen und um dann ihre Vision im Leben viel leichter und mit mehr Freude verwirklichen zu können. Egal, wie Du Dich entscheidest, alles im Leben kommt vielfach zu Dir zurück. Erwarte Wunder und Du erlebst sie! Sonderpreis/Staffelpreise:
3-5 Bücher = 20%, 6-10 Bücher 30%, ab 11 Bücher 40% Rabatt.

Danke, dass Du dieses Buch erworben hast. Mit dem Kauf unterstützt Du auch die Verwirklichung meiner Vision für ein freies Leben in einer freien und natürlichen Welt. Es ist mir seit langer Zeit eine große Freude, andere Individuen sowie Kinder und Jugendliche an ihre wahre Natur zu erinnern und so einen Beitrag zu leisten dafür, dass immer mehr Menschen in Liebe wachsen, erwachen und ihre Wesen, ihre Seelen wirklich erblühen. Wir leben im Zeitalter der Erleuchtung. Möge jeder sich für ein Leben in der höchsten und besten Form entscheiden. So sei es.

Einzelberatungen mit Marco Leonardo

Befreit Leben ist das Ziel – Deins auch?

Meine Beratungen haben wie meine Seminare das Ziel, Menschen dabei zu unterstützen, sich von all den Dingen zu befreien, die sie begrenzen, binden oder festhalten. Und zu erkennen, dass man sein Leben in jedem Augenblick ändern und neu gestalten kann. Schon oft habe ich Menschen und Tieren helfen dürfen und können, „Befreiung" zu erfahren. So ähnlich wie in der folgenden Geschichte, die mein Herz sehr berührt hat. Der Buckelwal - eine wahre Geschichte. Im San Francisco Chronicle stand vor ein paar Jahren ein Artikel über einen Buckelwal, der in einem Spinnennetz von Krabbenfallen und Fischernetzen gefangen war. Der Wal wurde von den schweren Fallen nach unten gedrückt, während er darum kämpfte, an der Wasseroberfläche zu bleiben. Er war vollkommen gefangen und gefesselt von hunderten Metern Seilen, die sich um die Schwanzflosse, durch das Maul und um den ganzen Körper gelegt haben. Ein Fischer sah den Wal östlich Farralone Island (Nähe der Golden Gate Bridge) und bat telefonisch eine Umweltgruppe um Hilfe. Nach kurzer Zeit erreichte die Rettungsmannschaft den Wal und sie kamen zu dem Entschluss, dass die einzige Möglichkeit den Wal zu retten darin bestand, zu tauchen und ihn zu entfesseln – eine sehr gefährliche Situation. Würde der Wal auch nur einmal mit der Schwanzflosse schlagen, könnte das einen Taucher töten. Die Rettungstaucher arbeiteten mehrere Stunden und letztendlich befreiten sie den Wal, in dem sie die Seile durchschnitten. Die Taucher sagten: „ Als der Wal frei war, schwamm er, wie es schien sehr glücklich, einen Kreis." Dann kam er zurück zu jedem einzelnen Taucher, einer nach dem anderen, und schubste sie ganz vorsichtig umher – und dankte ihnen. Einige Taucher sagten, das war die unglaublichste und wunderbarste Erfahrung ihres Lebens. Der Taucher, der das Seil im Maul des Wales durchschnitt, sagte, „Ihre Augen folgten jeder seiner Bewegungen." Der Taucher meinte danach, er wird nie wieder der Gleiche sein nach dieser Erfahrung.

Ich wünsche Dir und allen, die Du liebst, dass Du so gesegnet und glücklich bist, von wirklichen Freunden umgeben zu sein. Menschen, die Dir helfen, befreit zu leben, Freunde, die Dich immer begleiten. Und die Freude zu wissen, was es bedeutet, Dankbarkeit zu zeigen und zu empfangen. Das

Leben hat mich reich beschenkt und so gebe ich dankbar weiter, was ich empfangen habe – auch in Einzelberatungen. Lebensberatung bedeutet für mich auch, den anderen an seine grenzenlosen Möglichkeiten zu erinnern und Wege aufzuzeigen, seine Ziele zu erreichen. Wichtige Ziele sind: Gesundheit, eine erfüllende Partnerschaft, Erfolg, einen Beruf, der Freude macht und Berufung ist, Klarheit, Lebensfreude, ein Leben in der Leichtigkeit des Seins ... Was immer Dich zu mir führt, ich nehme mir Zeit und verspreche Dir, dass sich Dein Leben zu ändern beginnt, wenn Du das wirklich willst. Es ist Dein Leben. Sorge dafür, dass es ein märchenhaftes Leben ist, dass Dein Leben ein immerwährendes Fest ist und bleibt. Denn darum sind wir "hier". Um zu leben, zu lieben, zu lachen. Um glücklich zu sein. Gern unterstütze ich Dich dabei, so wie ich in den letzten 15 Jahren viele Menschen in meinen Beratungen und Seminaren unterstützt habe, Probleme zu lösen, Wünsche zu erfüllen, Klarheit zu finden und Lebensziele sicher zu erreichen. Egal was war, die Vergangenheit ist vorbei und wenn man bereit, ist, das Alte loszulassen, dann ist man frei. Frei für das Neue. Bist Du bereit für den Neubeginn Deines Lebens? Egal, in welcher Situation Du Dich befindest, eine Lösung gibt es immer, man muss das Problem nur als das Erkennen, was es in Wirklichkeit ist. Das Problem ist die Verpackung. Der Inhalt ist ein Geschenk. Wenn wir die Verpackung öffnen, wartet eine Erkenntnis auf uns, eine Erkenntnis, die uns noch freier macht. Wenn Du willst, nimm meine rechte Hand und sag Ja zur Verwirklichung Deiner Vision und allem, was Dir am Herzen liegt – jetzt. Glaub mir kein Wort, aber probiere es aus. Ruf mich an und vereinbare einen Termin. Die ersten 5 Minuten des Gesprächs sind für Dich kostenlos – Du kannst also nur gewinnen. Luminous Life, *marco*
(Tel. 0340-6612460, Termine nach Vereinbarung)

Marco Leonardo hat selbst erfahren, was er lehrt. In einer beispielhaften Karriere baute er eine Firma mit 150 Mitarbeitern auf, die sehr erfolgreich lief. Eines Tages wurde ihm bewusst, dass ihn diese Tätigkeit nicht mehr erfüllt. Er entschied sich für einen neuen Weg, verkaufte die Firma und ging auf Weltreise, auf der Suche nach der Wahrheit und nach sich selbst. Die Reise führte ihn durch Amerika, Kanada, Australien und Neuseeland. Er war viel mit sich allein, hielt sich in der Natur und in der Stille auf. In einer Meditation während seines Aufenthaltes in Neuseeland hatte er schließlich das Erlebnis, bei sich selbst angekommen zu sein. „Mein ewiges Suchen hatte ein Ende gefunden". Mit diesem Gefühl konnte er an jedem Ort der Welt zu Hause sein und es war diese Erkenntnis, die ihn bereichert nach Hause zurückkehren ließ. Zurück in Deutschland begann er, als Unternehmensberater und Motivationstrainer in Beratungen und Seminaren seine gewonnenen Einsichten über ganzheitlichen Erfolg und wahre Erfüllung weiterzugeben. „Wenn wir lernen, unsere Ziele in Harmonie mit geistigen Gesetzen zu fassen, wird daraus ein ganz neues Unternehmertum erwachsen." so Marco Leonardo. Die individuelle Förderung von Kindern und Jugendlichen während der Schulzeit liegt ihm besonders am Herzen. So wurde die Idee der Lebensschulen geboren, die die Kinder darin unterstützen will, ihre individuelle Lebensvision erfolgreich zu verwirklichen. „Die Lebensschule hat es sich zur Aufgabe gemacht, das verborgene Potenzial, das das Leben als inneren Schatz in uns hineingelegt hat, zu fördern und ans Licht zu bringen, das ist meine Vision."

Nach dem erfolgreichen Start in Dessau folgen seinem Beispiel Menschen in Gießen, München, und in der Nähe von Berlin. Jetzt verwirklicht er seine Vision von Lebens-Schulen für Kinder und sucht Gleichgesinnte unter Eltern und Lehrern, die ihren Kindern ebenfalls ermöglichen wollen, wirklich für das Leben zu lernen und so ihre individuelle Lebensvision erfolgreich zu verwirklichen. Marco Leonardo bietet seit über 15 Jahren „Lebe Dein Leben" Seminare und Ausbildungen für Lebenslehrer zum Aufbau einer eigenen Lebensschule für Kinder und Jugendliche an. Seit 2 Jahren gibt es auch das Ewige Jugend Seminar für Menschen, die ein laaanges Leben lieben und wollen. Ganz besonders setzt er sich dafür ein, dass Kinder u. Jugendliche bereits in und trotz der Schulzeit die Chance einer individuellen Förderung bekommen.

Lebe Dein Leben - Seminar als Heimstudium

Dieses Seminar (Lebe Dein Leben sowie die Ausbildung zum Lebenslehrer) ist jetzt auch als Heimstudium erhältlich. Bequem zu Hause mit freier Zeiteinteilung!

Deine eigene Weisheit entdecken und Dich selbst erkennen

In den Unterlagen stelle ich Dir viele Fragen, damit Du DEINE EIGENEN ANTWORTEN findest. Alles, was man auf diese Weise erkennt, vergisst man nicht wieder. Und wenn man sich selbst erkennt, dann vergisst man sich selbst nicht wieder. Das ist das wichtigste Ziel auch im Seminar. Der Seminarablauf:

Selbsterkenntnisse sammeln beim Studieren von Teil I der Unterlagen und Anwenden der Begleit CD

Anhören des Seminar Live Mitschnittes (Audio DVD) ca. 24 Std.

Teil II der Unterlagen

Anschließend Terminvereinbarung für ausführliches Telefonat oder ein persönliches Gespräch, um die Verwirklichung Deiner Ziele und Deiner individuellen Vision oder des Projektes, das Dir am Herzen liegt (z. Bsp. Lebensschule), zu besprechen (ca. 1-1,5 Std.). Dabei ist es wichtig, sich auf dieses Gespräch gut vorzubereiten. Je klarer Deine Fragen sind, desto besser.

Natürlich unterstütze ich Dich auch nach dem Seminar, manche Fragen zeigen sich erst, wenn man mit der Zielverwirklichung oder dem Projekt beginnt. Außerdem kannst Du kostenlos an einem Lebe Dein Leben Live Seminar teilnehmen, wenn du dich für das Heimstudium entscheidest.

Erfahrungsbericht Heimseminar

Lieber Marco! Recht herzlichen Dank für die Übersendung von Teil 1 , der DVD und Teil 2. Ich war ganz begeistert über den Titel "Neubeginn meines Lebens", da ich nun tatsächlich genau in der Phase bin, mein Leben (zum zweiten Mal) neu zu beginnen, und so gesehen passt das wunderbar gerade in diese Zeit! Das war optimales Timing! Es kommt ja immer alles zur richtigen Zeit, wenn es gerade passt. Für mich ist das sehr angenehm und stimmig, weil ich so immer die für den Moment gerade passende Lektüre geliefert bekomme, die mich in meiner momentanen Lebenssituation begleitet, wo ich sehr viel Bestätigung finde, da das meiste grundsätzlich mit meinen eigenen Auffassungen und mit meinem eigenen Weg übereinstimmt, ich auf ein paar neue Facetten und Nuancen stoße und so ein paar neue Blickwinkel zum Anschauen bekomme, ein paar Stichworte fallen, von denen ausgehend ich meine eigenen Überlegungen weiterführen kann und ein paar Knackpunkte erkennen darf, auf die ich vielleicht alleine nicht oder nicht so schnell gekommen wäre, zu Themen, wo ich schon lange festgesteckt und nicht weitergekommen bin, die mir nun auf die Sprünge helfen und mich meinen Weg einen Schritt weiter gehen lassen. Ich DANKE Dir recht herzlich für Deine Begleitung auf meinem Weg in mein neues Leben! Danke auch für deine Wünsche für ein märchenhaftes Leben, denn genauso stelle ich es mir vor und ist es bereits schon zum Teil und beginnt es nun immer mehr zu werden: MÄRCHENHAFT!!! Du hast das richtige Wort getroffen! Das war jetzt dein Verdienst! Schön, dass du so gut mitfühlen und spüren kannst! Ich wünsche Dir ebenfalls alles, was du dir wünschst. Aber du hast es vermutlich ja schon bereits. In tiefer Dankbarkeit, Sabine

Das Lebe Dein Leben Seminar besteht aus zwei Modulen und hat insgesamt einen Umfang von 10 Seminartagen. Natürlich kann man sich beim Heimstudium auch 10 Wochen Zeit lassen. Beim Live Seminar gibt es übrigens auch eine schriftliche Vorbereitung vor dem Seminar.

Seminaranmeldungen und Bestellungen:

Marco Leonardo Trainings
Heinz Röttger Str.1 06846 Dessau
Tel 0340 6612460 lebensschule@gmx.de

www.lebedeinleben.de
www.marcoleonardo.com
www.ewige-jugend.de

Erfahrungsberichte von Seminarteilnehmern (Live-Seminar und Heimstudium)

Lebe Dein Leben und Ausbildung zum Lebenslehrer sowie Ewige Jugend Seminar mit Marco Leonardo

Durch diese Erfahrung bin ich auf dem Weg zu mir selbst. Ich habe mein wahres Selbst gespürt und das ist für mich ein großes Geschenk. Zu dem habe ich noch nie einen Menschen getroffen, der seine Berufung so sehr fühlt und lebt wie Du, Marco! Danke, Susi, Künstlerin, Dessau

Ich bin angekommen, bin frei, um zu sein. Danke Marco für Dein Sein und für den Raum, den du erschaffst, in welchem man sich selbst begegnet. Mit viel Leichtigkeit, Ruhe und Liebe bist du einfach der, der du bist. Dieses Seminar ist ein Geschenk. Monika aus München

Das Seminar "Lebe Dein Leben" hat mich persönlich geöffnet für die Klarheit der Lebensumstände, in denen ich gerade lebe. Dadurch kann ich für meinen weiteren Lebensweg die nächsten Schritte leichter in Bewegung bringen. Welches Seminar ich auch vorher besucht habe oder welches Buch ich gelesen habe – dieses Seminar ist Transformation. Ich möchte mein herzliches Dankeschön dem Menschen aussprechen, der jene ausgesprochenen Worte authentisch verinnerlicht hat. Danke für dieses Geschenk, lieber Marco. Großartige Worte von einem außergewöhnlichen Menschen. Astrid, Künstlerin aus München

Thank you for everything, you have brought a light into my heart. (Danke für alles, du hast ein Licht in mein Herz gebracht.) Julia aus England

Meine Eindrücke bei dem schönsten Seminar meines Lebens: Das Seminar heißt: Lebe D e i n Leben. Für mich war das Seminar ein Aufwachen aus einem Trauma. Bisher wurde ich gelebt. Ich habe andere geliebt, für andere gearbeitet, für andere gelebt, für mich nie Zeit gehabt. Ängste und Zweifel plagten mich oft, obwohl ich vom Naturell her ein fröhlicher Mensch bin. Mein Leben lief nicht so, wie ich es mir aus tiefsten Herzen ersehnt hatte. Tieftraurig, aber beseelt von dem Gedanken, auch zu meinem Leben zu finden und viel zu lernen über mich, fuhr ich nach Dessau. Hier bei Marco habe ich gelernt, dass es so was wie "Bewusstsein" gibt, und dass es jeder Mensch stark steigern und gesteigertes Bewusstsein trainieren kann. Ich habe Worte wie Präsenz kennen gelernt. Ich wurde angeregt, meinen Weg zur Verwirklichung zu finden. Marco fragte mich, was ich am liebsten machen würde. Wohin ich gerne reisen würde. So entwickelte sich eine neue berufliche Entwicklung für mich. Die wichtigste Erkenntnis war, dass alles, was ich von Marco gelernt habe, anwendungsbereites Wissen ist und ich das sofort zu Hause alles ausprobiert habe und das Ergebnis ist überall positiv. Marco, ich habe mich selbst erkannt, ich bin ich selbst, ich werde mein Leben leben und meine Visionen verwirklichen. Ich bin neugierig auf mein neues Leben und danke Dir dafür. Ich empfehle dieses Seminar J E D E M und ich werde allen Bekannten erzählen, dass sie mit diesem Wissen glücklicher sein werden. Nachdem meine „Parasiten" aus dem Gehirn (Verstand) getrieben wurden, kann ich wieder lachen. Ich lebe bewusst, wie noch nie in meinem Leben. Partner von Telefongesprächen sagen: "Hanne was ist los, Du hörst Dich verdammt gut an." Stille und Meditation ist für mich ein Bedürfnis geworden. Ich hätte nicht gedacht, dass ich solange stillsitzen kann. Ein freundlicher Mensch war ich schon immer, aber noch nie so frei. Und mit meiner neuen Präsenz komme ich natürlich gut an. Ich habe viel bei dir gelernt Marco, sehr viel. Zu diesem vielen schönen Gelernten kommt natürlich dazu, dass Du eine Super-Ausstrahlung hast, dass mir Dein Wissen imponiert hat und ich es aufgesogen habe, wie ein Schwamm. Es ist ein Wissen, mit dem man die Lebensqualität menschlicher, liebenswerter gestalten kann. Dieses Wissen sollte jeder, noch mal, J E D E R Mensch sich aneignen. Das Allerbeste in dem Seminar warst Du. Hanne, Rentnerin aus Strausberg.

Danke, dass du mich erinnert hast, wer ich wirklich bin!!! Ich erinnere fast täglich Menschen daran, wer sie in Wirklichkeit sind. Mein Schatz wächst von Woche zu Woche und ich habe richtig Freude daran zu sehen, wie er immer größer und größer wird. Kerstin

Dieses Seminar ist für alle, die sich auf den Weg der Veränderung und Weiterentwicklung begeben ein großes Geschenk, das Geschenk immer mehr Klarheit zu erleben und den Mut zu haben all das loszulassen, was mich hindert, ich selbst zu sein. Antje aus Neustadt, Sachsen

Ich war bisher immer bei Hellsehern, die haben mir gesagt, so und so wird mein Leben. Aber Du Marco...alles war sehr echt, Du hast alles bei den Leuten gelassen, ob sie selbst sehen und erkennen wollen oder nicht, ob sie sich im Leben „ablenken" lassen oder nicht. Nichts, was DU anderen aufgedrückt hast. Das war sehr beeindruckend und kam sehr klar rüber. Wenn Menschen die Bereitschaft haben, wirklich zu finden, zu erkennen oder sich von was auch immer zu befreien, dann werden Sie das mit Hilfe Deines Seminars schaffen. Es ist einfach toll gewesen. Ronald, Holland

Wenn man zu viele Umwege macht, braucht man einen sicheren Wegweiser, der einen auf diesen Weg zurückweist, an seine schlummernde eigene Wahrheit erinnert. Das Seminar ist für mich eine solche Erinnerung und Bekräftigung. Ich werde nun anfangen, meine Berufung in mir selbst zu finden, in meinem augenblicklichen Sein, nicht mehr in äußeren Umständen. Das bedeutet, Zustände des Echtseins, des Mich-

Selbst-Annehmens, wie ich sie viele Male erlebt habe, nicht mehr als Teilziel in ausgesuchtem Rahmen gelten zu lassen, sondern zum Hauptziel zu machen. Dabei ist es für mich wichtig, mich in manchen Situationen daran zu erinnern, dass dies eigentlich aller Menschen Ziel ist, wenn auch viele noch nicht bereit dazu sind. Denn solches Unwissen, oder auch Unwollen, erlebe ich in diesen Momenten als Widerstand, als Festhalten oder Nicht - Mitmachen - Kinder sind jedoch immer bereit, und auch meine Nase sagt mir, dass meine Berufung in der Arbeit mit Kindern liegt. Prinzipiell bin ich überall Lebenslehrer: Auf der Straße, zu Hause.... In drei Jahren will ich an einer freien Schule arbeiten. Deshalb setzte ich mein Studium nebenbei fort. Berufen zu lehren bin ich jedoch schon jetzt und ich werde im nächsten halben Jahr nach Räumen suchen, wo ich geben kann; Menschen, die mich brauchen. Florian aus München

Noch einmal ganz herzlichen Dank für das ganz besondere Seminar. Ich konnte vieles mitnehmen und das Erstaunliche ist, nicht nur eine vorübergehende Euphorie, sondern etwas Bleibendes ist entstanden. Vor ein paar Jahren habe ich schon einmal einige Seminare besucht (3 bei Jürgen Höller und 2 bei Herrn Enkelmann). Nur leider war nach diesen Seminaren, die nicht mal einen Tag dauerten, die Motivation schnell vorbei. Diese 5 Tage bei Dir in Dessau waren für mich sehr intensiv und der bleibende Kontakt zu Dir ist für mich sehr wichtig. Danke, dass Du Dir die Zeit nimmst. Mein Leben wird sich sehr zum Positiven verändern. Mein Kopf ist klar wie noch nie und ich habe großartige Ideen. Gisela aus Kassel

Ich habe in diesen 5 Tagen mehr gelernt, als in den letzten Schuljahren. Ich habe mich selten so intensiv gespürt und noch nie war ich mir über meinen Weg im Klaren. Ich bin das erste Mal in meinem Leben daran erinnert worden, wie einfach es ist, das Leben so zu leben, wie man will. Kein „Psychologen-Gerede“ und dennoch sehr tiefgehend und weckend. Es war entspannend, lehrreich, und ich habe das Gefühl, als wenn mein „altes Leben“ sich auflöst und sich ein neues manifestiert (mein eigenes). VIELEN DANK! Andrej, Heiler aus Hamburg

Im Intensivierungsseminar bei Dir, Marco, spürte ich, wie viel positive Energie hinter dem Glauben zu sich selbst steckt bzw. welche Berge man in Bewegung setzen kann. Ich bin Dir und der Gruppe sehr dankbar. Susi

Ich habe nicht genau gewusst, was mich hier erwartet. Mein Gefühl war einfach, dass es richtig ist hierher zu kommen. Ich wollte mich erinnern und mir und meiner Ziele bewusst werden. Im Nachhinein, wenn ich auf die letzten Tage zurückblicke, erscheint mir alles ganz leicht und einfach. Vieles, was mir in letzter Zeit passiert ist, versteh ich jetzt und bin mir bewusst, dass ich schon auf meinen Weg bin. Ich konnte vieles aus meiner Vergangenheit los-lassen und fühle mich versöhnt. Für dieses Seminar, lieber Marco, vielen Dank! Es war/ist für mich erfüllend. Eliane aus Hamburg

Es ist ein großes Geschenk von Dir Marco. Ich habe mich gefunden und bin wieder ich! Lieber Marco, Du hast eine wunderbare Art der Vermittlung und ich danke Dir von Herzen. Anja

Das Seminar war für mich liebevoll. Alles enthalten, was ich mir gewünscht habe. Danke für Deine Liebe! "Alles in Liebe getan, kommt tausendfach zurück" Bärbel, M.

Die Teilnehmer erhalten ein Instrument, mit dem sie erkennen können, wer sie wirklich sind. Dieter, München

Es gibt kein besseres Gefühl, als bewusst zu sein. Dieses Seminar bringt jeden auf seinen Weg.

Noch Wochen nach dem Seminar bei Dir bin ich noch sehr glücklich, dass wir bei Dir waren. Auch wenn ich nun schon ungefähr drei Jahre auf dem Weg der bewussten Selbstfindung so dahin laufe, wurden mir gerade in der Woche mit Dir und des intensiven Ich-Seins im Jetzt sehr stark einige verborgene Ängste und Gründe für mein Verhalten bewusst, wo ich vorher nie dran gedacht habe. Du hast auf jeden Fall die Gabe, Menschen zu verwurzeln im Jetzt aufgrund Deiner unendlichen Ruhe, die Du ausstrahlst! Es kam alles so ungezwungen und eingegeben von Dir rüber und Du hast eine sehr angenehme Art, einem Vertrauen und die Freude an den kleinen und doch so großen Dingen des Lebens bewusst zu machen. Es hat sehr gut getan, so liebe Menschen kennen zu lernen und ich bin sehr dankbar, in Dir einen so guten Freund gefunden zu haben. Da ist einfach ein Gefühl von Äonen von Jahren Vertrautheit. Ich glaube, Deine Vision von der Lebensschule muss bei uns noch etwas reifen, aber die Liebe und die Achtung hierfür sind da und die Umsetzung ist nur eine Frage der Zeit..!! Wir freuen uns auf jeden Fall drauf!! Alex, Filmemacher und Künstler aus München.

Unmittelbar nach dem Seminar, wollte ich Dir noch keine Einschätzung und Veränderung meines inneren Wesens geben, weil ich es erst noch spüren und mit eigenen Augen sehen wollte. Aber jetzt, kann ich Dir einfach schreiben, dass ich eine Meisterin bin. Ende April hatten wir ein Mitarbeiterseminar. Dort berichtete ich offen und ehrlich über die Missstände der Einrichtung. Ich machte es auf eine Art, die nicht in einen Angriff überging. Die Mitarbeiter loben und schätzen mich. Ich glaube, früher wäre ich abgehoben, jetzt, stehe ich fest auf dem Boden und weiß, dass jeder und jede es auch könnte, wenn er oder sie an sich glaubt und genau das gebe ich weiter. Überall bekomme ich Komplimente, dass ich so bewusst und klar handle. Meine

Kolleginnen wollen mich überhaupt nicht mehr loslassen. Ich sehe plötzlich so viel und vertraue der inneren Stimme. Ich spreche es aus! Meiner Kollegin, die sich ständig verzettelt, sagte ich nur ein paar Worte. Jetzt bedankt sie sich ständig und sagt, dass diese Worte so tief gingen und plötzlich fühlt sie sich ganz anders. In unserem dreier manchmal auch vierer Büro, sagen meine Kollegen und Kolleginnen, dass, wenn ich mit den Jugendlichen rede, sie ihre Arbeit einstellen müssen, weil es so interessant wird. Die Jugendlichen kann ich sehr gut begleiten. Sie schätzen mich und ich liebe sie von ganzem Herzen. Beruflich gesehen liegt mir die Arbeit mit den Jugendlichen sehr gut. Ich glaube aber, dass ich in der Einrichtung erst mal mit Veränderungen kürzer treten muss. Deshalb möchte ich halbtags Arbeiten und dann andere Projekte mit Jgl. aufbauen. Das Einzige, was mich zur Zeit bewegt, ist, dass meine Kolleginnen sich selbständig machen wollen. Sie versuchen mich einzubinden, weil sie spüren, dass ich viel Klarheit mitbringe. Ich glaube nur, dass es gut wäre alleine anzufangen, um genau das machen zu können, was mir so vorschwebt. Da muss ich noch hinspüren und eine Entscheidung treffen. Lieber Marco, ich danke Dir von ganzem Herzen für die Tage in Dessau, weil ich ein ganz anderer Mensch geworden bin. Ich werde Deine Stimme und Deine Geschichten in meinem Herzen tragen und sie an andere Menschen weitergeben, dass sie ihre göttliche Natur leben können und auch Meister und Meisterinnen ihres Lebens werden. Daniela aus Erlangen

Bewusstsein ist meine Natur. Lieber Marco, bin gut wieder angekommen in Magdeburg und habe auch die ersten Tage im neuen Bewusstsein gemeistert. Als mein Beobachter erkenne ich ein chaotisches Durcheinander, worin ich bisher lebte. Dank Deines Seminars weiß ich jetzt den Weg zu gehen, der sich „mein Leben" nennt. Ich bin erleichtert, blicke froh und zuversichtlich in die Zukunft, in meine Zukunft. Es hat mich schon sehr überwältigt, mich an mich selbst zu erinnern, plötzlich wieder zu wissen, wer ich bin, mich wieder zu fühlen und zu wissen, ich darf so sein. Ich habe innerlich schon lange gespürt, dass ich so nicht richtig bin, habe ich mich verbogen, angepasst, versteckt ... und dabei geweint, gekämpft, gelitten... gesucht und endlich gefunden. Es ist, als ob mich alles zu Dir, zu Deinem Seminar geführt hat, dass all die Jahre, alle Energie nicht vergebens waren, sondern schon mein Weg zum Seminar, zu mir selbst. Ich wusste einfach, da muss ich hin. Mein Partner war skeptisch und warnte mich, ich solle mich bloß nicht hypnotisieren lassen. Nein, hypnotisiert hast Du mich nicht, Du hast mich aus meiner Hypnose befreit, endlich!! Ich bin Deinem Weckruf gefolgt und wieder aufgewacht aus meinem Schlaf. Ich bin wach und ich werde alles daran setzen, nicht wieder einzuschlafen. Ich möchte Dir ganz doll danken für diese wunderbare Woche der Selbst-erinnerung. Dein Seminar war einfach in allem stimmig. Es war schon sehr aufwühlend, all meine Ängste und Zweifel an die Oberfläche zu holen, letzten Endes befreiend. Es war bisher die wichtigste Erfahrung in meinem „Erwachsenendasein" und hat mir eine Tür geöffnet, endlich mich zu leben. Jemand sagte einmal zu mir: „Angela, träum nicht Dein Leben, sondern lebe

Deinen Traum". Genau das werde ich ab jetzt machen. Es wird sicher nicht ganz leicht sein, den gewohnten Weg zu verlassen und auf unentdeckten Pfaden zu wandeln, aber mit dem Werkzeug, mit meinem Bewusstsein, werde ich es schaffen. Jetzt wo ich mich erinnert habe, möchte ich nie mehr zurück. Du hast mir geholfen, zurückzufinden zu meinem Ursprung. Es fühlt sich wahnsinnig gut an, so zu sein, wie ich wirklich bin. Ich bin Dir auch dankbar, dass Du mit Deinem Tun so vielen Menschen, Kindern wie Erwachsenen hilfst, Ihre Ursprünglichkeit wieder zu entdecken, ihr Leben glücklicher zu leben, damit zu mehr Bewusstheit, Zufriedenheit und Liebe auf unserer Erde beiträgst. Danke Angela aus Magdeburg, der erwachte Engel :-)

Lieber Marco, es gibt nur ganz wenige Momente in meinem Leben, an denen ich mich so in meiner Mitte gefühlt habe, wie in Deinem Seminar. Deine Worte und Geschichten haben mich im Innersten berührt. Die Ruhe, die Du ausstrahlst, ist eine Wohltat für Körper, Geist und Seele. In den fünf Tagen, die wir gemeinsam verbracht haben, bin ich meinem Selbst ein ganzes Stück näher gekommen. Seit dem Seminar habe ich ein natürliches Verlangen, mir meine Umwelt, meine Gedanken und Entscheidungen bewusst zu machen. Und dabei ist mir aufgefallen, bei wie vielen Gelegenheiten ich im wahrsten Sinne „bewusstlos" handelte. Auch ist mir klar geworden, dass ich nicht länger auf die Zukunft warten muss. Nein, meine Zukunft ist jetzt. Es gibt keinen Grund zu warten und es gibt keinen Grund auf mein authentisches Leben zu verzichten. Dass ich dabei meine Ängste überwinden und einen Preis festlegen muss, den ich für meine Freiheit bereit bin zu bezahlen, habe ich verstanden. Ich weiß, dass es nichts Heilenderes gibt, als SEIN LEBEN ZU LEBEN. Danke von Herzen. Alexander

Es ist absolut sinnvoll, die vorbereitenden Unterlagen schon ein paar Wochen früher zu bekommen, um nicht unter Zeitdruck zu kommen. Und nach dem Seminar ist schon so viel für mich passiert ... Du fragst, ob ich schon mit Gesang heile. - Ich hab mich ein paar Tage nach dem Seminar noch mal mit Florian getroffen. Als er näher nachfragte, wie ich mich auf das Singen vorbereite, ist mir klar geworden, dass ich längst mit Gesang heile - nämlich mich. Das war eine superwichtige Erkenntnis für mich und ist natürlich die erste Frucht deiner Arbeit gewesen. Kurz danach bekam ich von Hannelore das Angebot, dass sie mir eine Aufnahme in einem Tonstudio ermöglichen könnte, indem es besonders preiswert für mich wäre. Als ich Susann davon erzählte, bot sie sofort an, dieses Geld zu sponsern. Auch Charlotte wollte sich beteiligen. Da floss eine Liebe und Unterstützung, das war für mich sehr neu. Es rührte mich zu Tränen und zementierte nicht nur das Gefühl, dass es Menschen in meinem Leben gibt, die spontan bereit sind, mir zu helfen sondern auch den Glauben daran, dass mein Sosein mit dieser eigenen Art zu singen von manchen Menschen als wohltuend erlebt wird. Sogar so sehr, dass sie bereit wären, dafür Geld zu bezahlen.

Dieses Wissen nährt mich noch immer und das "Projekt" wächst seiner Reife entgegen. Ich trage die Gelassenheit, die Zuversicht, die Freude am Sein und die Liebe, die du in diesem Seminar ausgestrahlt hast und die sich auf uns übertragen hat, noch immer im Herzen. Ich brauche nur an die paar Tage der Gemeinsamkeit denken und die Kraft und Bewusstheit, die du in uns geweckt hast, ist sofort wieder da. Vielleicht fällt es mir deshalb so schwer, davon zu berichten, weil Worte nicht ausdrücken können, wie nährend dieses Zusammensein für mich war. Über Dinge, die mir heilig sind, rede ich nicht so gern. Und dieses Erlebnis ist mir heilig. Du hast es vermocht, eine Atmosphäre tiefster Annahme zu schaffen. Es war bei mir wie, wenn ein Stein ins Wasser geworfen wird. Die anschließenden Ereignisse sind wie die Kreise im Wasser, die dabei entstehen und die sich ausbreitende Energie verdeutlichen. Für Außenstehende mag das nach "Augen gen Himmel verleiern" klingen und sie werden vielleicht skeptisch und verdrehen die Augen. Gut, dass ich das nicht sehen muss, denn das würde mich verletzen. Für mich hast du den Boden bereitet, den ich schon so lange vermisst habe und ich kann endlich Wurzeln ausbilden, Halt finden und in den Himmel wachsen. Irgendwie kann ich nur in solchen Bildern von dem Seminar sprechen, von Grundgefühlen und Genährtworden sein. Ich hab mich so sauwohl und zu Hause in dieser Gruppe gefühlt, so erkannt und angenommen mit allem, was ich bin. Eigentlich kann ich eher von den Ereignissen sprechen, die sich danach für mich ergeben haben. Ich hatte mir ja vorgenommen, im April oder Mai umzuziehen. Das habe ich bisher immer noch nicht getan. Aber es geht wohl auch nicht darum, etwas unbedingt umzusetzen, bloß weil ich es auf einem Coaching beschlossen hatte, sondern zu begreifen, dass das Leben veränderbar und alles im Fluss ist. Im April wurde mir eine Fördermaßnahme vom JobCenter angeboten. Erst hab ich sehr mit mir gerungen, weil ich es als Bremse empfand, weiter in Berlin zu bleiben. Aber dann hab ich mich innerlich mit dem Geist des Seminars verbunden und wieder gewusst: die Welt ist für mich, wie ich sie sehe. Wenn ich Angst habe, dass diese Maßnahme mich bremst, dann wird es auch so sein. Wenn ich aber erwarte, dass ich immer die allerbesten Lebensbedingungen für mein Leben anziehe, dann ist mein Blick offen für die Chancen, die diese Herausforderung für mich beinhalten kann. Und mit diesem Spirit werde ich die Unterstützung, die ich jetzt benötige, auch bekommen. Und so war es auch. Auch meine finanzielle Situation hat sich etwas entspannt, so dass ich ein Seminar bei einem Menschen machen konnte, der Heilgesang unterrichtet, was mich meinem Ziel näher bringt. Ich habe es geschafft, mich von einer Liebesbeziehung zu trennen, die für mich nicht mehr nährend war. Ich bin dabei, meine ganz eigene Methode zu entwickeln, Menschen bei ihrem Wunsch nach Veränderung zu begleiten. Wahrscheinlich erfülle ich mir dabei noch einen Traum, weil dabei vielleicht ein Buch entsteht. Und noch wahrscheinlicher bin ich seit kurzem verliebt. - Mehr gibt's nicht zu berichten, lieber Marco. Aber mir reichts. Es ist tierisch was ins Rollen gekommen und ich bin immer noch voller Dankbarkeit, dass du mir die Teilnahme an deinem Seminar ermöglicht hast. Ich würde dich auch nach wie vor gerne in deiner Arbeit unterstützen wie auch immer. In der Hoffnung, dass es dir so gut wie mir geht, schicke ich Dir bei vollem Bewusstsein! von Herzen kommende Grüße! Judith aus Berlin

Wer bei Marco nach Rezepten und Programmen sucht, die den Verstand befriedigen, ist fehl am Platz. Marco spricht durch seinen eigenen hohen Bewusstseinsstand direkt dein Herzzentrum an. Wer bereit ist, sich wirklich für sein eigenes Potenzial zu öffnen, wird bei Marco einen klaren und kraftvollen Impuls bekommen, der nachhaltig den eigenen Prozess des Erwachens beschleunigt. Es geht einfach nur noch in eine Richtung, die Verwirklichung der eigenen Göttlichkeit - nicht mehr und nicht weniger. Klingt vielleicht abgehoben, ist aber so. Dieses Seminar mit Marco gönne ich jedem, der zu sich nach Hause kommen will. Marco ist ein guter Erinnerer und kann die wichtigen Dinge auf den Punkt bringen. Wir haben durch Marcos Seminar den Impuls bekommen, statt einem Ferienprojekt, eine Lebensschule in Italien aufzubauen. Jugendliche, die nach der Regelschule durchhängen, keinen Ausbildungs- oder Studienplatz haben und die bereit sind, sich auf ein echtes Abenteuer einzulassen, können hier 1 Jahr leben und arbeiten. In diesem "Selbstfindungsjahr" werden sie von verschiedenen Lebenslehrern begleitet und bekommen so die Möglichkeit, die eigenen Ziele zu entdecken und die eigene Schöpferkraft zu leben. Eine europäische Zukunftswerkstatt und Treffpunkt für Lebenslehrer. Wir entwickeln gerade das Konzept und die Baupläne. Nach dem Motto "Geld spielt keine Rolle " möge es gelingen zum Segen Aller. Ist doch wirklich ein guter Plan. Die Idee der Lebensschule hier wird immer konkreter. Wir denken, dass manche Dinge im Leben Zeit brauchen und ein Jahr Auslandsaufenthalt kann sicher für Jugendliche ein spannender und impulsgebender Entwicklungsprozess sein. Danke, Gina, Theaterpädagogin und Organisatorin von Projekten für Kinder & Jugendliche in München u. Italien

Mir ist aufgefallen, dass ich es bin, der die Ursache ist für all das, was mir widerfährt. Ich bin Ursache, daraus folgt, dass, wenn mein Leben mir nicht gefällt, ich allein es ändern muss (mich ändern muss). Und ich bin mir öfter bewusst, mache mir immer wieder klar, dass es Wichtigeres gibt, als den Kopf voller Pläne zu haben. Ich war sehr angetan von deiner ruhigen und vor allem unaufdringlichen Art. Da steckt wirklich schon eine ganze Menge sokratischer Weisheit drin, deinen Seminarteilnehmern nicht als überlegener Meister zu kommen, der alles weiß (und seine Schüler mit 1000 Fakten überfällt), sondern eher als stiller Zuhörer oder Berater, der durch geschicktes Hinterfragen die Wahrheiten aus seinen „Schülern“ herauskitzelt. Ein großes Kompliment!!! Sehr angenehm, Birgit stimmt da auch 200% zu. Und für uns…wir haben endlich wieder eine klare mittelfristige Lebensvision, die wir seit Verkauf unseres Segelbötchens etwas aus den Augen verloren haben. Aber jetzt geht es mit frischer Kraft weiter. Björn, Künstler aus Lübeck

Singen, tanzen, Lachen! JA Jetzt kann ich es. Vorher – wie vielleicht bei vielen. Ich will etwas, ich tu etwas – aber es klappt nicht, geht nicht. Ich hänge fest, total verwirrt. Selbst als ich merke, dass ich mir selbst im Wege stehe, hilft mir das auch nicht weiter: Weil ich nicht die richtigen Erklärungen und Worte sagen kann, beschreibe ich es mit einem Gleichnis: 1000 gleiche Häuser, gleiche Straßen ohne Hausnummern. Ich wohne in einem davon. Jetzt will ich heim, ich finde mein Haus nicht mehr. Fahre außen herum, mittendurch, von rechts nach links und links nach rechts. Klopfe überall an. Es lassen mich welche ein, nehmen mich auf, geben mir zu essen, lassen mich schlafen und beherbergen mich. Es geht mir gut. Doch nirgends bin ich zu Hause, weil ich mein Heim nicht finde. Dann lese ich einen Artikel über Marco Leonardo, trotzdem brauche ich über ein Jahr und einen Tritt in den Hintern vom Schicksal, weil ich einfach schon zum Irrläufer geworden war. Endlich im Seminar vom Marco: Ich kann es nicht erklären, denn meine Erfahrungen werden nicht Eure sein, so, wie Eure nicht meine sind. Geht selbst in sein Seminar und ihr werdet es erleben. Es heißt nicht umsonst „Lebe DEIN Leben“. Lieber Marco, so vieles könnte man sagen und doch würde es nichts sagen darüber, was ich für mich gesagt bekam. Was ich „gesehen“ und „gespürt“ habe, kann ich Dir und keinem anderen erklären, nur, dass ich reif dafür war. Danke, dass Du mir die Möglichkeit dazu gegeben hast. Regina, 49 Jahre, Austria

Du bist ein Mensch, in dessen Gegenwart man sich wohl fühlt, du hörst die sanften Worte der Seele flüstern und gibst das Werkzeug, bewusst zu sein. Danke für die wunderbaren Gespräche im Jetzt. Ulrike aus Chemnitz

Lieber Marco, ich danke Dir von ganzem Herzen, dass Du mir durch Dein Seminar die Möglichkeit gegeben hast, mich an mich, mein wahres Selbst und an meine Vision zu erinnern. Ich fühle, dass ich jetzt wach bin. Sollte es mir passieren, dass ich wieder mal “einschlafe“, so habe ich nun alles bei mir/ in mir, um mich selbst wieder zu erinnern. Ich bin auch der Gruppe sehe dankbar, die für meinen Prozess durch das Seminar sehr wichtig war. Herzlichen Dank, Wolfgang aus Köln

Ich habe erfahren können, was ich immer schon ahnte, wer ich wirklich bin. Ich begreife jetzt, warum ich mich nicht immer so behaglich gefühlt habe in meiner Haut, weil ich nicht meinem Wesen, meiner wahren Natur gefolgt bin. Ich danke für offene Weite und Erinnerungen. In tiefer Liebe für ein Wesen, was seine Aufgaben nicht vergessen hat - erinnern. Antonia aus Dresden

Ich bin schon ein gutes Stück auf dem Weg, mein Leben zu leben, gegangen. Durch deine faszinierende Ruhe und Gelassenheit, dein völliges Da-SEIN, haben sich in mir ganz viele Puzzelteile "ausgerichtet" und ließen sich dann ganz leicht zusammenstecken. Nun trage ich wunderbare Bilder in mir, die mich dabei unterstützen, mich jeden Moment daran erinnern zu können, dass ich frei bin, dass es ganz leicht ist, in meiner Mitte zu sein! Ich habe damit sehr viel Licht, Klarheit, Gelassenheit, Liebe und Schönheit in mein Leben eingeladen und es entfaltet sich vor meinen Augen! Ich sitze da, "tue nichts", und siehe, es wird Frühling :-). Eine Bestätigung und Ermutigung zu jedem nächsten Schritt im Jetzt! Ich danke dir aus ganz tiefem Herzen und teile diese Liebe zum LEBEN mit dir! Charlotte, die, die Quellen findet[:-) mein "Medizinname", bewahrheitet sich täglich neu! :-)]

Danke! Ich habe mich wieder daran erinnert, dass ich Bewusst-Sein bin und ich alles in meinem Leben tun kann, was ich als Vision habe. Dass alles ganz leicht gehen/fließen darf und ich auf meine Stimme höre, alle anderen puste ich einfach weg. Ich sehe viel klarer und habe den Mut, los/weiter zu gehen auf meinem Weg. Ich fühle intensiver, dass ich frei bin. Ich freue mich auf meinen Weg und vertraue darauf, dass ich ihn gehen werde. Janina aus Hamburg

Ich weiß gar nicht, wie ich das in Worten ausdrücken kann... einfach das zu tun, was ich für richtig halte und nicht das zu tun, was andere von einem erwarten... Das Seminar war insgesamt supertoll (du warst auch sehr beruhigend auf mich). Es ist schon erstaunlich, was man mit einfach nur Stille und Nicht_Tun erreichen kann. Es war einfach nur gut für mich, dich kennen gelernt zu haben. Juliane aus Eisleben.

Wenn diese letzten Minuten eben ein Zustand der Glückseligkeit waren, dann habe ich das eben erlebt. Ansonsten fehlen mir im Moment die Worte, wenn man die Tiefe, die Kraft, die Stärke dieses Seminars überhaupt in Worte fassen kann. Ich bete, dass mich diese „hier und jetzt" erlebte Kraft nie verlassen wird. In tiefer Verbundenheit, Michael aus Karlsruhe

Was ich schon immer in meinem Leben wusste, hat Marco beeindruckend und angenehm aus dem Nebel gehoben und an die Oberfläche gebracht. Ich habe jetzt ein Werkzeug – den Weg. Danke Marco. Ramona aus Meiningen

In meinen kühnsten Träumen hatte ich nicht gedacht, aus meinem „Schlaf" zu erwachen. Für alles, was du mir in den Tagen vermittelt und beigebracht hast, möchte ich dir von ganzem Herzen danken. Es waren die informativsten und bewusstesten Tage, die ich bis heute in meinem Leben erleben durfte. Lutz aus Solingen

Große Motivation. Du hast versprochen zu „puzzeln" und einen Rahmen geschaffen, den ich selbst jetzt füllen und erweitern kann. Hast Wesentliches und Machbares „greifbar" vor Augen geführt (deine Geschichten sind Klasse). Ich denke, du hast Blockaden gelöst und Wege gezeigt, wie man sich selbst anders betrachtet/ oder überhaupt betrachtet. Mich selbst vor die Wahl gestellt. Mir in komprimierter Form noch mal bewusst gemacht, was negatives / positives Denken für Ursachen setzt, Visionen nicht als Spielerei abzulegen. Mir innere und äußere Lebensbilder ermöglicht. „Handwerkszeug“ für MEIN Leben mitgegeben. Mein Vertrauen gestärkt und mich leichter und freier gemacht. Ich kann jetzt mit Begriffen, wie „Sein“, „Bewusstsein“ oder „Ich bin“ mehr anfangen. Aus tiefem Herzen DANKE, Margit aus München

Ich warte nicht mehr darauf, dass ein anderer das tut, was ich mir wünsche, ich mache es einfach selbst. Und ich denke auch nicht mehr darüber nach, ob ich so etwas überhaupt kann, sondern ich sage mir, wenn ich es nicht kann, wer denn sonst!? Überhaupt, die Zeitspanne zwischen Ideen haben und Ideen umsetzen ist wesentlich kürzer geworden. Ich schiebe weniger auf, sondern erledige es sofort. Und mir ist klar geworden, dass ich viel mehr kann und noch viel mehr erreichen möchte in meinem Leben, als ich bisher dachte. Daraus folgt: Ich finde mein Leben im Hier und Jetzt und auch für die Zukunft super! Birgit, Künstlerin aus Lübeck

Ich habe ein weiteres Puzzleteil, das Letzte! für mein größtes Problem gefunden. Und ich weiß jetzt noch genauer, was ich will und was ich nicht will. Außerdem habe ich neue Ideen für meine eigene Praxis, die ich jetzt eröffne. Sonja, Lehrerin aus Salzburg

Wie ich Dir schon sagte, Du bist ein Geschenk des Himmels! Du bist wunderbar authentisch, empathisch, witzig, amüsant, sehr einfühlsam und liebevoll! Und kannst sehr gut Wissen vermitteln, bist ein guter Pädagoge, sehr fokussiert und zielgerichtet! Auf jeden Fall hat mich das Seminar 100%ig darin bestärkt, mit Kindern zu arbeiten und die Lebensschule zu gründen. Dewi

Das Seminar hat mir enorm viel gebracht. Ich habe einen "Sprung" gemacht, aber nicht nach vorne, sondern in mich rein. Ich bin mehr in meinem Körper, im Augenblick und umgeben von meiner eigenen Weisheit. Es war der Abschluss-Spaziergang am letzten Tag, da hat's bei mir "klick" gemacht. Ganz viele Dinge sind da zusammen gekommen, ich wusste einfach: "Yeah, jetzt hab ich's". Und du hast mich inspiriert, mit deiner gelassenen Art. Du lebst es einfach vor, und das finde ich klasse. Felix, Wirtschaftsprüfer aus Osnabrück

Mit Freude nahm ich ein zweites Mal an Marcos Seminar teil. Eine Woche Zeit für mich, welch ein Luxus. Es war wunderbar, andere Menschen kennen zu lernen, die auch auf dem Weg sind, durch die unterschiedlichsten Übungen mir selbst immer näher zu kommen und Marcos Ruhe und Präsenz zu erleben. Ich erkannte, dass sich einiges verwirklicht hatte, was ich im ersten Seminar erarbeitet hatte und sah auch, wo mich alte Glaubenssätze noch an der Erfüllung meiner Wünsche und am Erreichen meiner Ziele hindern. In einer Innenwelt-Erfahrung wurde mir absolut deutlich, dass ich die Schöpferin meines Lebens bin. So unmissverständlich, dass ich sprachlos war. Es ist das größte Geschenk, das ich bisher erhalten habe. Jetzt ist die Zeit , mein ganzes Wissen und meine Erfahrungen zu nutzen, um andere Menschen auf dem Weg zu ihrer eigenen Schöpferkraft zu begleiten. Danke für deine wundervolle Arbeit!

Diane, 36, aus Wittenberg: Vorher habe ich im Leben immer gesucht und gesucht und wusste überhaupt nicht, was ich suchte. Und ich hatte das Gefühl, nur noch von "Schläfern" umgeben zu sein. Mein eigener Weg und mein Bewusstwerden begann nach der Begegnung mit dir. Von da an wusste ich, dass ich auf der Suche war und vor allem, wonach ich suchte. Ohne viel zu wissen und darüber nachzudenken habe ich das Seminar besucht. Die Erkenntnis, warum ich im Seminar war, kam erst später. Als Ergebnis hat mich der Weg, den ich eingeschlagen habe dahin geführt, dass ich mich jetzt auf meine Heilpraktikerprüfung vorbereite und meinen Traum von einer Mentaloase verwirkliche. Auch war ich sehr froh zu erkennen, dass es noch mehr Menschen wie mich gibt, die auch auf der Suche sind, auf der Suche nach dem Sinn des eigenen Lebens. Das hat mir viel Kraft gegeben, nicht ganz allein und als Spinner dazustehen.

Ich war kurz davor, mich gesundheitlich zu ruinieren. Ständiges Denken war eine traurige Last, ich hätte nie gedacht, dass ich wirklich abschalten kann. Jetzt kann ich das Denken und die Zeit "anhalten", kann selbst Regie führen in meinem Leben, bin bewusster und zufriedener und kann mein Leben viel mehr genießen. Meine ganze Familie profitiert davon. Burghard, Unternehmer, Dessau

Es war eine wunderschöne Zeit ... könnte man Dinge zweimal erleben, das Seminar – dieses – wäre eins davon. Wunderbare Tage, in denen ich niemandem näher war als mir selbst – ich war mir noch nie so nah! Es hat mir gezeigt, wie unverzichtbar es doch ist, den eigenen Weg zu gehen. Ich habe Menschen kennen gelernt, wie man sie nicht jeden Tag trifft, und diese Zeit mit Ihnen möchte ich nie mehr hergeben. Die wichtigste Erkenntnis für mich war, dass ich ganz allein mein Leben bestimme, und das nur, wenn ich es bewusst tue. Und der Wunsch zu glauben, dass alles möglich ist. Dass Konfrontation und damit verbunden Klärung, oft oder fast immer besser sind als vergessen und verdrängen wollen. Natürlich würde ich dieses Seminar weiterempfehlen, weil es das Leben in ein anderes Licht rückt. Weil du daraus lernst, weil du aufwachst, aber nicht musst, es aber sicher tun wirst...! Weil allein die Erfahrung diese Zeit so wertvoll macht. Stephanie, Architektin aus Dessau

Heute bin ich platt! Also im Ernst: Das Seminar hat sehr viel gelöst und mich ins "Jetzt" katapultiert. Ich habe auch eine enorme Stärke in mir. Diese Wirkung hat ohne großes Zutun bis Montagabend angehalten. Jetzt muss ich mir das "Jetzt" schon öfters ins Bewusstsein rufen, aber es funktioniert. Ängste, Chaos, Glaubenssätze etc. lösen sich auf, wenn ich im Jetzt bin - und das ist ein super Gefühl! Nochmals vielen Dank!!! Ich muss dir auch das große Kompliment machen: ich habe noch nie jemand getroffen mit solcher Leichtigkeit mit gleichzeitiger großer Präsenz und großer Ruhe, die ausgestrahlt wird. Nadja aus Karlsruhe

Die intensive Begegnung mit dir ist mir sehr im Herzen geblieben. Die Erfahrung von Stille, Bewusstheit und die lebendige Erinnerung an die Gegenwart ist wie ein innerer Weckruf für mich; die Erkenntnis, das wirklich "hier zu sein" das ist, was ich im Grunde immer gesucht habe. Miriam, Tanztherapeutin aus Freiberg, Sachsen

Eine innere Ruhe und Ausgeglichenheit überflutet mich, wenn „ich bin". Mein Leben stand auf der Kippe, wusste nicht mehr ein noch aus, bis mir mein Engel flüsterte: „Geh´ nach Dessau, auf dieses Seminar!" Diese Woche bei Dir hat so viel in mir bewirkt. Ich bin so froh und frei, aber zugleich auch sehr gegenwärtig, ruhig und bestimmt. Jetzt werde ich mein Innen und Außen neu anstreichen. Habe wieder Ziele vor Augen. Mache täglich mentales Training. Bin dabei meine Lebensschule zu kreieren, aufzubauen. Trainiere täglich mein Bewusstsein, meine Melitta-Energie zu halten. Lasse alle Kräfte und Ruhe in die Familie einfließen. Ich bin Dir unendlich dankbar für diese Woche und die Zeit der Wiedergeburt (Neubeginn). Ich habe viel Positives für mein Leben erfahren. Jetzt werde ich mein „Leben leben", so wie es für mich im Licht steht!! Schon bei der Vorbereitung auf das Seminar hat sich viel in mir getan, aufgewühlt war alles. Es begann sich vieles zu lösen. Die Vergangenheit meldete sich plötzlich, konnte verarbeitet und auch losgelassen werden (natürlich nicht komplett, aber vieles). Ich habe Leuten vergeben, mich selbst von Schuld befreit. Es war heftig, aber alles gezielt vorbereitet, Gleise gelegt, für das Seminar. Ich konnte während der „Hausaufgaben" schon viel einfließen lassen in das tägliche Leben. Nach 22 Jahren endlich mal was für mein ganz eigenes Inneres Ich. Es tat gut! Melitta aus Freiburg

Das Seminar bei Dir hat ganz, ganz viel ausgelöst bei mir. Es passiert auf einer feinen inneren Ebene (ich weiß nicht, wie ich das sonst nennen soll) ganz viel. Ich kann das täglich spüren und ich möchte Dir von Herzen dafür danken!!!! Keine Ahnung, was genau es war oder ist, aber das ist nicht wichtig! Wichtig ist, dass meine Seele zu tanzen beginnt und ich wohl langsam aber sicher erblühe oder erwache. Silke aus Berlin

Was mir dieses Seminar gebracht hat? Es bringt und bringt und bringt...es ist erst der Anfang ...der Wunsch ist erweckt, immer im Hier und Jetzt zu sein, die Wiedererinnerung" an mein wahres Sein. Die bewusste Entscheidung den Autopilot auszuschalten. Lebensfreude, Vertrauen, Dankbarkeit. Vieles in meinem Leben ist einfacher, leichter, lichter geworden. Ich habe nicht mehr das Gefühl, dass mir etwas fehlt. Ich bin nicht mehr auf der Suche, brauche keine neuen Seminare, keine neuen Lehrer und neue Kurse, denn ich habe den Meister gefunden - mich! Herzlichen Dank Marco, Birgit aus Freistadt /Österreich

Dieses Seminar hat mir viel gebracht. Die Liebe in mir, meine Kraft, mein Ziel, meine Aufgabe zu spüren. Viel Dankbarkeit und Freude, bei mir und in meiner Mitte zu sein. Ein Geschenk nach dem anderen - ein Lachen hier, ein Lachen dort, ein Weinen, ein Wissen, eine Erkenntnis, Offenheit, Gemeinschaftsgefühl. "Den roten Faden" in meinem Leben zu sehen, Menschlichkeit spüren, Dankbarkeit und viel mehr Leichtigkeit. Ich kann dieses Seminar jedem empfehlen. Luzia aus Linz/Österreich

Es war für mich genau der richtige Zeitpunkt und ein wunderbarer Lehrer - Marco. Ich habe gefühlt, dass der Moment reif war, endlich damit zu beginnen, in der Gegenwärtigkeit zu leben, beginnen, das Leben endlich zu genießen. Dieses Stimmigsein möchte ich weiterschenken, an Kinder und alle, die auch erkennen und das fühlen. Durch das Seminar hat sich mein Horizont enorm erweitert, Neues und bis dahin Unfassbares und sehr viele Anregungen. Ich bin sehr, sehr dankbar für die wunderbare Gasse, die das Universum für mich, für uns alle bereithält. Es gilt sie nur zuzulassen! Dieses Seminar ist ein Muss für Gleichgesinnte, für alle, die bewusst und befreit ihr Leben leben wollen. Der Aufenthalt bei Dir in Dessau war mehr als angenehm, um einfach gigantisch noch zu unterstreichen. Ich freue mich, dass wir uns weiter kennen lernen konnten und die gemeinsame Berufung, die uns in Freundschaft verbindet. DANKE nochmals in diesem Sinne für Deine Erfahrungen, die Du uns auf so eindrucksvolle Weise vermittelst. Wolfgang aus Berlin

Ein starker Herzensimpuls hat mich veranlasst, an diesem Seminar teilzunehmen, nachdem eine Freundin mir davon erzählt hat. Jetzt kann und will ich egal in welcher Situation im Jetzt sein, bewusst sein. Allen, die mir begegnen, wünsche ich dieses Seminar mit Marco. Monika aus München

Das erste Mal in meinem Leben habe ich mich wirklich mit den Fragen "Wer bin ich?", "Warum lebe ich?", "Welche Aufgaben habe ich zu erfüllen?" beschäftigt. Ich hatte mir schon öfter diese Fragen gestellt, aber nie beantwortet. Mit der umfangreichen "Hausaufgabe" begann die Suche nach Antworten. Noch nie zuvor in meinem Leben war ich mir so nah wie beim anschließenden Seminar mit Marco in Dessau. Das Erkennen meiner Ziele fiel mir am schwersten. Nur wenn das alles klar ist, werden Wünsche und Ziele in Erfüllung gehen. Dabei hast Du, lieber Marco, mir sehr geholfen. Vielen Dank dafür. Was ist mir noch wichtig? Endlich den Kopf frei bekommen, von den vielen Gedanken aus der Vergangenheit und der Zukunft. Nun fängt das Leben erst richtig an; die Umsetzung der neuen alten Erkenntnisse, das Leben im Jetzt, das Bewusst-Sein! Regina aus Leipzig:

Das Seminar hat mir viel Mut gegeben, endlich wichtige Entscheidungen zu treffen. Nach langer Suche ist mir endlich offenbart worden, dass BewusstSEIN der Schlüssel ist und letztendlich mein wahres Ziel, nämlich ehrlich und authentisch zu sein. Auch meine Wahrnehmung hat sich verfeinert und ich konnte vielen hartnäckigen Widerständen ade sagen. Ich bin glücklich, ich selbst zu sein. Die Gruppe war eine sehr große Hilfe und Gnade und gab mir ein sicheres Gefühl in diesem intensiven Prozess. Daniel aus Zermatt, Schweiz

Es war einfach herrlich, die ganze Zeit nur mit bewussten Menschen zu verbringen. Ich glaubte ja schon fest daran, dass ich ein Meister bin, aber nun weiß ich es ;-). Ja, mir fällt es derzeit trotzdem noch etwas schwer, dass auf mich zu übertragen, aber ich werde jetzt viel intensiver und konsequenter Meistern, also die Meisterformeln anwenden und mich an der Meisterschaft erfreuen. Das Seminar war wie ein größerer Sprung in die richtige Richtung und durch die empfangene Energie hat sich das nun geändert. Allerdings merke ich, dass auch das seine Zeit bei mir braucht. Das Seminar muss sich erst mal bei mir irgendwie setzen, so dass es dann sicher und erfolgreich umgesetzt werden kann. Es ist fantastisch, lieber Marco, dass Du diese Impulse setzt, dass Du anderen Menschen die Möglichkeit weitergibst, sich selbst zu entwickeln und bewusster zu werden. Sich selbst zu entwickeln, wie ein Wollknäuel - wo nur die äußeren Fäden zu sehen sind und das Innere, das den Hauptbestandteil ausmacht, verborgen ist - das sich nun öffnet und ein "roter" Faden zu erkennen ist, unser wieder-erweckter persönlicher Schöpfungsweg. Und bewusster zu werden, wieder zu wissen, wer ich bin, was ich will und wohin meine Reise geht und das wichtigste, sie auch jetzt zu gehen, mit größter Bewusstheit. Mir fiel es im Seminar leichter, meine Bewusstheit zu bewahren, im Alltag erinnere ich mich nun aber immer öfter und übe, übe und... übe. Was so ein junger Meister halt macht ;-) Ich bin sehr dankbar, dass ich die Gelegenheit hatte, dieses Seminar mitzumachen. Die Bedeutung der Wichtigkeit von Lebensschulen habe ich nun sehr innig gespürt. Das Seminar ist da ein großer Kraftpunkt, von dem aus Veränderungen und Lebensverbesserungen ausgehen. Auch die Vorbereitungsunterlagen sind für mich schon wie ein weiterer bedeutender Wendepunkt in meinem Leben, meinen Lebensweg noch intensiver zu beschreiten und mehr Bewusstheit in die Welt zu bringen. Ich danke Dir für Dein Engagement, die Anregungen und für das Aufwecken. Rene aus Leipzig

Es waren unbeschreiblich schöne Tage. Das Seminar war ein wichtiger Schritt auf meinem Weg der spirituellen Entwicklung und gab mir das Rüstzeug für ein bewusstes und zufriedenes Leben. Sylvia aus Leipzig

Das Seminar hat mir wieder ins Bewusstsein gerufen, dass ich alles hinterfragen und nichts als Gegeben hinnehmen soll. Das intensive Bewusstsein führte bei mir zu einer inneren Ruhe & Geborgenheit, ich habe meinen Humor wieder entdeckt und kann noch lange vom Seminar schöpfen! Christian, 22, Student aus Leipzig

Der Grund, warum ich mich auf die Suche gemacht habe, war der immer weiter ansteigende Energieverlust und eine Lebensmüdigkeit. Entscheidend für mich am Seminar teilzunehmen war unser erstes Gespräch und die Erkenntnis, dass es nicht nur darum geht, mein Leben nur in Frage zu stellen, sondern endlich zu handeln und zu verwandeln. Ich wusste nur, dass ich nicht mehr so leben wollte und diese Stimme war und ist stark genug, um mich auf den Weg zu schicken. Das erste Wesentliche, was das Seminar gebracht hat, war ein Anhalten. Sicher kann man auch im Alltagsleben anhalten, indem man sich mal einen Waldspaziergang gönnt oder Urlaub in der Natur ... Allerdings geht man dann wieder zurück in den Alltagstrott ohne wirklich wahrgenommen zu haben, was eigentlich in der Natur anders war. Dieses Anhalten in deinem Seminar war eher wie ein Wachrüttler. Sich bewusst zu werden, wie viel Energie man in ein vorhandenes Denksystem steckt und es auf biegen und brechen verteidigt, gegen die uns gegebene Art zu leben, ist sehr erstaunlich. Es schien, dass es sehr anstrengend ist, wirklich bewusst zu sein und zu bleiben, sich ständig an sich selbst zu erinnern, obwohl da etwas in mir ist, was immer da war und immer da sein wird. Du gabst uns wertvolle Hilfsmittel in die Hand, um zu erkennen, was hier wirklich passiert. Eine wichtige Erfahrung für mich z.B. war zu erkennen, dass ich mich als zwei getrennte Personen wahrnehme. Jetzt bin ich auf gutem Weg, die wirkliche Welt zu erkennen und nach Hause zurückzukehren. und das schönste für mich ist, dass ich es liebe, Literatur zu finden und mit Leuten hinsichtlich des Erwachens in Kontakt zu kommen, und ich werde dabei absolut nicht müde. Eher im Gegenteil. Nun habe ich sogar eine Situation, die mir gestattet, mehr Zeit dafür zu haben und immer entspannter zu werden, was vorher absolut unmöglich war. Als Ergebnis dieses Voranschreitens konnte ich meinem Krebs im Darm "goodbye" sagen oder sollte ich besser sagen, meiner Vorstellung von Selbstbestrafung? Das Leben ist einfach wunderbar. Herzlichen Dank für soviel Erinnerung bewusst zu sein. Simone aus Portland/USA:

Durch das Erarbeiten der Unterlagen zu Hause hatte ich die Möglichkeit, mir tiefgründiger Gedanken über mein bisheriges Leben zu machen. Dadurch, dass es Wiederholungen gab, war es sehr intensiv und es kam mehr hoch als ich sonst preisgeben würde. Durch die Ausarbeitung fiel mein tägliches Leben leichter und es war eine Veränderung bei mir da. Danke für die schönsten Tage meiner Selbsterfahrung in meinem bisherigen Leben. Ich habe mich schon lange nicht mehr so gut, so bewusst gefühlt. Kerstin aus Lohsa, Sachsen.

Lebe dein Leben, den eigenen Weg gehen. Vorbereitend auf dieses Seminar gab Marco mir Unterlagen mit vielen Fragen, die ich im Selbststudium beantwortete. Das hieß, mit sich selbst ehrlich umgehen, in die Tiefe schauen. Welche Wünsche leben in mir? Was möchte ich? Was bringt mir Erfüllung? Die Welt ist nicht in Ordnung, ist leicht gesagt. Sie ist deshalb nicht in Ordnung, weil ich es nicht bin. Ich lebe nicht mein Leben. Damit beginnt alles. Bei mir fange ich an aufzuräumen, zu entrümpeln, alte Verhaltensweisen zu erkennen und loszulassen. Das Geheimnis ist „Loslassen" können. Loslassen kann ich nur, wenn ich den Moment akzeptieren kann, den Ist - Zustand. Selbsterkenntnis ist der Weg. Ich beobachte mich, nehme meine Gefühle wahr und lerne sie anzunehmen und mit ihnen umzugehen. Sie wirklich von Herzen her annehmen zu können. Heute sehe ich die Dinge schon gelassener und kann lockerer damit umgehen. Ich bin immer auf der Suche nach dem Sinn meines Lebens gewesen. Je mehr ich in mir bin, umso dichter bin ich an meiner innersten Wahrheit. Das Leben ist leicht. Ich bin ich selbst. Claudia, Erzieherin, Dresden

Schon lange bewegen mich Fragen in Bezug auf mich selbst, mein Leben und meine Zukunft. Vieles, was ich gelesen oder erarbeitet habe, konnte ich zwar verstehen, aber es umzusetzen und zu leben war mir nicht oder nur schwer möglich. Ich wusste, dass während des Seminars irgendetwas mit mir passieren und mich verändern würde. Und genau so war es auch. Mich als unendliches Sein zu erfahren und auch die gewählten Begrenzungen anzunehmen. Die Erkenntnis des Selbstbewusstseins und des Bewusst-Bleibens im Alltag. Auch endlich ja zu sagen zu mir und wirklich tief zu wissen: Ich bin so, wie ich bin, genau richtig. Das Suchen ist vorbei - ich bin angekommen. Da ich Marco schon durch persönliche Gespräche kannte, bestand auch keine Notwendigkeit, mich nach anderen Seminaren und Seminarleitern umzusehen. Unbewusst spürte ich: das ist das Richtige für mich. Dieses Seminar wünsche ich allen Menschen von Herzen gern. Es war die beste Investition in mich selbst und in mein Leben und das Geld war es allemal wert. Bea, 26, Dessau.

Ich danke Dir für das intensive Bewusstsein, dass mich schon innerhalb dieser fünf Tage so stark und gewiss gemacht hat. Danke dafür, dass ich mir so sicher sein kann, mein Ziel zu erreichen und das ich es auch wirklich erreiche. Danke für das Öffnen meines Geistes und meines Herzens. Danke, dass ich jetzt schon positive Veränderung habe und mein Leben ab/im Jetzt wirklich leben kann. (und Danke auch für den Weg/Gedanken mit der kleinen Seele) Ich habe gemerkt, wie wertvoll und einzigartig ich bin und dass ich alles schaffen kann, was ich will, wenn ich nur fest daran glaube und im Jetzt bin. Ich weiß meinen Weg und dass ich ihn schaffe mit großer Gewissheit. Stefanie, 18 Jahre, Tegernbach

Das Seminar war für mich sehr stimmig und übertraf meine Erwartungen. In meinem ganzen Leben habe ich noch nie so gut zuhören können. Mich beeindruckte Marcos Gelassenheit, Klarheit, seine Sicherheit und sein Selbstvertrauen. Die wunderbar geführten Meditationen. Seine prägnanten Fragen. Es kam mir vor, als würden sie immer das Eigentliche ansprechen und den Nagel auf den Kopf treffen. Ich hätte es nicht im Entferntesten für möglich gehalten, dass in mir so viele Widerstände aufgelöst werden, wie es tatsächlich geschah. Mir kommt es so vor, als hätte ich mich vom Kämpfer in einen Spieler verwandelt, ich fühle mich jetzt eher wie ein Friedensstifter, im Vergleich zu früher, als ich wie ein unruhiger Querulant durchs Leben ging. Ich MUSS jetzt nichts mehr, da ist kein Zwang mehr. Die wichtigste Erkenntnis für mich war das Ankommen. Ich bin kein Sucher mehr, denn in der Gegenwart gibt es nichts zu suchen. Gegenwärtig zu sein, im höchsten Bewusstsein zu leben und das selbst ausgedachte Spiel erfolgreich zu spielen. Endlich als der zu leben, der ich wirklich bin. Das will ich mit ganzem Herzen. Ich bin sehr dankbar dass ich Marco begegnet bin und wünsche mir, dass noch viele Menschen durch Marco zu sich selbst finden und erwachen. Uwe aus Dresden

Als ich von Marcos Lebensschule gelesen habe, wusste ich, dass ich dieses Seminar besuchen werde. Ich wollte eine Ausbildung oder einen Beruf, der mir entspricht, bei dem ich das, was ich innerlich weiß, weitergeben kann. Diese Idee und Vision der Lebensschule hat mich sehr angesprochen. Alles wirklich (lebens-)wichtige in die Schulen zu bringen, angefangen bei meinem eigenen Sohn. Das Kennlerngespräch vor dem Seminar hat Vertrauen in Marco gebracht. Innerhalb kürzester Zeit war ich in seiner Gegenwart sehr entspannt und ich hatte den Eindruck, mich zeigen zu können mit allem, was ist, ohne verurteilt zu werden. Ja, das war sehr wichtig für mich. Irgendwie habe ich mich während des Seminars „sortiert“, Ziele, Wünsche auf den Punkt gebracht und gleichzeitig gelernt, im Hier und Jetzt anzukommen. Mich auszurichten, mich zu entspannen. Ich habe gefühlt und verstanden, dass ich die Schöpferin meiner Realität bin und sie mir gestalten kann, wie ich es will. Das war auch die wichtigste Erkenntnis: Das bewusste Gestalten meines Lebens. Dieses Seminar wünsche ich allen Menschen, die ihr Leben selbstbestimmt gestalten wollen, ich kann das Seminar wirklich weiterempfehlen. Jetzt bin ich wesentlich entspannter und erinnere mich öfter, im „Jetzt“ zu sein. Ich habe das Gefühl, meinem Sein, meinem wahren Wesen näher zu sein und ich lerne mich täglich besser kennen. Hätte ich Marcos Seminar schon in der Schulzeit besucht (das wünsche ich allen Kindern und Jugendlichen), wahrscheinlich wäre ich mutiger meinen Weg gegangen, durchs Elternhaus, durch die Schule und die Ausbildung. Weniger ängstlich und vor allem weniger unbewusst. Auf jeden Fall bin ich sehr froh und dankbar, Marco begegnet zu sein - er macht wunderbare Arbeit und ist ein wunderbares Wesen (Sein) oder wie auch immer man das nennen mag, was aus dem Herzen und den Augen eines Menschen strahlt! Silke aus Berlin

Die Vorarbeiten zum Seminar, haben mir folgende Erkenntnis gebracht: - Ein Erinnern an Dinge, die ich wohl schon kannte, aber nicht mehr auf dem Schirm hatte. Es war schön, wieder mal Zeit für mich und meine Gedanken zu haben. Es hat mich bestärkt in der Entscheidung eine Lebensschule zu eröffnen. Es waren auch Dinge dabei, an die ich bisher noch nicht gedacht habe. Es hat mich daran erinnert, dass nichts unmöglich ist! Gelesen habe ich davon im letzten Jahr in der Kent-Depesche und war sofort fasziniert von der Idee einer Lebensschule für Kinder und natürlich auch für Erwachsene. Ich habe schon immer für mich eine Aufgabe gesucht, in der ich meine Talente einbringen kann (Rhetorik, die Erkenntnisse aus meinem bisherigen Leben, meine Musik usw.). Ich habe schon einige Seminare besucht. Aufgrund der Informationen, die ich über das Seminar hatte, erkannte ich, dass ich dort noch viele Dinge über mich lernen kann. Dinge, die ich später auch für die geplante Lebensschule brauche! Durch dieses Seminar lebe ich noch bewusster. Freue mich über jeden Tag. Genieße alles und beginne meine Wünsche und Träume auszusprechen, zu gestalten und in Worte zu fassen, damit sie in meiner Realität erscheinen. Ich bin! Und ich habe eine Menge über meinen Körper gelernt. Und nicht zu vergessen: Ich habe eine Menge netter Menschen getroffen! Die wichtigste Erkenntnis für mich ist, dass meine Überzeugungen mein Leben gestalten! Das wusste ich wohl schon vor dem Seminar, aber jetzt ist es noch bewusster geworden! Ich werde das Seminar unbedingt weiterempfehlen! Menschen, die ihr Leben verändern und bewusst gestalten wollen und auch bereit sind an sich zu arbeiten. Gerd, Musiker, Winsen bei Hamburg

Ich war erstaunt, wie ziellos ich vorher gelebt habe, dieses in den Tag Hineinleben und Mitschwimmen mit der Masse. Es ist mir gelungen, meine eigenen Ziele zu erkennen, mein Leben dahingehend zu verändern und mich viel bewusster weiterzuentwickeln. Fred, Heilpraktiker

Es gab einen Punkt in meinem Leben, an dem ich spürte, dass das Leben mehr sein muss als das, was ich bis dahin erlebte. Der Wunsch, meinen Horizont zu erweitern und mein Leben bewusst zu gestalten, wurde immer stärker. Durch das Seminar und das damit verbundene "Bewusst-Werden", dass das Leben mich tragen wird und dass meine Ideen und Träume niemals verkehrt sein können, habe dich diese in die Tat umgesetzt. Tom, Unternehmer aus Dessau

Das Seminar hat ein weiteres Puzzelteil auf dem Weg zu meiner Berufung bereitgehalten und mir jetzt, zurück in München, die Möglichkeit eröffnet, beim Aufbau einer Lebensschule für Kinder und Jugendliche mitzuwirken. Deine natürliche Art das Seminar zu leiten und die Ruhe, die Du ausstrahlst, haben eine sehr schöne und harmonische Atmosphäre entstehen lassen. Vielen Dank! Holger aus München

Meine Veranlassung am Seminar teilzunehmen war meine Erfahrung, in meinem Leben weder am richtigen Platz noch im richtigen Beruf zu sein. Des Weiteren wurde mir immer deutlicher bewusst, dass ich nie erfahren habe, wer ich wirklich bin und was wirklich zu mir gehört, ich wusste weder, was ich im Leben tun will, noch was für mich stimmt. Der Inhalt und die Themen haben mich sehr angesprochen. Kein „Motivations-Training“ im herkömmlichen Sinne, sondern praktische Hilfe zur Selbsthilfe, um befreit leben zu können. Ja, wahrhaft frei und unabhängig aus den falschen Spielen der Welt als Marionette herauszutreten, um meinen eigenen Zielen zu folgen, anstatt für die Ziele anderer benutzt zu werden und selbst dabei immer „leer“ zu bleiben. Ganz wichtig für mich war die Erfahrung, dass es auch darum geht, sich an sich selbst zu erinnern. Sich zu erinnern, wie wir als Kinder waren bzw. dieses Ursprünglich-Sein, dieses wie ein Kind zu sein wieder zu finden. Es gibt kein: "Du musst“ mehr in meinem Leben, dafür erinnere ich mich an mich selbst, erfühle, was jetzt wirklich ist ... und erlebe mich auf ganz neue und vor allem stimmige Weise. Und dann habe ich zu meiner großen Freude erkannt, dass es in der Welt der „beständigen Unbeständigkeit“ und ewigen Veränderung noch etwas anderes gibt, das unveränderlich, ewig und beständig ist. Dort bin ich „zu Hause“, dort oder besser „hier“ finde ich Halt. Das Sein an sich, ich selbst sozusagen. Des Weiteren weiß ich jetzt mit Gewissheit, dass ich nicht etwas brauche oder suchen muss oder Wünschen und Zielen hinterher rennen muss, um vielleicht erst dann die Erfahrung des Angekommen-Seins zu machen. Jetzt weiß ich, dass ich schon längst angekommen bin, dass ich immer schon angekommen war, ich hatte es nur lange vergessen, hatte vergessen, wer ich bin. Dass ich, so wie ich bin, zum Sein und zum Glücklichsein-Können alles habe, was ich brauche und dass jeder das auch schon alles in sich hat, auch wenn er oder sie es nicht weiß. Auch habe ich erkannt, dass es Ungeliebtheit, Einsamkeit, Isolation, Verlassenheit, Minderwertigkeit oder menschliche Fehlerhaftigkeit wie „Du darfst nicht so sein“, „ Du musst Dir Deine Lebensberechtigung erst verdienen / erarbeiten“ usw., dass es das eigentlich gar nicht gibt. Einfach deshalb, weil wir Menschen reines Sein sind und dieses ursprüngliche Sein von allen kann nicht falsch sein oder verwerflich oder nicht liebenswert. Dieses Sein ist kein Krüppel, kein Versager! Im Großen und Ganzen hat mir das Seminar geholfen, endlich zu Bewusstsein zu kommen. Ein positives Selbstbild (ich bin liebenswert) gehört genauso dazu, wie einen gewissen inneren Abstand zu den Dingen zu haben. Einen Abstand zu dem, was um mich herum passiert, was mich früher aus der Ruhe oder in Stress und Leid gebracht hat. Das heißt, egal was geschieht, es ist kein Grund mehr in mir vorhanden, dass ich mich selbst vergesse. Egal was ich tue, es gibt keinen Grund mehr, mich darin zu verlieren. Ich habe mich selbst gefunden. Ich habe aufgehört, mich mit anderen zu vergleichen, einfach deshalb, weil ich so gemeint bin, wie ich bin und genauso gebraucht werde in der Welt. Erfolg bedeutet für mich vor allem bewusst zu sein. Ich erinnere mich mehr und mehr daran, wer ich wirklich bin. Empfehlen würde ich dieses Seminar jedem. Vor allem schon Kindern in der Schule, und zwar deshalb, um von krankmachenden Zivilisations- /Technologie- und zwanghaften Informations- & Konsumierungs-Schrott loszukommen. Um selbst-bestimmt und bewusst leben zu können statt den

Erwartungen anderer zu entsprechen, direkt oder indirekt. Und um zu erfahren, was leben wirklich ist. Wolfgang aus Dresden

Was mir Entspannung und Meditation bringt? Endlich Zeit für mich haben. Bei mir sein. Meinen Körper spüren, Farben und innere Bilder sehen. Abstand gewinnen von der Hektik. Ruhe. Im Hier und Jetzt sein. Den Kopf frei bekommen, ohne an die vielen Dinge denken zu müssen, die einmal waren oder sein werden. Die vielen kleinen Dinge im Leben wieder bewusster wahrnehmen. Wirklich hinschauen. Sich mehr freuen können. Faszination. Liebe. Dankbarkeit. Zu mir finden. Ich möchte jedem empfehlen, durch dieses Seminar etwas für sich zu tun. Das kostbare Leben nicht verstreichen zu lassen, ohne nur einmal am Tag an sich selbst zu denken, oder besser gesagt, bewusst bei sich zu sein, denn das ist etwas Wunderbares. Beate aus Dessau

Auf diesem Weg möchte ich mich für das phantastische und kompetent geführte Seminar bedanken. Innerhalb kurzer Zeit hast Du die Gruppe und mich in einen Zustand des hier und jetzt gebracht und eine wunderbare Entspannung breitete sich aus. Ich fühlte es bei mir selbst und ich sah es in den Gesichtern der Gruppe. Die einfühlsamen und doch einfachen Meditationen waren sehr eindrucksvoll. Die laufenden Herausforderungen durch Deine Fragen haben mich zu mir selbst geführt. Gleichzeitig habe ich wahrgenommen, wie diese Techniken auch bei jungen Menschen anwendbar sind. Das Seminar war eine sehr positive Erfahrung, da ich z.B. gelernt habe, wie wichtig es ist, im Hier und Jetzt zu sein bzw. sich dessen essentielle Wichtigkeit immer bewusst zu machen. Wie ich meinen Kern spüren kann (im Jetzt) und die Bedürfnisse meines Wesens mir bewusst machen kann sowie eine Möglichkeit zu haben, diese auch zu leben, ja, das waren weitere erkenntnisreiche Erfahrungen für mich. Es sind die Fähigkeiten und Eigenschaften, die jeder Mensch in sich hat, die uns jedoch durch Konditionierungen nur noch stückweise bewusst sind. Gerade im Seminar habe ich ein Mittel bekommen, mit dieser in uns lebenden Kraft, die schöpferisch eingesetzt werden will, in Berührung zu kommen. Dies in Schulen zu lehren, sehe ich als sehr sinnvoll. David, München

Dein Seminar, die Art und Weise - ist schon außergewöhnlich. Ich arbeite noch innerlich im und mit dem Material. Auf alle Fälle bist Du das Schärfste was ich auf Seminaren erlebt habe. Meine Hochachtung. Auf alle Fälle konntest Du mir etwas geben. Andreas aus Eisleben

Danke für Dein Seminar, dass zu diesem Zeitpunkt genau das Richtige war, um mich noch mal ganz bewusst und klar auf meine Ziele, Träume und Visionen auszurichten. Ich fand besonders gut, dass der Hauptschwerpunkt auf der Suche nach sich selbst und seinen eigenen Zielen lag. Denn man kann von Kindern nicht erwarten, begeistert vom Leben zu sein, wenn man es selbst nicht ist. Gut fand ich auch, wie respektvoll du mit jedem warst und wenn Emotionen hochkamen, entspannt, ruhig und klar damit umgingst. Ich wünsche mir, dass sich Deine Idee der Lebensschule erfolgreich verbreitet und Kinder wieder mit Freude lernen, da sie lebendige Vorbilder als Lehrer haben. Hellmut aus Berlin

Lieber Marco, die Erfahrungen, die ich in Deinem Seminar machen durfte, waren - um es mit der Sprache unserer Jugend auszudrücken - das absolut geilste, was ich bisher erlebt habe. Alles hat gepasst - selbst die Teilnehmer waren "zufällig" genau die Richtigen. Und dann Deine Ruhe - Deine Stimme, es war toll und wird mir ewig ein unvergessliches Erlebnis sein. Ich bin durch die Hölle gegangen, mein bisheriges Leben schien mir nicht mehr sehr lebenswert, kein Bereich hat noch funktioniert. Ich war der Meinung, schon viel an mir gearbeitet zu haben, aber es hat sich nie etwas geändert. Um es so schön mit Deinen Worten auszudrücken, habe ich nur Sahne auf den Misthaufen gesprüht. JETZT BIN ICH MIT MIR IN FRIEDEN und freue mich auf mein neues Leben. Auf der Autofahrt nach Hause habe ich nicht mal das Radio angehabt. Ich habe gemerkt, wie ich mich beobachte. Das war schon komisch. Ich war immer nachtblind und ich hatte in der Dunkelheit auf einmal einen total scharfen Blick. Es war gigantisch. Zu Hause habe ich mit etwas Abstand in den Spiegel gesehen und festgestellt, dass meine Augen anders aussehen. Als ich mich ganz nah vor den Spiegel stellte, habe ich mein Gesicht in den Pupillen gesehen und gewußt, dass ich mich jetzt immer beobachte. Es funktioniert. Wann immer ich etwas tun will, was ich nicht mehr tun will, trete ich vor den Spiegel und schaue mir in die Augen und sage : Heike - ich beobachte Dich! Dann hört das auf. Gestern beim Einkauf habe ich mir einen Strauß mit 20 rosa Rosen gekauft, an denen ich mich jetzt erfreue. Im Moment wachsen gerade Ideen für meine neue Arbeit und ich will mich noch von viel altem Müll befreien. Lieber Marco, ich danke Dir nochmals von Herzen, dass Du mir die Augen geöffnet hast. Ich war am Ende und bin wiedergeboren. Jetzt verstehe ich auch, warum das Seminar den Preis hat, den es hat, Du möchtest, dass nur Menschen zu Dir kommen, die wirklich in ihrem Leben etwas verändern wollen. Und es verändert sich so viel, wenn man aufhört zu kämpfen. Das Seminar ist jeden Cent wert, denn es ist eigentlich unbezahlbar. Du hast uns so viel gegeben. Ich hoffe, dass noch sehr viele Menschen den Weg zu Dir finden werden. Heike aus Brandenburg

Ich bin mir SELBST begegnet. Ich bin JETZT klar und bewusst, so dass ich leicht Entscheidungen treffen kann. Die Vision meiner Lebensschule hat Flügel bekommen und entwickelt sich ständig weiter. Die aktiven Vorbereitungen machen mir Freude. Es gibt viel zu tun, ohne dass ich - wie vorher oft - in Stress verfalle. Sorgen und Ängste, dass etwas schief gehen könnte, habe ich überhaupt nicht mehr. Meine Offenheit zieht andere Menschen an. Mit Leichtigkeit knüpfe ich Kontakte, führe Gespräche und regele alle organisatorischen Dinge. Dabei nehme ich alle Menschen als gleichwertig wahr. Ich bin für alle Geschenke dankbar, die mein Leben in irgendeiner Form bereichern. Das größte Geschenk, das wie aus dem Nichts auftauchte, ist in Form einer kleinen Anzeige zu mir gekommen: "Gründen Sie Ihre eigene LebensSchule für Kinder". Sie hat mein Leben absolut verändert. Das Seminar, die Begegnung mit dir und den Seminarteilnehmern, der wunderschöne Seminarort - alles absolut stimmig! Überall sehe und erlebe ich Fülle. Ein wunderbares Leben!!!

Ich habe gelernt, positiv zu denken, Veränderungen vorzunehmen, darauf zu achten, dass es mir gut geht - körperlich und seelisch, d.h. auch mal einen Tag Pause zu machen und - so wie heute z.B. stundenlang im Schnee durch den Wald zu wandern; ich bin nun sehr gerne mit mir allein; ich führe Tagebuch und setze mein genaues Ziel fest; ich sage meinen Mitmenschen immer präzise, was ich will; ich habe erkannt, dass es in meiner Familie noch vieles zu tun gibt (Kommunikation). Heute wird es ein Gespräch geben, da ich merke, dass meine Söhne sehr aggressiv gegeneinander sind und wir alle aus Bequemlichkeit noch unter einem Dach wohnen. Zum Wohle von uns allen werde ich vorschlagen, dass sich jeder nun sein eigenes Domizil sucht. Das ist das, was mir spontan einfällt. Nein: Ganz wichtig ist meine Erkenntnis, dass nur "jetzt" die Wirklichkeit ist (Vergangenheit - Zukunft gibt's nicht). Somit bin ich (fast) immer glücklich. Rose aus Stuttgart

Das Seminar ist die beste Investition in meinem bisherigen Leben und ich bin jetzt bereit, mein Leben zu leben. Thomas 19 Jahre aus Annaburg

Lieber Marco, ich danke Dir für die schönen und intensiven Tage, in denen ich in meinem Sosein bestätigt wurde, und meine Kraft gestärkt wurde. Danke für die hilfreichen Impulse und für Deine Aufmerksamkeit. Carmen

Nach 2 Monaten möchte ich dir ein Feedback davon geben, was sich seit dem Seminar bei mir verändert hat. Das Wichtigste, was mir bewusst geworden ist: Es gibt kein Schicksal außerhalb von mir, das bedeutet, ich trage die volle Verantwortung für mich und mein Leben (auch für all das, was mir "scheinbar" von außen her zustößt). Verantwortung ist ein großes Thema in meinem Leben geworden. Ich möchte mir alles, was ich tue und sage, beantworten können. Eine Antwort darauf geben, warum ich es tue oder sage oder warum ich mir etwas anhöre. Dies hat mich auch wacher dafür gemacht, dass ich jetzt öfter mitbekomme, wenn ich etwas annehme, was mir nicht gehört, oder einem anderen etwas von mir überstülpen will. Es fühlt sich noch besser an, wenn ich es schon vorher erkenne und dies gar nicht erst passiert. Auch in meiner Familie ist mehr Nähe dadurch entstanden. Nachdem wir gemeinsam erkannt haben, wie wir uns gegenseitig die Schuld (Verantwortung) hin- und herschieben, haben wir beschlossen, die Wörter „muss, soll und man" zu verabschieden. Wir erinnern uns gegenseitig daran und so verändert sich unsere Sprache und damit auch unser Bewusstsein. Meine Töchter haben zu meinem großen Erstaunen viel Spaß dabei und sie tragen es in die Schule und im Freundeskreis weiter. Im Moment öffne ich mich dafür, einen inneren Tempel in mir zu erschaffen, einen Raum, den ich halten kann, und von dem aus ich Mädchen und Frauen in ihrem tiefsten Sein ansprechen möchte. Insgesamt möchte ich dir sagen: Das Seminar war für mich ein wichtiger Schritt in Richtung Freiheit! Sandra aus Kassel

Das Seminar ist für mich eine große Bestätigung gewesen in dem, was ich vorher schon gewusst und gelebt habe. Wenn man dieses Wissen von einem Gleichgesinnten gesagt bekommt, vergisst man es nie wieder. Halina, HH

Dein „Seminar" war vollkommen. Ich fühle mich beflügelt und erneut auf den richtigen Weg, durch Deine Art und Weise, durch Dein Sein und Deine Tipps.

Mein Entschluss, an dem Seminar teilzunehmen, war ganz kurzfristig. Mein Gefühl für dieses Seminar war total heftig. Mein Inneres sagt mir, das ist es! Und jetzt am Ende, ja es war super, es war so wichtig für mich und hat mich in diese Welt zurück gebracht. Es war das genialste Seminar, was ich je erlebt habe. Du hast das Seminar super geleitet. Mit Klarheit, ganz viel Ruhe und Liebe. Danke! Christel aus Norderstedt.

Es war für mich ein sehr intensiver Kurs, sowohl im Außen, als auch im Innen. Du hast mit Deiner Seminarführung für mich viele Dinge auf den Punkt gebracht und gleichzeitig viele Punkte in große Gesamtzusammenhänge eingeordnet, hast so ziemlich alles hinterfragt und mir somit tiefe Einsichten in Prozesse ermöglicht. Gleichzeitig hast du aber auch stets mitgeschürft, wenn es um das Freilegen unseres Selbst ging, uns viel Handwerkzeug vermittelt, welches für ein selbstbestimmtes Leben einfach gebraucht wird. Und Marco, zutiefst beeindruckt haben mich dabei immer deine schier endlose Geduld, deine Weisheit, deine Liebe und Güte. Für all das danke ich dir. Zum damaligen Zeitpunkt hatte sich in meinem Leben so ziemlich alles zugespitzt. Ich wusste um die Notwendigkeit drastischer Veränderungen, sah aber noch keinen gangbaren Weg. Außerdem befand ich mich in einem Zustand großer innerer und äußerer Erschöpfung. Ich gelangte gleich zu Kursbeginn zu einer für mich sehr erschütternden Erkenntnis, welche ständig über mir schwebte: Ich habe mich verloren! Ich habe keine Visionen mehr! Ich weiß nicht mal mehr, was mich zutiefst erfreut und woher ich mir meine inneren Kräfte hole. Letztendlich schlug der Kurs für mich einen Brückenschlag in ein großes Stirb und Werde. Unmittelbar nach dem Kurs fühlte ich mich zunächst wieder kraftvoll und wendete viele Dinge aus dem Kurs in der Schule und für mich persönlich an. Das dauerte etwa drei Wochen. Dann war meine Luft raus, und alles, aber auch alles verkehrte sich nur noch ins Gegenteil. Dann war da das eindringliche "So will ich nicht mehr!", ein Rettungsruf meiner Seele. Zu Ostern fasste ich im Innern meinen Entschluss, und der hieß "Raus aus dem

Hamsterrad!" Was da außerhalb des irrsinnigen Rades geschehen könnte, war nichts, was mir jetzt noch Angst einjagen könnte. Seitdem setze ich mich bewusst mit dem "Spiel um Sicherheiten" und den damit verknüpften Ängsten auseinander. Unmittelbar nach Ostern schrieb mich meine Ärztin wegen Bluthochdruck krank, doch lange Zeit konnte ich diesen Zustand innerlich nicht annehmen, bis ich erkannte, welche Portion Schuldgefühle dahinter steckte. Dann, Ende Mai, purzelte mir doch tatsächlich eine Dachgeschosswohnung vor die Füße, in Müllrose, in Seenähe! Kannst du dir vorstellen, dass ich sogar noch zu schwach war, Entscheidungen über Farben, Gardinen, Einrichtung ect. zu fällen? Mir drehte sich bei dem bloßen Gedanken daran schon vor Stress der Magen um! Ich konnte dieses Geschenk zu diesem Zeitpunkt noch nicht annehmen, erkannte aber, dass alte Angststrukturen hier ebenfalls eine Rolle spielten. Ich bin jetzt genau neun Monate lang zu Hause und stelle fest, dass genau das Innehalten mein momentan gangbarer Weg ist und dass ich noch weiterhin viel Zeit und Ruhe für mich brauche. In mir fand ein sehr langwieriger Prozess des Loslassens und Annehmens, des Soseins und Daseins, des Sterbens und Werdens statt. Dabei konnte ich beobachten, dass viele Dinge gar nicht meine waren, sondern mal irgendwann in mich eingespeist und genährt wurden. Ich empfand jedes Mal eine große Freude, wenn ich wieder einmal so einem drübergelagerten Glaubenssatz auf die Spur gekommen war und verabschieden konnte. So ließ ich tief greifende Befreiungen im mentalen, emotionalen und auch im körperlichen Bereich geschehen. Diese Heilungsarbeit hat sehr lange gedauert und war oft sehr schmerzlich. Ich habe mir dann Mut zugesprochen, war immer bestrebt, mir das zu geben, was mir fehlte. So habe ich Stück für Stück meine inneren, einst verloren geglaubten Kräfte wieder ins Leben gerufen und mich letztendlich neu geboren. Ich war und bin meine Heilerin, mein Steuermann auf hoher See, meine Lehrerin, meine schützende Hand, meine fürsorgliche Mutter. Für all das danke ich mir. Ich bin mir treu geblieben.

Ich habe mich in Dessau sehr wohl gefühlt. Ich durfte liebevolle Menschen kennen lernen und mit Dir einen ganz besonderen. Nach ein paar Wochen im Hier und Jetzt und der täglichen Erinnerung an mich selbst, bekam ich als Geschenk das Gefühl, endlich der Regisseur in meinem Leben zu sein. Eine gewisse Freiheit und Weite hat sich eingestellt und auch Gefühle des Glückes. Ich bin Dir sehr dankbar für das Wachrütteln aus meinem Schlaf und für den Anstoß, bewusst durchs Leben zu gehen. Ich hoffe, Deine Tipps nie mehr aus meinem Leben zu verlieren. Es ist ein Wunder, wie reich einen das Leben beschenkt, wenn man wieder einen Schritt nach vorn wagt. Lieber Marco, mögest Du noch viele Menschen mit Deinem Seminar erreichen, nur so kann unsere Welt wieder schöner und lichter werden. Katrin aus Oderwitz

Die Zeit mit dir hat meine Lebens-Geister neu geweckt. Der Geist der Stille ist so erholsam. Der Geist der Ordnung leitet mich an, Liegengebliebenes zu erledigen. Der Geist der Schöpfung schenkt mir viele neue kreative Ideen für meine Berufung. Der

Geist der Liebe hat den Grund meines Da-Seins verraten, nachdem ich lange gesucht habe. Der Geist der Klarheit beantwortete mir die Frage nach dem Sinn einer lang gepflegten Krankheit. Und ich heiße nun den Geist der Fülle und des Reichtums herzlich willkommen. Danke an dich und an das Leben, das uns zusammengeführt hat. Und danke an mich, dass ich zu deinem Seminar gekommen bin, obwohl die inneren Plage-Geister vorher einen Aufstand veranstalteten. Kerstin, Märchenerzählerin, Saalfelden, Österreich

Ich bin über die Kent-Depesche auf die Lebensschule für Kinder gestoßen. Ich habe mich aus dem Bauch heraus für die Teilnahme entschieden - die bisher beste Entscheidung meines Lebens :-))). Ich dachte, dass ich in bestimmten Bereichen bewusst lebe / handle. Aber erst im Seminar erfuhr ich, was es wirklich heißt, bewusst zu sein. Ich dachte sehr viel, mein Gehirn hatte kaum Pausen. Während des Seminars machten wir eine sehr effektive Übung, wie wir die Stimmen im Verstand entfernen. Das ist das größte Geschenk in meinem Leben. Ich bin nicht mehr in der Vergangenheit oder Zukunft verankert. Ich lebe jetzt, genieße jetzt. Ich nehme die Dinge um mich herum mit Klarheit wahr - toll. Ich gehe mit einem von innen kommenden Lächeln durchs Leben. Das ist eine wunderbare Erfahrung. Ich habe noch während des Seminars die Erfahrung gemacht, dass ich höchst konzentriert war und das bis in den Abend hinein. Mich hat nichts abgelenkt. Ist eine total neue Erfahrung. Auch habe ich sehr wenig gegessen. Vor allem in der Arbeit habe ich häufig was gegessen. Wenn mich was nicht interessiert, esse ich pausenlos, bin unkonzentriert. Meine Berufung, Wünsche etc. haben sich ganz klar herauskristallisiert. Das beste & sinnvollste Seminar, welches ich bisher besuchte. Kersten, Architektin, Salzburg

Es ist schon genial, auf welche Art und Weise Du es schaffst, die Menschen zur inneren Ruhe zu bringen, das tut soooo gut. Auch wenn es im Arbeitsalltag nicht immer einfach ist, dies "automatisch" beizubehalten, ist die Sehnsucht nach diesem Gefühl so stark, dass ich mich immer wieder daran erinnere, wie schön es ist und dann bin ich immer öfter wieder bei mir. Ist schon noch ein bisschen Arbeit an mir selbst, das weiß ich und deshalb komme ich auch gern wieder. Ich will und werde es schaffen, dieses Gefühl der inneren Ruhe und Gedankenfreiheit vollständig in mein Leben zu integrieren, für mich gibt es momentan nichts Größeres.

Das Seminar hat mich in mancherlei Hinsicht erweckt. Meine Wege waren bisher recht zahlreich, doch hatte ich meine Ziele im Nebel gesehen bzw. verloren. Jetzt kann ich mit Wissen, Konsequenz und Glauben dankenswerter Weise dem Seminar mit der Lichtgestalt Marco meine Ziele sehen und leben. Für mich waren ebenfalls die vielen Informationen der Seminarteilnehmer sehr aufschlussreich und wichtig. Von Tag zu Tag kamen die Herzen immer mehr zum Vorschein, wir rückten uns immer näher. Ich bin dankbar für die vielen aufschlussreichen Informationen, die ich sehr gut auch in meiner Heilpraktikertätigkeit weitergeben darf.

Es ist eigentlich zu weit, wirklich in Worte zu fassen, was es mir gegeben hat, weil es alles in allem mein gesamtes weiteres Sein beeinflusst. Lieber Marco, es ist Geschenk, diese Zeit im Seminar, die ich mit Dir und so vielen Gleichgesinnten gemeinsam erleben durfte. Es war wieder eine sehr besinnliche, bewusste Zeit des Erinnerns. Nachdem ich mich in dem Zeitraum seit meinem ersten Seminar bei Dir bewusster als je zuvor wahrgenommen und beobachtet habe, konnte ich mich als ‚Wiederholer' noch intensiver auf meine wichtigsten Themen/Fragen einlassen. Dieses Seminar war so wichtig für mich, um noch besser ‚das Wesentliche' zu erkennen und zu verstehen. Erst was ich wirklich verstanden bzw. verinnerlicht habe, kann ich leben. Mir ist klar geworden, dass hinter all meinen ‚kleinen' Zielen, ganz einfach der Wunsch steht, mit mir selbst in Harmonie und Freude zu sein und naturnaher zu leben. Jetzt weiß ich, dass dieser Teil, die Harmonie und Freude in mir schon da ist, wenn ich bewusst im JETZT bin. Ich kann dieses „Sein" erreichen, egal was außen gerade ist. Und Malen ist für mich eine Form, eine von vielen, diese Freude zu leben und auszudrücken. Dieses Erkennen gibt mir ein Gefühl von Zuversicht und mehr Gelassenheit, meinen Zielen, meiner Vision JETZT in Ruhe entgegen zu gehen. Du hast mir, den Teilnehmern ‚durch die Blume gesagt', bewusst gemacht, in welchem energetischen Umfeld wir leben und welche Wirkung dies hat. Diese Tatsache verlangt von mir besondere Achtsamkeit und 100% Bewusstsein! Kein Weg ist ohne Hindernisse und ein mittelgroßer Stein wird noch das Überwinden dieser ‚negativen Emotionen' sein, die ich bisher nicht in den Griff bekam. Du hast mir hier auch Möglichkeiten gezeigt, die ich ausprobieren werde und ich bin davon überzeugt, dass ich es schaffe, weil ich es wirklich, wirklich will. Seit dem Seminar sind einige Tage vergangen und ich lebe mein Leben noch klarer und bewusster als zuvor. Ich bin zuversichtlich, egal was ist, es gibt kein zurück. Es geht mir gut im JETZT und dafür bin ich dankbar. Ich bin auch glücklich darüber, dass ich all die Erkenntnisse und meine selbst erlebten und zukünftigen Erfahrungen an meinen Sohn weitergeben kann, sei es durch Worte, oder noch eher durch bewusstes Vorleben. Alles in allem Danke an Dich, Deine Vision, Dein SEIN. Angela

Große Freude, einige neue Erkenntnisse, viele liebe Menschen, "wahnsinnige" :-)) Lust zu leben; Wärme im Bauch, Lächeln im Gesicht und Strahlen in den Augen. Dankbarkeit teilhaben zu dürfen und Wille mein Leben zu leben. Hier und Jetzt! Birgit aus Freistadt, Österreich

Ich bin so froh, für mich diese Entscheidung getroffen zu haben, bei dir gewesen zu sein! Es war genau die richtige Zeit für mich erinnert zu werden! und ich spüre die Auswirkungen ständig. Es war eine Bestätigung für mich und ich bin absolut dankbar, dir begegnet zu sein! Das Leben ist wunderschön: in Liebe, im hier und heute - im JETZT! Eckhart Tolle sagt: "indem du die "ist-heit" aller Dinge zulässt, enthüllt sich dir eine tiefere Dimension, eine anhaltende Gegenwärtigkeit, eine unveränderliche tiefe Stille, eine Freude ohne Ursache jenseits von gut oder böse. Das ist die Freude des Seins". Es ist für mich ein Prozess, den ich ständig und immer mehr genieße und lebe... und Du warst einer der Auslöser dafür - und dafür werde ich dir immer dankbar sein!! Moni

Es ist im Moment wirklich schwierig in Worte zu fassen, wie es mir geht und wie dankbar ich Dir bin!! In großer Wiedersehensvorfeude auf Dich war ich zum Seminar gefahren und hoffte doch, dass der Kelch an mir vorüberziehen würde.. Denn in einem Gespräch mit meinen Vorgesetzten kurz vor dem Seminar hatte ich mich erneut verpflichtet, wieder mal neue Perspektiven zu sehen und Veränderungen anzustoßen. Der Glaube, ich habe dort noch meinen Teil zu erledigen, saß tief und ich hatte Angst, dass eine Welle von aufgestauten Gefühlen und längst überfälligen Entscheidungen losgetreten werden könnte! Aufgrund Deiner starken Präsenz und Deiner hingebungsvollen bewussten Sprechweise und dem wiederholenden Fokus auf Wachheit und eigene bewusste Wahrnehmung, war es natürlich schwer, meiner anfänglichen Herangehensweise treu zu bleiben. Als wir dann im Seminar zu unserem allseits beliebten „Spiel“ kamen, war es mit der unbewussten Gegenwehr vorbei.. und dafür bin ich Dir heute sehr dankbar! Was mir sehr gut gefallen hat, dass ich gespürt habe, dass Du gern mit uns zusammen warst und uns mit Deiner Euphorie für die Schönheit des Lebens und der Bewusstheit anstecken konntest. Indem Du die Weisheiten in viele Geschichten verpackt und stets aus Deiner Intuition heraus gesprochen hast, fiel es leicht, auch viele Stunden hintereinander aufmerksam zu bleiben. Da sind wir doch irgendwie auch große Kinder. -Spiel, Spaß und spannende Geschichten authentisch und überzeugend erzählt, weckt in jedem Neugier und Interesse. Dein Seminar war für mich auf jeden Fall ein Meilenstein für das Treffen einer bewussten Entscheidung allein für mich! Seit der Kündigung meines Jobs und der Entscheidung, mich selbständig zu machen, fühle ich mich mehr und mehr in meiner Mitte und kann auch aus dieser heraus sprechen. Du bist mir ein sehr starker Spiegel und ich bin dankbar, dass meine Worte in Deiner Gegenwart verstärkt wiederhallen - dies hilft zum ehrlichen Reflektieren! Zudem merke ich sehr stark, dass Du mich nicht einfach nur aus gut gemeinter Motivation bestärkst, wenn bei mir noch die Unsicherheit siegt. Es tut manchmal weh, aber ich habe dadurch immer erkannt, dass die Kraft aus sich selbst heraus, doch die Beste und Nachhaltigste ist. Es ist schön, einen Meister wie Dich zu kennen! Antje aus München

Ich fühle mich bewusster als vor dem Seminarbesuch. Ich arbeite noch daran, möglichst viele Deiner Vorschläge umzusetzen. Ich fühle mich auch sehr viel freier, da ich mich nicht mehr rechtfertigen muss. (nicht, dass ich wie die Axt im Walde bin.) bin mir bewusst, dass ich öfter Grenzen setzen will. Helga

Am wunderbarsten empfand ich deine Entspannungsübungen mit deren wundervollen Bildern. Ich trage einige heute noch ganz deutlich mit mir. Du hast mit deinen Worten sehr viel positive Energie und Kraft in mir geweckt. Die Möglichkeit und der Wunsch nach einer Teil- bzw. Selbstständigkeit ist gewachsen und konkreter geworden. Ich freue mich darüber, mitgeschrieben zu haben und nun, wann immer ich Lust dazu habe, oder meine Energie zu verschwinden scheint, mich neu aufladen zu können. Ich glaube, du bist ein Lichtgott oder zumindest ein Verwalter von diesem. :) Ich bin dir sehr dankbar und glücklich darüber, dein Angebot angenommen zu haben. Tina, Künstlerin aus Kassel

Ich möchte mich noch einmal für dein wertvolles Seminar bedanken. Bei mir hat sich innerlich sehr viel bewegt und verändert. Begriffen zu haben, was es bedeutet, bewusst im JETZT zu leben, zu spüren, ein Teil des einen Bewusstseins zu sein, ist wirklich befreiend. So ist es nun mein Ziel, mich immer weiter "in Ordnung" zu bringen und mein Leben neu zu kreieren. Sehr interessant ist für mich die Erkenntnis, dass ich in meiner Arbeit von Bewusstsein zu Bewusstsein "arbeiten" kann, was ich bisher schon nicht ganz so bewusst als "arbeiten" von Mensch zu Mensch getan habe. Jetzt ist das für mich konkret geworden und ergibt einen tiefen Sinn. Bärbel

Also, was war das Wichtigste, was ich im Seminar mitgenommen habe? Das i-Tüpfelchen, das mir noch gefehlt hat, hat sich in mir ausgebreitet! Ich weiß nicht nur vom Verstand, was ich will und was ich nicht will, sondern es ist jetzt auch in jeder Zelle verinnerlicht und es sieht so aus, als könnte ich gar nicht mehr dagegen leben. Bin ganz friedlich. Und es ist jetzt ganz klar, lieber alleine das leben, was mich ausmacht, als zu zweit meine ganze Energie in etwas stecken, was ich gar nicht will und gar nicht bin. Weiß jetzt, was das bedeutet "33/6 Vision und Annahme". Hab angeblich so hohe Ideale, die ich lebe und erkenne nicht die Realität an. Hab immer versucht, alle Wünsche meines Umfeldes unter einen Hut zu bringen und wenn es nicht ging, bei mir selbst Abstriche gemacht. Jetzt erlaube ich dem Gott im anderen so zu sein und zu leben, wie er ist, aber ich erkenne auch den Gott in mir an und erlaube es ihm auch. Früher hab ich immer gesagt, was ich will, aber dann kam gleich ein Holzhammer und hat mich wieder ruhiggeschlagen. Jetzt geht das wie Luft an mir vorbei. Die Veränderung hat schon so ca. seit Mai begonnen, aber dein Seminar hat das ganze jetzt abgerundet bzw. es hat mir "den Rest" gegeben :-) Der Rest ist auch der Anfang...Also ich hab jetzt die Landebahn freigemacht. Daniela

Mehrere Tage Urlaub in einer anderen, sehr sehr schönen Welt, aus der ich so viele Eindrücke mitgenommen habe, dass ich sagen kann, mein Leben ist nicht mehr das gleiche wie vor dem Seminar. Oft schon habe ich mir im Urlaub gedacht: da möcht ich bleiben, und so war es auch diesmal. Anna, Wien

Ich habe viele Stunden und Tage in Dessau erlebt, die sehr schön in Deiner Gegenwart waren. Ich habe meinen gesamten Lebensstil geändert und habe dadurch seid 3-4 Monaten ohne Tabletteneinnahme einen normalen Bereich (nachweislich). Ich habe durch tägliche Entspannung eine tiefe innere Ruhe (soll schon was heißen bei mir) erreicht. Ich habe durch „mein Leben leben" eine Lebensqualität erreicht, die es mir fast jeden Tag möglich macht, von innen heraus glücklich zu sein. DU bist der Ausgangspunkt für all diese Wunder. Du hast nicht nur das Wissen vermittelt, sondern darauf geachtet, dass ich das realisiere. Viele Stunden des „Nachsitzens" haben alles verstarkt. Du bist dein Mensch der besonderen Art und ich danke dem Universum, dass ich Dich kennen lernen durfte.

Die Begegnung mit dir hat mich in meinem tiefsten Inneren sehr berührt! DANKE, dass du EINFACH DA warst und soviel gespürt hast von dem, was abgelaufen ist, ohne dass du große Worte gebraucht hast. Ich wünschte mir, noch mehr Zeit mit dir verbringen zu dürfen, um Dein Bewusstsein zu spüren und noch mehr mit meinem in Kontakt zu kommen. Ich hab in den letzten Jahren viele Ausbildungen gemacht, zu denen es mich richtig hingezogen hat und ich habe während deines Seminars entdeckt, dass sie alle "bewußtseinsbildend" für mich waren, aber das Seminar mit dir war die Krönung!! Du hast soviel von Dir erzählt, von Deinem Leben, soviel Weisheit weitergegeben, soviel Freude - es waren Dinge dabei, die ich schon mal gehört habe, doch als du sie erzähltest, war da soviel Leben drin spürbar und ich hab eine Ahnung bekommen, wie und was Leben sein kann. Die Zeit mit dir war das größte Geschenk! Ich hätte dir unendlich lang zuhören können - hab dabei Zeit und Raum vergessen und ganz viel Kraft getankt, Lebendigkeit, Leichtigkeit . . . gespürt, es war einfach wunderschön und harmonisch!!! In mir ist dabei so der Wunsch entstanden, anderen Menschen auch zu helfen, AUFZUWACHEN - ich hab so das Gefühl, die laufen im Moment richtig auf mich zu. Ganz stark waren für mich deine "Spezialübungen" Das war eine ziemliche Herausforderung, aber hinterher fühlte ich mich sehr leicht, befreit, spürte innere Ruhe und Gelassenheit, hatte das Gefühl, angekommen zu sein. Edith aus Wien

Dieses Seminar hat mir sehr viel Kraft gegeben, noch mehr auf meine Gefühle zu hören! Wenn ich es schaffe, alles bewusster zu machen, zu erleben, werde ich in Zukunft, nein ab jetzt, nur mehr Dinge, die für mich passen, die einfach mein Weg sind, erleben und tun! Ich horche tiefer, was ich denke und schreibe, sage, tue... Ja, thats'it. und werde mein Inneres Lächeln weiterschenken. Brigitte aus Wien

Danke für die inspirierenden Tage. Ich habe aus dem Seminar viel Kraft mitgenommen und ein bisschen eine andere Sichtweise des Lebens. Ich nehme mir fest

vor, mich mehr zu lieben und mir bewusst Zeit für mich selbst zu nehmen. Manchmal sind die einfachsten Dinge im Leben nur deswegen so schwer, weil man es sich selbst schwer macht und im Grunde genommen hat man es selbst in der Hand, die Dinge zu ändern und es sich einfacher zu machen. Ich danke Dir, dass Du mich aufgeweckt hast und ich gehe jetzt mit anderem Blick durch die Welt. Jona aus Wien
Ich weiß eigentlich gar nicht wo ich anfangen soll ... einfach mal DANKE. Ich komme immer mehr zu der Überzeugung, dass das, was du uns so verbal vermittelt hast (und das war schon äußerst wichtig und interessant) nur die Spitze des Eisbergs war. Ich spüre mittlerweile sehr deutlich, wie viel du uns einfach durch deine Anwesenheit und Ausstrahlung auf anderen Ebenen mitgegeben hast. Ich habe das Gefühl, dass nichts mehr so ist wie vorher, auch wenn sich äußerlich für mich erkennbar nichts verändert hat. Irgendwie tun sich innere Türen und neue Dimensionen auf. Körperlich drückt sich das alles in starken Schmerzen aus. Auf jeden Fall wünsche ich mir nichts mehr, als endlich den Zugang zu meinem Herzen und zum Sein aus dem Herzen heraus zu finden, denn bis jetzt dachte ich ja immer (als echter Kopfmensch), dass sich das alles im Kopf abspielen würde. Das sehe ich so nicht mehr, ehrlich gesagt weiß ich zum jetzigen Zeitpunkt gar nichts, ich bemühe mich einfach zu erkennen, was mir das Leben durch meine Spiegel mitteilen möchte. Mein Bedürfnis nach Ruhe verstärkt sich dementsprechend. Ich freue mich so sehr darauf, mich selber annehmen zu können, wie ich bin und andere sein lassen zu können, wie sie sind. Vielen lieben Dank für dein Engagement, Sonja aus Wien

Mir hat Dein Seminar zum Lebenslehrer sehr geholfen, mich in meiner spirituellen Entwicklung weiter zu entfalten. Ohne das Seminar wäre ich heute nicht dort, wo ich jetzt bin. Mein Leben wird immer leichter. Regina

Lieber Marco! Deine Seminarinhalte habe ich nach den Seminaren in meinem Leben zum größten Teil realisiert. In meinem Leben spielt mein Mann d i e Rolle!!! Ich habe mir lange einen Partner mit diesen Eigenschaften gewünscht – und gefunden. Ich liebe, wie ich noch nie geliebt habe. Keinen Tag des Lebens möchte ich auf diese Liebe verzichten. Es ist für mich der richtige Mann in meinem Leben, der mich liebt und der zu mir passt. Ich habe den Mut aufgebracht, meinem Leben eine neue Richtung zu geben. Marco, Du wirst viele Worte aus Deinen Seminaren wieder erkennen. Ich liebe mein Leben, wo viel Freude ist, ist auch Liebe. Diese Liebe lebe ich jetzt.

Das Seminar hat mir die Augen geöffnet und gezeigt, dass ich mein Leben mit den Dingen füllen sollte, die mich glücklich machen. Mir ist bewusst geworden, wie unflexibel ich gelebt habe. Ich war eingesperrt in einen goldenen Käfig aus Verhaltensweisen, Mustern und Angst, die mir mein Verstand gebastelt hat. Nun lebe ich von Tag zu Tag bewusster, habe mich wieder an meine wahren Träume erinnert und auch daran, wie schön es ist Träume zu verwirklichen. Karin aus Graz

Danke für das schöne Indianerwochenende. Es ist doch wieder einiges aufgefrischt worden und die Lust am Loslegen kam auch hoch. Kerstin und ich haben auch festgestellt, dass unsere Augen wieder klarer sind. LG Heike

Lieber Marco, danke für dein SEIN - du Indianerhäuptling. War angenehm - mal wieder über einen längeren Zeitraum "abzutauchen". Ich fühlte sehr stark die Gegenwartskraft - (manchmal kaum zum Aushalten! :) tolle Schwingungserhöhung - mal sehen, was sie diesmal bewirkt, Ann aus den Bergen

Ein Wohlfühlwochenende trotz sagenhaftem Wetter war das. Je mehr es regnete und stürmte, hatte ich das gute Gefühl: Hier kann dir nichts passieren. Hervorgebracht wurde dies durch ein Experiment. Die Vorstellung "Alles ist nur ein Traum", gab mir eine bisher ungekannte Stärke. Jetzt weiß ich, was mit der "Leichtigkeit des Seins" gemeint ist. Ich habe diese Erfahrung nächtlich, sogar in einem "richtigen" Traum gemacht. Ich sagte mir auch dort, es sei nur ein Traum und hatte den Eindruck, das Geträumte zu erleben. Scheinbar hatte ich meinen Körper verlassen. Bisher war mir das noch nie gelungen! Ich bin der festen Überzeugung, mit dieser Technik die kommenden Herausforderungen täglich besser zu meistern. Was hast Du nur für gute Ideen Marco. Danke und liebe Grüße Christine

Das Wochenende bei dir in Dessau hat alles in allem gepasst. Neben den wertvollen Hinweisen von Dir sind es auch die Begegnungen mit den anderen authentischen "PilgerInnen", die dabei plötzlich entstehenden Resonanzen, die diese Treffen so wertvoll machen. Herzlichen Dank für die Einladung. Steffen PS.: Meine Frau und ich, wir haben die wunderschöne Natur in und um Dessau, insbesondere Wörlitz genossen. Wer dort bewusst aufwächst, dem erschließt sich zwangsläufig die Vollkommenheit allen Seins.

schade, schade, schade…, dass es schon vorbei ist. Wann war noch mal der Termin für das nächste Treffen… J?!? Was soll man dazu groß „sagen“ – eigentlich gibt es dafür keine Worte. Danke Dir und allen Indianern für ihr DA-SEIN, für die angenehme Stille trotz anregender Gespräche und die neuen Impulse, die ich bekommen habe. Wie sagte Albert Einstein so schön: „Die reinste Form des Wahnsinns ist es, alles beim Alten zu lassen und gleichzeitig zu hoffen, dass sich etwas verändert.“ Theoretisch ist das wohl jedem klar, aber durch das bewusste Zusammensein und den Gedankenaustausch wird wieder so einiges klarer. Das Ziel und die Vision wird wieder greifbarer… und, ja… ich hoffe, dass so ein Treffen mal wieder stattfindet… Danke Dir, lieber Marco und allen Indianern noch einmal von Herzen. Bis bald!!!

Du und dein Seminar haben mich in den 4 Tagen das finden lassen, was ich die ganze Zeit so sehr gesucht habe! Die Emotionen und Gefühle, die dabei hochgekommen sind, sind anhaltend befreiend. Mein Nebel hat sich aufgelöst... ich kann wieder sehen!!...Wahnsinn, es treibt vor glücklicher und fassungsloser Energie die Tränen in die Augen! Danke, dass es dich gibt!! und dass ich da war! ... ich bin angekommen... und werde diese Blume weiter gießen:)!! ich freu mich für dich und deinen schönen und besonderen Weg!, und ich mich, dass ich mich bei evt. Fragen weiter bei dir melden kann. Herzlichst, Anett aus München

Lieber Marco, ich habe bis heute gebraucht, um meine Eindrücke in Worte fassen zu können und selbst jetzt fällt es mir noch schwer. Es war ein wunderschönes Seminar und sehr erfüllend. So viele Eindrücke und Wahrnehmungen. Ich bin bei MIR angekommen. Es war schwer, am Montag wieder loszulegen, es war soviel in mir passiert. Aber ich denke positiv und an Deine Worte. Mein Herz ist übervoll. Es ist schade , dass Du Dich zurückziehen willst. Ich hoffe, wir bleiben in Kontakt, es würde mir viel bedeuten. Manuela aus Sachsen

Im August 2006 konnte ich dem Kampf gegen mich selbst einfach nicht mehr standhalten. Ich hatte mich in den vergangenen Jahren ziemlich erfolgreich selbst „runtergewirtschaftet", indem ich bei allem, was ich tat, eigentlich nur noch funktionierte – ging ja nicht anders, dachte ich. Aber nun rebellierte mein Körper – gerade „nur" so, dass ich mir bewusst war, etwas ändern zu müssen – etwas in mir ändern zu wollen. Leichter gesagt, als getan. Versuchte mich seit Jahren auf diesem Gebiet – relativ erfolglos. Glücksmomente hielten nur Augenblicke an und dann war es wieder da, das große schwarze Loch und diese unendliche Sehnsucht nach „irgendwas". Marco – schoss es mir durch den Kopf ! Ich hatte vor ca. vier Jahren einen Artikel von ihm gelesen und ich war zutiefst berührt; ich fühlte mich sofort angesprochen. Aber der „Preis". Werde ich mir leisten, aber kann ich im Moment überhaupt nicht – war mein Motto. Habe ihn nie aus den Augen verloren, wollte irgendwann und irgendwie zu ihm, aber es schien mir unerreichbar zu sein. Sprach oft über den Artikel mit Tränen erstickter Stimme. Irgendetwas berührte mich auch nach Jahren noch immer sehr. Ich wusste, dass es JETZT soweit war. Geld hatte ich noch immer nicht wirklich „dafür" – aber ich hatte auf einmal das Gefühl, es mir wert zu sein und setzte alle „Hebel" in Bewegung – und es war mir gegönnt. Es war mir egal, wie es danach weiter geht, ich wollte nur das EINE „mitnehmen" – und dann von mir aus, gar nichts mehr. Ich hatte keine wirklichen Erwartungen, oder insgeheim doch ?!? Weiß ich nicht mehr. Klar war mir, dass ich, egal wo ich hingehe es nichts und niemanden gibt, der einen Knopf bei mir drückt und ich dann endlich glücklich werde. Wollte nur wissen, wo ich hingehöre, wo „mein Platz" in dieser Welt ist. Ich erinnerte mich zu dem Zeitpunkt nur, was mich lange Zeit, viele Jahre, tief berührt hat – der Artikel, der mir zugefallen war, in einer Zeitschrift, die ich vielleicht einmal im Jahr in den Händen halte. Oktober 2006. Erinnerungen der Vergangenheit werden wach – mit einem erfüllten Lächeln im Gesicht. ICH BIN FREI – befreit von dem Gefängnis, dass ich mir über Jahre selbst kreiert habe. Ich habe die Ruhe und Stille schon über Jahre versucht, in mein Leben zu integrieren, doch jetzt ist mir erst klar,

dass ich nur versucht habe, dieses Gedankenchaos in mir zu ordnen und zu strukturieren – Gedanken, die meist nicht die meinen waren.
Nun ist wirkliche Ruhe und Stille bei mir eingezogen – eine kraftvolle Stille voller Lebendigkeit im Einklang mit mir selbst.
Die Hauptrolle in dieser Erfahrung ist natürlich Marco, perfekt gemeistert in einer genialen „Nebenrolle". Was er „gemacht" hat ?!? Gute Frage – keine Antwort. Ich weiß es nicht – wirklich nicht. Er war DA. Er hat mich SEIN lassen. Ohne Bewertung. Ohne Kommentar. Er IST einfach GANZ DA und hat es in meinem Innersten ganz still werden lassen – sorry, anders kann ich es einfach nicht beschreiben.
ICH genieße nur noch, bei allem, was ich gerade mache ... und das ganz ohne Maske – „früher" unvorstellbar! ICH genieße jetzt voll und ganz mein DA SEIN, mein WACH SEIN, meine AUFMERKSAMKEIT – meine HARMONIE in mir und meinen FRIEDEN mit mir selbst. Es ist so einfach .... es war so einfach und ... „es" ist so genial ...
Es schien mir erst „un-natürlich", einen „Lehrer für das Leben" zu brauchen, denn vermeintlich „lebte" ich ja schon, denn ich konnte eigenständig atmen. Aber wie viel „Natürlichkeit" in unserem Leben gibt es wirklich noch?!? Ich bin stolz darauf und bereue es nicht, Marco darum gebeten zu haben, mich an mich zu erinnern und kann es nur allen Menschen empfehlen, die Interesse an ihrem Leben haben und WACH sein wollen. ICH liebe und genieße jetzt das LEBEN in vollen Zügen und wünsche es allen Menschen von Herzen, wirklich zu spüren, was Freiheit und Glück sind. Das vermeintliche „ZU-HAUSE", nach dem wir auf der Suche sind, liegt in uns geborgen – was auch ich nicht glauben wollte – oder besser gesagt – theoretisch „wusste", aber nicht in der Lage war, ES „zurückzuerobern", bis ich die Erfahrung bei Marco machen durfte. Irr- und Umwege erzeugen Ortskenntnisse, heißt es so schön – ICH hätte mir vieles ersparen können, wenn ich meiner inneren Stimme von Anfang an treu geblieben wäre – sie war ja immer da – sie war nur verschüttet von Ängsten, Sorgen und Zweifeln. ICH BIN wieder DA ... – und ... es ist die beste Investition, die ich je in meinem Leben gemacht habe – sorry, was heißt eigentlich in „meinem Leben" – M E I N L E B E N hat J E T Z T erst begonnen – es war jeden Cent wert – eigentlich viel zu wenig .... für MEIN LEBEN ....P.S. „Friede sei mit Dir" – heißt es so schön, wenn jemand zu Grabe getragen wird. „FRIEDE ist IN MIR" – sage ich jetzt – und das zu „Leb-Zeiten" – es ist mehr, als ein göttliches Geschenk ...DANKE MARCO

Das Seminar hat mir so gut getan, seitdem geht's mir nämlich wirklich so gut und ich hab keine einzige Träne mehr geweint. Ich hab gemerkt, dass ich so lang eigentlich gar nicht mehr ich selber war, aber jetzt bin ich's wieder und jetzt läuft alles wie von selber. Und was total krass ist, ich hab immer ein totales Nervositätsproblem gehabt - das haben ja viele Musiker und ohne Tabletten geht da dann gar nichts mehr, weil sich der Körper einfach nicht mehr kontrollieren lässt. Ich bin sonst auch immer Tage vor Prüfungen durchgedreht, hab nicht mehr geschlafen und so. Und das ist jetzt, ohne dass ich bewusst irgendwas gemacht hab, total weg. Ich bin schon nervös, aber normal nervös und so bisschen Adrenalin brauch ich schon - aber vor den Prüfungen war ich kein bisschen nervös, hab vorher ganz normal gegessen und so gut geschlafen! Und in der Klavierprüfung hab ich dann viel besser gespielt als je zuvor, und es gibt da wirklich äußerst selten mal eine 1, aber ich hab tatsächlich eine gekriegt. Und wie ich in Chorleitung eine 1 geschafft hab, ist mir - und ich glaub auch meinem Dozenten - nach wie vor unerklärlich, weil ich einfach in der Prüfung so gut war, wie ich's vorher noch nie annähernd war. Jetzt bin ich optimistisch, dass es auch nächste Woche in Gesang gut läuft, weil ich hab ja damals im Seminar aufgeschrieben, bei den Dingen, die ich erreichen will: Ich hab eine 1,0 in Klavier, Chorleitung und Gesang. Ich hab mir so geschworen, ich bin ab jetzt immer ich selber! liebe Grüße aus Würzburg, Elisabeth

Das Seminar mit Dir war pure Fülle. Ich bin mit meiner Konzentration auf meine Vision gerichtet, so entsteht der richtige Handlungsweg. Ich bin im Vertrauen und es wird geführt, ebenso in meinem privaten Bereich sind Dinge in Bewegung, die Traumschön sind. Hab dank für dein "Sein". Die CD von Dir ist für mich ein Raum zum Auftanken, wenn ich nicht in den Wald kann , deine Stimme reicht - es ist egal, was sie spricht, da sie einfach und klar ist! Ich empfinde es als großes Geschenk, wie ich von allen Seiten in meinem wahren "Sein" unterstützt werde. Danke! Jetzt, Karin

Lieber Marco, danke für die rührende Geschichte mit dem Turmfalken. Bin sehr auf Deine weiteren Infos gespannt. Ich habe mein Leben dieses Jahr in vielen Bereichen neu geordnet und bin sehr glücklich damit. Es geht mir fantastisch und Dein Seminar im Januar war ein guter Anfang dafür. Danke u. Liebe Grüsse aus Leipzig von Sylvia

Hallo Marco, immer mehr Menschen fragen mich, wie es mir geht: Ich antworte: Jeden Tag besser..., sie werden neugierig... Ich genieße ein wunderschönes Leben, weil du mich auf diesen Weg voller Liebe gebracht hast. Ich danke dir dafür. Mehr über meine Wunder demnächst....LIEBE Grüße vom ;-)enis

Weitere Bücher von Marco Leonardo

Marco Leonardo

Lebensschule für Kinder

Löwenherzverlag

Lebensführerschein statt Benotung
Jeder Mensch bringt ein Geschenk aus dem Jenseits mit in dieses Leben, eine Vision, die verwirklicht werden will. Den Grundstein für ein erfüllendes Leben legt man am besten schon in der Kindheit. Kinder werden absolut klar geboren, doch je mehr sie heranwachsen, desto mehr Verwirrung sammeln sie an, denn Verwirrung ist das, was sie in der Welt vorfinden. Wir brauchen den Kindern nicht beizubringen, wie man lebt, sie leben ja noch! Aber wir können sie davor schützen, dass sie so werden wie wir. Sie müssen nicht die gleichen Fehler machen, die Millionen Menschen vor Ihnen gemacht haben. Sie können neue, eigene Wege gehen und das Ihrige tun…die Lebensschule hat im Wesentlichen zwei Aufgaben: Erstens, zu lernen, wie lasse ich das Falsche los und zweitens, wie sorge ich dafür, dass das Stimmige geschieht.

Marco Leonardo

Bewusstheit befreit

Löwenherzverlag

Kleine Kinder sind voller Energie. Auch deshalb, weil sie im Jetzt leben, weil sie authentisch sind. Die einzige Möglichkeit authentisch zu sein ist die, in der Gegenwart zu sein, bewusst und klar. Kinder sind eins mit sich selbst und ihre Energie ist unerschöpflich. Erwachsene dagegen sind anders. 85 % ihrer Lebens-Energie geht durch ständiges Denken verloren. Sie schlafen 24 Stunden am Tag. Nachts schlafen sie mit geschlossenen Augen und tagsüber schlafen sie mit offenen Augen. Der Schlaf findet keine wirkliche Unterbrechung, er hat nur verschiedene Muster. Was lässt die Menschen einschlafen? Es gibt Drogen, die sind legal und kostenlos. Unbewusste Gedanken sind wie Schlaftabletten. Dann lebt man betäubt, man träumt vor sich in und erschafft eine private Traumwelt, die Wirklichkeit wird ausgeblendet. Bewusstheit befreit und bringt uns zurück in das lebendige Hier und Jetzt.

Marco Leonardo

Ewige Jugend jetzt

Löwenherzverlag

Wer das Leben liebt, und wer glücklich ist wie ein Kind, der will, dass das Leben, dass das Lebendig-Sein und die Jugendlichkeit erhalten bleiben. Kann man sein Leben unbegrenzt verlängern? Kann man das Altwerden verlangsamen? Kann man den Alterungsprozess stoppen oder sogar umkehren? Ist ewige Jugend möglich? Die Antwort auf diese vier Frage lautet: JA. Ja für den, der diese Ziele hat und danach lebt. Jetzt liegt es nur noch an Dir, diese Möglichkeit in eine Realität zu verwandeln und die Weichen zu stellen für ein Leben ohne Grenzen. Es ist Deine Wahl und sicher hast Du einen "guten Geschmack" .Frei nach dem Motto von Oscar Wild: Ich habe einen ganz einfachen Geschmack: Ich bin immer mit dem Allerbesten zufrieden.

Seminare mit Marco Leonardo

Lebe Dein Leben – verwirklichte Deine Vision

Ist Ewige Jugend möglich? Das Geheimnis der Verjüngung

Ausbildung zum Lebenslehrer zum Aufbau einer eigenen Lebensschule für Kinder/Jugendliche/Erwachsene

Jahrestraining Lebe Dein Leben

Einzelberatung - Termine nach Vereinbarung

Seminare und Ausbildungen für Jugendliche

Berufsfindungsseminare für Jugendliche

Seminar Schulleistungssteigerung und mehr Selbstbewusstsein

Bessere Schulleistungen

Frei sein von Prüfungsangst und Schulstress

Lebe Dein Leben - das gleichnamige Seminar zum Buch von Marco Leonardo, live oder als komplettes Heimstudium

Seminarinhalte Lebe Dein Leben Seminar

Es gibt zwei Lebensreisen, eine Äußere und eine Innere. Im Außen geht es um Gesundheit, Erfolg, die eigene Berufung leben, Erfüllung in der Partnerschaft. Im Innern geht es darum, ANZUKOMMEN: Das ewige Suchen beenden, ankommen bei sich selbst, aufwachen, bewusst sein und bleiben, in Wahrheit sein - Lebe Dein Leben, leben als der, der ich wirklich bin.

Lebensbilanz und Konsequenzen daraus, Auflösen von begrenzenden Überzeugungen, Falsches loslassen, der Schritt vom Ich zum Selbst, von der Persönlichkeit (Maske) zur Individualität, Befreiung von Belastungen, Loslassen von Schuld, Ärger, Angst, Stress, Bedeutung von Lebenskrisen, Probleme lösen, Misserfolgsmechanismen erkennen und beseitigen, Selbstsabotage beenden

Der Neubeginn meines Lebens, Leben im Jetzt, Klarheit, Bestimmung, Beruf und Berufung, wahre Erfüllung, Ziele erreichen, die eigene Lebensvision erinnern und verwirklichen, Erleuchtung ist kein Ziel, sondern erst der Anfang - Vom Wissen zum Tun und vom Tun zum Sein

Das erkannte eigenen Projekt, die eigene Vision praktisch umsetzen oder Aufbau und optimale Führung einer Lebensschule - Wege zum erfolgreichen Aufbau einer eigenen Lebensschule/ Beratungspraxis- erprobte und erfolgreiche Methoden, Eltern, Lehrer und Schulbehörden von der Notwendigkeit und den Vorteilen einer schulbegleitenden Lebensschule zu überzeugen, Finanzierung und Verdienst, Lebensschul-Verträge mit Eltern und Vertragsbedingungen, Vision der Lebensschule

Seminarinhalte: Der beste Weg zur Vollkommenheit: Falsches loslassen - Bilanz meines Lebens - Als wer habe ich bisher gelebt? - Wer bin ich wirklich? - richtige Selbstidentifikation und Selbsterinnerung - Als wer will ich ab jetzt leben? - Was heißt stimmig leben? - warum vergangene Erfahrungen unser Leben beeinflussen, positiv oder negativ - unser Selbstbild bestimmt unser Leben - negatives Selbstbild auflösen - Begrenzungen erkennen & loslassen - das Ärgern verlernen, Krisen meistern, Stresslösung, Konfliktmanagement - Konsequenzen aus der Lebensbilanz, Psychohygiene - Erfahrungen schaffen Überzeugungen und Überzeugungen erschaffen Erfahrungen - Überzeugungen bestimmen unser Leben - Stimmt meine Lebenseinstellung? - Wohlstands- oder Mangelbewusstsein - mit der richtigen Einstellung gelingt alles leichter, mit der falschen oft gar nichts - falsche Gewohnheiten loslassen - Probleme lösen – das Ende der Selbstsabotage - begrenzende Überzeugungen auflösen - Optimale Voraussetzungen schaffen – wahres SELBST-bewusstsein und Selbstwertgefühl - Sicherheit und Selbstvertrauen - sicheres und überzeugendes Auftreten - das Besondere in sich selbst erkennen - Schwächen in Stärken wandeln - Charisma, das gewisse Etwas, Praktische Übung das Charisma zu steigern - Körpersprache und Menschenkenntnis - Intuition, Antworten auf die eigenen Fragen in sich selbst finden - die geistigen Gesetze - Lebenserfolg als persönliches Ziel - das Prinzip von Ursache und Wirkung erfolgreich nutzen - Wie Außen so Innen, wie Innen so Außen - Die Fremd-Sprache der Lebensumstände fließend lernen - Ursachen, die wir unbewusst setzen und deren Folgen wir auch erleben - Lernen, Absicht und Ergebnis übereinstimmen zu lassen - bewusstseinsfördernde meditative Übungen sowie Anregungen für Lebenswegplanung und Zukunftsdesign für sich und auch für Kinder - Großes tun, solange es noch klein ist : Gedanken erschaffen unsere Welt - Kraft der Worte und Gedanken, Macht der Gefühle und Imagination - Rolle des Unterbewusstseins - Ursache und Wirkung - Glaube, Vertrauen, Gewissheit, dass unsere Gedanken,

Gefühle und unsere Vorstellungen Wirklichkeit erzeugen und das sich wert fühlen, Erfüllung jetzt zu empfangen, schaffen ein Bewusstsein voller Dankbarkeit und Freude - Bewusstes und unbewusstes Denken, Konzentration, Gedankenkontrolle und Gedankendisziplin, Korrigieren und Umerleben von negativen (unerwünschten) Gedanken, Gefühlen, Verhaltensweisen, Auflösen von Angst, Ärger, Stress, Aggressionen, Blockaden - Wunschklärung und Zielklarheit, Wunschverwirklichung - das Geheimnis erfolgreicher Menschen - Enthusiasmus und Motivation - begeistert sein, andere begeistern - Beharrlichkeit üben - Konzentration auf Wesentliches - Zukunftsdesign, entwickeln eigener Lebensprojekte, persönliche Interessen und Hobby zum Beruf machen - Begabungen und Talente erkennen und erfolgreich vermarkten, Umgang mit Geld - finanzielle Unabhängigkeit - die eigene Geschäftsidee - Freiheit, Unabhängigkeit, Verantwortung - anderen zeigen, ihre individuelle Lebensvision zu erinnern und zu verwirklichen - Misserfolge sind nur Zwischenergebnisse auf dem Weg zum Erfolg - Erfolg ohne Erfüllung ist kein Erfolg - Lebe Dein Leben, Erfüllung finden - "erinnern" an den Sinn des eigenen Lebens - die eigene Lebens-Vision Schritt für Schritt verwirklichen - Wünsche erfüllen, Ziele sicher erreichen - Gesundheit und Vitalität - erfüllende Partnerschaft, liebevolles Miteinander - Freude durch kreativen Selbstausdruck - leben als der, der ich wirklich bin und so Zufriedenheit und Glück finden in sich selbst - bewusst Ursachen setzen für ein stimmiges, erfüllendes Leben - Sei du selbst. Wir brauchen nicht mehr versuchen, das Richtige im Leben zu tun, sondern einfach nur wir selbst sein, also stimmig zu leben, und wenn wir stimmen, dann stimmt auch unser Tun – Intuition, in tutor, der innere Meister - Der Geist lehrt im Denken, das Herz lehrt im Schweigen, Gedankenstille - Leben im Hier und jetzt - Leben als Meister - prakt. Schritte zum Aufbau einer Lebensschule/zum Erreichen Deines Zieles – Finanzielle Unabhängigkeit, Finanzierung/Verdienst einer Lebensschule

Dieses Seminar ist auch als komplettes Heinstudium möglich – einfach Informationen anfordern bei:

Marco Leonardo - Tel 0340-6612460 - www.lebedeinleben.de

Ist ewige Jugend möglich?

Wer dieses Ziel ernsthaft verwirklichen will, der findet heraus, dass die Antwort Ja lautet. Marco Leonardo teilt seine Erfahrungen und Erkenntnisse in seinem Ewige Jugend Live Seminar, jetzt auch als Heimstudium.

Das Geheimnis ewiger Jugend

Es gibt einen Ort, wo anhaltende Jugendlichkeit, Kraft, Erneuerung, Kreativität, Freude, Erfüllung, Wohlstand und Zeitlosigkeit zu den ganz normalen Alltagserfahrungen gehören.
Ewige Jugend ist Teil unseres genetischen Erbes. Je näher man sich selbst kommt, desto mehr nimmt man seine eigene Ewigkeit und Unendlichkeit wahr. Wer zu dieser EINsicht gelangt, dem erschließen sich ganz neue Möglichkeiten. „Alles ist möglich" ist dann keine Floskel mehr, sondern eine Gewissheit. Wenn Sie ein glückliches, gesundes Kind fragen: „ Wie lange willst Du leben?",dann wird das Kind sicher antworten. Ewig. Und jetzt frage ich Sie, ich frage Ihr Herz, Ihre Seele, Ihr ganzes Sein: „ Wenn Sie wüssten, dass Sie für immer glücklich sind, gesund, kreativ und keine finanziellen Probleme haben werden, wie lange würden Sie leben wollen?

Seminar Ewige Jugend und weitere Infos

Seminarinhalte – kleiner Auszug:

- **Rein biologisch betrachtet würden Menschen 180-540 Jahre leben**
- **Wer den Alterungsprozess versteht, der erkennt das Geheimnis ewiger Jugend und ewigen Lebens**
- **Den Alterungsprozess stoppen**

- **Umkehrung des Alterungsprozesses und Verjüngung bewirken**
- **Verjüngungs-Geheimnisse der Taoistischen Meister der Lebensverlängerung**
- **Magnetismus und Langlebigkeit**
- **Verjüngung durch Entgiftung**

Erfahren Sie das „zwei-Minuten-Geheimnis“ eines 242 Jahre alten Chinesen und seiner 221 Jahre alten Frau. Ihr Sohn 196 Jahre, ihre Schwiegertochter 193, Enkel 151 Jahre und seine Frau 138

Die Entscheidung für ewige Jugend liegt in Ihrer Hand. Es gibt kleine Schritte, die dahin führen, aber darüberhinaus braucht es einen Sprung - im Bewusstsein. Glauben Sie nicht auch, es ist die gesündeste Idee auf der Welt, die Vorteile vollkommener Gesundheit und ewige Jugend sofort selbst zu erfahren?

Hier einige Stimmen von Seminarteilnehmern des Ewige Jugend - Seminars 2009

warum dein Seminar? - weil ich erleben möchte, dass ich in u n e n d l i c h und r i e s i g schöpfen kann! ich will spüren, was es heißt, schönsten Geist in Materie zu verwandeln, ich will großartige Dinge erleben! Dinge, die andere noch nicht mal für möglich halten. Und ich freu mich auf die neuen Ideen, die mir bei meinem neu kreierten Leben kommen:)! aber am liebsten mag ich diese großartigen dinge mit anderen teilen - und vor allem unentwegt staunen und genießen!!...:) Deswegen:)!!!... Ganz liebe Grüße! Anett aus München

Ich kann gar nicht anders, als mich für das Seminar „Ewige Jugend - Ewiges Leben“ anmelden! Umso bewusster ich mir über die Wirkung meiner Gedanken und Glaubensvorstellungen wurde, umso klarer wurde mir, dass es nur konsequent ist, diesen Gedanken in allen Bereichen meines Lebens zu leben! Ich habe erkannt, dass der Tod letztendlich auch nur ein Glaubenssystem ist, und es eigentlich selbstzerstörerisch wäre, diesen Gedanken nicht mit der Glaubensvorstellung des Ewigen Lebens zu ersetzen. Diese Vorstellung ist für viele noch ungewöhnlich und deswegen freu ich mich sehr, dass es endlich dieses Seminar gibt! Catarine aus Heilbronn

Hallo Marco, es ist meine Intuition, die mich dazu aufgerufen hat, am Seminar teilzunehmen. Dass ich sehr lange oder ewig leben möchte, habe ich schon eher entschieden. Leben ist für mich die Freiheit, ich Selbst zu sein, mein Leben selbst zu gestalten und mich und das Erschaffene zu lieben und zu ehren. Mich lebendig zu spüren, dadurch, dass ich selber erschaffe. Infos www.ewige-jugend-jetzt

Täglich einen Esslöffel Sonne – trinken ! Vitaltrunk Superfood

Laut Info eines Naturarztes ist es nicht von Belang, wie sich die persönlichen Beschwerden seiner Patienten nennen. Jeder beginnt gemäß dem gesunden Menschenverstand mit den Gesundheits-Grundlagen. Aus seiner Arbeit mit seinen Patienten mit allen Arten von Problemen erkannte der Arzt, dass man zunächst mit der Errichtung der Grundlagen beginnen muss, bevor man spezifisch wird. Dann kommt es zum nächsten Schritt, der Vitalisierung und Re-Mineralisierung. 95% all seiner Patienten sind gesund nach Abschluss der Grund Formel (Darmreinigung und Vitalisierung mit S-food). Diese Kräuter-Grundformel und das entsprechende Programm dazu wird Superfood genannt. Sie ist ein 100%-ig organisches Vitamin & Mineral- Essenz Konzentrat, bestehend aus pflanzlichen Zutaten: Spirulina Blau-Grün-Alge, Chlorella Alge, Alfalfa Gras, Gersten Gras, Weizen Gras, Purple Dulse Seetang, Rote Beete Rübe, Spinat Blätter, Hagebutten, Orangen- und Zitronenschalen. „Jeder Patient, der in meine Klinik herein kam, war von der Ernährung her erschöpft." Ein Mangel an Nahrung im Blut kann alles verursachen, von niedrigem Energieniveau, schwachem Immunsystem bis zu jeglicher Krankheit. Die Geschwindigkeit sich zu erholen und die Fähigkeit dazu wird in hohem Maße reduziert, wenn man von der Ernährung her erschöpft also unterversorgt ist. Es ist die Nahrung und deren Vitalstoffgehalt, welche jede Zelle, jedes Organ und jeden chemischen Stoffwechsel im Körper aufbaut. Eine reiche Versorgung mit guter Nahrung, Energie, Vitalität, Stärke, schützt vor Krankheit und anderem Unwohlsein. Sollte man krank werden, beschleunigt sie die Erholung dramatisch mit der richtigen NahrungsENERGIE. Es ist nicht, wie viel man zu sich nimmt, sondern, wie viel man aufnimmt. Sogar bei perfekter Gesundheit ist es schwierig, Vitamin & Mineral Pillen zu verarbeiten, aber wenn man krank ist, hat man kaum eine Chance. Es ist nicht länger eine Frage von wie viel Milligramm von dieser oder jener Nahrung, sondern wie viel tatsächlich in unserem Blutstrom und zu den Organen gelangt, die es benötigen. SUPERFOOD wurde so gestaltet und entwickelt, dass es zahlreiche einzellige Mikropflanzen benutzt. Das bedeutet, dass es innerhalb von Minuten direkt vom Blut aufgenommen wird. Es gibt Nahrungsmittel und Kräuter, die so potent, konzentriert und komplett sind, dass man sie SUPERNAHRUNGSMITTEL nennt. Diese perfekt ausbalancierte Mischung von SUPERFOODS stattet uns mit einem weiten Bereich einer natürlichen Nahrungsquelle von Vitaminen, Mineralien, Aminosäuren und essentiellen Spurenelementen aus. Es ist eine natürliche Bluttransfusion. Anstatt von erschöpften Blut ohne Nährstoffe hat man mit SUPERFOOD hochoctanigen Brennstoff zur Verfügung. Und alles ist von der Natur gemacht. Bestell- Infos Seite 247 sowie www.lebedeinleben.de

Lebensschulen für Kinder entstehen

Visionsfindung statt Benotung. Bewusstsein statt Konditionierung.

Marco Leonardo geht mit Kindern und Jugendlichen neue Wege. Machen Sie mit! Gründen Sie jetzt eine Lebensschule in Ihrer Stadt, die Kinder der neuen Zeit warten! Jede Familie ist eine Mini-Lebensschule

Jeder Mensch hat eine ganz individuelle Bestimmung, eine innere Vision. Diese Vision zu erkennen und zu verwirklichen, das ist der Sinn unseres Lebens. Darin liegen das Glück und die Erfüllung, nach denen wir suchen. Das gilt für Kinder, Jugendliche und auch für Erwachsene. In der normalen Schule lernen wir, wie lang der Nil ist, wie viele Einwohner New York ... aber was wir dort nicht lernen ist, wie man wirklich lebt. Wie man seinen Körper gesund erhält, wie man den richtigen Beruf und so später zu seiner Berufung findet, wie man den richtigen Partner findet und vor allem, wie man mit ihm glücklich wird. Wir lernen nicht, wie man seine Probleme löst, wie man Krisen bewältigt, wie man seine Ziele sicher erreicht. Schulen sollten Kinder zukunftsfähig machen. Aber alles, worauf es im Leben wirklich ankommt, lernt man nicht in der Schule. Und weil einem das niemand beibringt, scheitern viele, bevor das eigentliche Leben beginnt. Also muss das Fehlende hinzugefügt werden. Deshalb ist Lebensschule unverzichtbar, denn erst, wenn wir das alles gelernt haben, erkennen wir, was Leben wirklich bedeutet. Deshalb ist es Zeit für Lebensschulen die den Kindern dienen, denn

das Leben ist einfach zu kostbar, um es dem Zufall zu überlassen. Ratsam wäre ein Lebensführerschein.
Für jedes dusselige Moped brauchen wir einen Führerschein, aber für etwas so Komplexes und Wichtiges wie das eigene Leben gab es so etwas nicht. Jetzt gibt es das - in der Lebensschule. Das Hauptfach ist das Leben selbst. Und die wichtigste Fremdsprache ist nicht Englisch sondern die Sprache der Lebensumstände. Und am besten legt man den Grundstein für diese wichtige Entscheidung bereits in der Kindheit. Hier setzt die Lebensschule ein, denn zuerst sollten wir die Spielregeln des Lebens lernen und anfangen auch danach zu leben. In Wirklichkeit ist das Leben ein Spiel das uns einlädt mitzuspielen. Wir entscheiden, ob wir als Spielfigur oder als bewusster Spieler an diesem Spiel teilnehmen. Wäre es nicht wunderbar, wenn Kinder schon frühzeitig lernen, worauf es im Leben wirklich ankommt?

Mach dir selbst ein Geschenk. Lebe Dein Leben – bewusst und frei. Und dann, wenn du willst, teile diese Erfahrung mit Kindern, Jugendlichen oder Erwachsenen – in Deiner Familie, in Deiner Firma, Lebenslehrer werden überall gebraucht.

Lebenslehrer – (D)eine Berufung?! Wenn ja, dann melde dich. Du wirst gebraucht. Jetzt. In Deutschland, Österreich und in der Schweiz gibt es über 1800 offene Stellen, freiberuflich mit Kindern Lebensträume erfüllen
Willst Du Kinder und Jugendliche begleiten, so dass sie ihren individuellen Weg gehen und lernen, ihr eigenes Glück zu schmieden?

Ausbildung zum Lebenslehrer mit Marco Leonardo. Auch als Heimstudium!

für Eltern, Lehrer, Erzieher, Therapeuten, Trainer, Berater und alle, die ihr Leben bewusst und stimmig gestalten wollen und anderen helfen, aufzuwachen

500 € Bildungsgutschein vom Bund/Land geschenkt!

Hast Du vielleicht den Wunsch, eine Lebensschule für Kinder/Jugendliche in Deiner Region zu gründen? Oder kennst DU jemanden, der Kinder dabei unterstützen will, so dass sie lernen, in sich selbst verwurzelt zu sein, ihre Vision zu verwirklichen und ihr eigenes Glück zu schmieden? Oder willst Du mit Erwachsenen arbeiten? Tu, was Dir Freude macht und lass Dich gut dafür bezahlen .Als Lebenslehrer kann man bis 800€ + nebenberuflich und bis 2500 € + hauptberuflich verdienen. Lebenslehrer werden überall gebraucht Wer sich jetzt für die Ausbildung zum Lebenslehrer/Lebensberater entschließt, bekommt einen 500 € Bildungsgutschein vom Bund/Land geschenkt! Das heißt, man spart einen erheblichen Teil der Ausbildungsgebühr. Das gilt für das Live Seminar und auch für das Heimstudium. Bei Interesse einfach bei mir melden, meine email lebensschule@gmx.de www.lebedeinleben.de

Elterninformation

Es gibt Handwerker und Handwerksmeister, Bäcker und Bäckermeister, Tischler und Tischlermeister. Facharbeiter und Meister in ganz speziellen Berufen. Viel zu selten ist dagegen der Lebensmeister. Aber ist der wichtigste, der erste Beruf, den wir erfolgreich erlernen sollten, nicht, das eigene Leben auf ein gesundes, erfolgreiches und glückliches Fundament zu stellen? Eine Spezialisierung kann noch so vorteilhaft erscheinen, aber sie ist keine Garantie für eine sichere berufliche Zukunft.

Für mein Kind nur das Beste

Die beste Lehre oder Ausbildung ist diejenige, die einen befähigt, das eigene Leben wirklich zu meistern. Dazu gehören Gesundheit, Erfolg, finanzielle Freiheit, Erfüllung in der Partnerschaft. Dazu gehört auch die Erkenntnis, wie man seine Probleme löst, wie man Krisen meistert, wie man seine Wünsche erfüllt, seine Ziele sicher erreicht und wie man glücklich ist. Kurz, die beste Ausbildung zeigt einem, wie man sein Leben wirklich lebt.

Studiengang der Zukunft für Kinder und Jugendliche von heute

Das wichtigste Ziel einer Schule sollte sein, den Schüler zu befähigen, wirklich zu leben, die eigene Intelligenz zu entfalten und die Fähigkeit zu entwickeln, die eigenen Lebensumstände selbständig und bewusst zu gestalten. Das wichtigste Fach, das Hauptfach einer LebensSchule, ist das Leben selbst. Das wichtigste Thema ist nicht sinnlose Informationen auswendig zu lernen, sondern die individuellen Fähigkeiten des Schülers zu entfalten und seine besonderen Eigenschaften und Talente zu fördern.

Ausbildung zum Universalberuf

um die Kräfte und Fähigkeiten in Ihrem Kind zu wecken und zu entfalten

Lebensschule Leocardia - wo Theorie und Praxis zu etwas Lebendigem verschmelzen und ein Fundament schaffen für eine erfolgreiche Lebensgestaltung

Wie geht ein Künstler vor, wenn er etwas erschafft? Er hat eine Vision. Ein Bildhauer zum Beispiel will aus einem Steinblock eine Statue hervorbringen. Er schaut auf den Steinblock, er weiß, die Statue ist in diesem Steinblock schon vorhanden. Also entfernt der Bildhauer all das, was nicht zur Statue gehört

Als Eltern sind Sie überzeugt, dass ihr Kind etwas ganz besonderes ist. Ganz sicher ein Edelstein, aber anfangs eben ein Ungeschliffener. Bleibt er ungeschliffen, dann wird er kaum von Kieselsteinen zu unterscheiden sein. Mit jedem „Schliff" aber wird er immer mehr das, was er eigentlich ist, ein Diamant. So ist es auch mit uns Menschen. Je mehr wir zu uns selbst kommen und die Spielregeln lernen und verstehen, nach denen das Leben funktioniert, desto gesünder, erfolgreicher und erfüllender ist unser Leben.

Zuerst das Fundament, dann das Spezifische

Wenn man ein Haus bauen will, dann schafft man zuerst ein sicheres Fundament. Ebenso ist es im Leben. Bevor man sich für das Erlernen eines Spezialberufes entscheidet, sollte man einen Grundberuf haben, ein gutes Fundament. Der eigentliche Beruf oder Grundberuf des Menschen ist, zu sich selbst zu finden. So erkennt man nicht nur seine wahres Wesen und seine eigene Vision, sondern auch seine inneren Gaben, die dann zu den uns entsprechenden Aufgaben führen. Mit der Ausbildung zum Universalberuf wird auch der zukünftige Spezialberuf sichtbar. So finden wir später den Beruf unserer Entsprechung und damit zu einer erfüllenden Berufung.

Spezialberufe sind wie Spezialschlüssel sie passen nur einmal. Ein Universalberuf aber ist wie ein Universalschlüssel. Alles ist damit möglich.

Die Anwendbarkeit von Spezialschlüsseln ist begrenzt, denn sie passen nur in ganz spezielle Schlösser, die immer nur eine bestimmte Tür öffnen können. Ein Universalschlüssel passt überall und eröffnet einem alle Möglichkeiten, die das Leben bietet.

Eltern haben eine große Verantwortung, nämlich, ihrem Kind zu helfen, zu dem Besonderen zu werden, was es ist.
Dabei bietet die Lebensschule die Chance, das Lebensfundament zu legen für eine erfolgreiche persönliche und berufliche Zukunft für das eigene Kind.

Die Ausbildung zum UNIVERSALBERUF baut sich folgendermaßen auf:

die Grundstufe
die Oberstufe
die Meisterstufe

Jeder Teilnehmer wählt bewusst selbst, wie weit er geht, wie viel er von seinen Möglichkeiten erschließen will

Ausbildungsinhalte, Ausbildungsdauer mehrere Semester
Ausführliche Informationen auf Anfrage. www.marcoleonardo.de

Selbstbewusst und erfolgreich in die berufliche Zukunft

Motivationstraining

Persönlichkeitsentwicklung

Lebe Dein Leben Seminare
für Jugendliche

Weiß Ihr Kind, was es will?

Liebe Eltern,

wenn Sie die Wahl hätten, sich im Leben für persönlichen und beruflichen Erfolg oder für Misserfolg zu entscheiden, würden Sie sicher Erfolg wählen. Und ganz sicher würden Sie auch wollen, dass Ihr Kind erfolgreich ist und im Leben lernt, sein eigenes Glück zu schmieden und wahre Erfüllung zu finden.

Begabungs- und Karrierechecks

Irgendwann steht Ihr Kind vor der wichtigen Entscheidung, einen Beruf zu wählen. Bereiten Sie diesen Schritt gründlich und vorausschauend vor und versuchen Sie herauszufinden, in welcher Tätigkeit sich Ihr Kind auch ein Leben lang wohl fühlen könnte. Nutzen Sie hierfür alle Möglichkeiten der neuen Art der persönlichkeitsorientierten Berufsfindung. In einer individuellen Situationsanalyse wird klar aufgezeigt, welche Anlagen und Fähigkeiten Ihr Kind hat, was gefördert und noch verbessert bzw. vertieft werden kann und für welchen auch in der Zukunft gefragten Beruf Ihr Kind am besten geeignet ist. Nicht umsonst heißt es: Wo unsere Gaben sind, da sind auch unsere Auf-Gaben im Leben.

Berufs- und Studienwahl leicht gemacht

Diese bewährte persönliche Situationsanalyse ist eine einmalige Investition in die Zukunft Ihres Kindes. Gerade heute ist es ganz wichtig, zu wissen, was man will und selbst die Initiative zu ergreifen, Selbstvertrauen, Zielklarheit und Motivation zu besitzen, Perspektiven zu haben und sich die Fähigkeit anzueignen, mit den ständigen Veränderungen des Lebens optimal umzugehen. So kommt man auch aus scheinbar aussichtslosen Situationen sicher heraus und gestaltet seine Zukunft bewusst selbst, denn das Leben ist viel zu wertvoll, um es dem Zufall zu überlassen.

Im Leben am "falschen Platz" zu sein, tut weh. Jeder Mensch ist bestrebt, sein eigenes Potenzial zu verwirklichen und seinen Platz im Leben zu finden und vor allem zu erfüllen. Das heißt, selbst wenn Ihr Kind bereits eine Berufsausbildung gewählt hat, aber erkennt, dass diese Wahl nicht die Richtige war, selbst dann ist es nicht zu spät, neu zu beginnen. Entscheiden Sie sich jetzt für ein besonderes schulbegleitendes Motivationstraining für Ihr Kind, ein nachhaltiges Programm oder als Kompaktseminar für individuelle und erfolgreiche Zukunftsgestaltung durch bewusste Lebenswegplanung. Hier die Seminarinhalte (Auszug)

1. Teil - Falsches loslassen
- negatives Selbstbild auflösen
- Begrenzungen erkennen & loslassen
- Auflösen von Ängsten (Tests, Prüfungen)

2. Teil - Stimmt meine Lebenseinstellung?
- mit der richtigen Einstellung gelingt alles leichter, mit der falschen oft gar nichts
- falsche Gewohnheiten loslassen, - Schwächen in Stärken wandeln
- selbstbegrenzende Überzeugungen auflösen (z.B. das schaffe ich nicht)

3. Teil - Optimale Voraussetzungen schaffen
- Selbstbewusstsein und Selbstwertgefühl
- Sicherheit und Selbstvertrauen, wissen, was man wirklich will
- sicheres und überzeugendes Auftreten

4. Teil - Die persönliche Bewerbung
- 10 wichtige Dinge, die man wissen sollte, um einen Job zu bekommen
- was sagt meine Beurteilung wirklich aus? worauf Personalchefs/Unternehmer Wert legen
- die Bedeutung des ersten Eindrucks beim Vorstellungsgespräch

5. Teil - Originelles, individuelles Auftreten
- Sechs magische Worte, die Türen öffnen
- Charisma - das gewisse Etwas, prakt. Übung das Charisma zu steigern
- Körpersprache und Menschenkenntnis

6. Teil - Lebenserfolg als persönliches Ziel
- das Geheimnis erfolgreicher Menschen für sich nutzen
- Begabungen und Talente erkennen und erfolgreich vermarkten
- richtiger Umgang mit Zeit und Geld

7. Teil - Lebe Dein Leben, Erfüllung finden
- "erinnern" an den Sinn des eigenen Lebens
- Wünsche erfüllen, Ziele sicher erreichen, die eigene Lebensvision verwirklichen

- leben als der, der ich wirklich bin und so Zufriedenheit und Glück finden in sich selbst

Dieses Seminar ist mehr als nur „Berufsfindung“. Es zeigt, welche Eigenschaften erfolgreiche Menschen entwickeln, welche Geheimnisse sie gelüftet haben und warum sie so erfolgreich sind.

Erfahrungsberichte von Schülern / Lehrlingen, die das Seminar besucht haben

Mir ging es in den 3 Tagen sehr gut. Habe unter anderem gelernt, mit meinen Problemen besser umzugehen und nicht mehr in Selbstmitleid zu versinken, sondern Verantwortung zu übernehmen. Ich finde es gut, dass Marco so gut zuhören kann. Manchmal braucht man das einfach.

Ich kann sehr viel aus dieser Woche für mich mitnehmen und ich habe auch erkannt, dass ich mich bei allem, was im Leben so geschieht, mich selbst nicht vergessen darf.

Es war sehr harmonisch und entspannend. Und ich weiß jetzt, was ich will und wie meine Ziele aussehen. Auch wurden all meine Fragen beantwortet. Diese Woche hat mir sehr viel genützt und ich würde das gern wiederholen bzw. fortsetzen.

Diese Woche war sehr wissensreich. Ich bekam auf jede Frage eine Antwort, die ich begriffen habe. Jetzt denke ich über manche Sachen anders nach. Auch werde ich es mehr genießen, „Kind zu sein“, so zu sein, wie ich wirklich bin. Die Entspannungen waren einfach super. Auch weiß ich jetzt, wie fest ich mir vornehme meine Träume zu verwirklichen. Die Reise in die Vergangenheit war sehr erfahrenswert, wie man mit schlechten Erinnerungen besser umgehen kann. War eine Spitzen-Woche.

Ich habe gelernt abschalten zu können durch Meditation, egal in welcher Verfassung oder in welchem Zustand ich bin. Ich werde das mit Sicherheit öfter anwenden, um so schwierige Situationen zu meistern.

Ich wurde in manchen Dingen eines Besseren belehrt und bin eigentlich froh darüber. In manchen Dingen versuche ich jetzt anders zu denken und ich will lernen, meine Konzentrationsfähigkeit zu stärken.

Ich habe herausgefunden, was es für mich bedeutet, wirklich zu leben, zu wissen welche Träume und Ziele ich habe und was mir wirklich Freude macht. Ich habe erkannt, dass mein Leben wichtig ist! Auch meine Einstellung zum Leben hat sich verbessert. Nun hat sich ganz bewahrheitet, dass, wenn man keine Ziele im Leben hat, das Leben keinen Sinn macht oder besser gesagt, Ziele sehr wichtig sind. Jetzt weiß ich auch, dass es für Probleme immer eine Lösung gibt und ich etwas dafür tun kann. Das Seminar hat mir wirklich was gebracht und gut gefallen.

Dieses Training hat mir Kraft gegeben, vor allem mehr Selbstbewusstsein. War oder bin gerade in einem „Tief“, aber jetzt fühle ich mich von Tag zu Tag besser. Endlich habe ich es auch mal geschafft, mich richtig gehen zu lassen und wirklich zu entspannen. Es war mal eine andere Erfahrung, sich mit sich selbst zu beschäftigen, nachzufragen, wie man Probleme lösen kann und wie die eigene Zukunft verlaufen soll. Vielen Dank. Solche Seminare kann ich nur jedem empfehlen.

Jetzt beginne ich wirklich ernsthaft darüber nachzudenken, meinen Traum zu verwirklichen. Ich weiß nun, dass man sein Leben leben soll und sich nicht zu etwas zwingen muss, dass man nicht will. Ich will zu mir selbst finden, meinen eigenen Weg finden und gehen und mich frei machen von negativen äußeren Einflüssen. Ich habe auch gelernt, mehr auf meinen Körper zu achten bzw. auf meine Körpersprache zu hören und darauf zu reagieren. Auch versuche ich bewusster zu sein bei dem, was ich denke und sage.

Es hat mir viel gebracht. Endlich habe ich mal nachgedacht, was ich eigentlich will und was mein Ziel ist. Und jetzt weiß ich, was ich will und wie ich einen Weg finde, das zu erreichen

Das Seminar half mir, mein Inneres aufzuräumen, nachzudenken über mich selbst und darüber klar zu werden, was ich später machen will und wie ich das auch verwirkliche. Ich habe erkannt, dass es nicht reicht, wenn ich im Leben sage, „ich möchte“, sondern „ich will“ dieses oder jenes machen und schaffen.

Die Gespräche haben in mir eine Entwicklung angestoßen, für die ich sehr dankbar bin. Ich entdecke immer mehr, was für mich wirklich wichtig ist. Conny, 18 Jahre, Schülerin aus Dessau

In den Gesprächen habe ich gelernt, meiner Intuition und dem Leben zu vertrauen; du hast den Stein ins Rollen gebracht und mir geduldig geholfen, dass ich den für mich richtigen Weg selbst erkennen konnte. Bea aus DE.

Es war eine unvorstellbar große Bereicherung an der Ausbildung teilzunehmen. Auf euch alle wartet eine einmalige Chance, jetzt und hier die Weichen zu stellen für euer Leben, so, wie ihr es euch vorstellt. D aus Hessen

Ich habe ich in dieser entspannten Atmosphäre zum ersten Mal bewusst erlebt, wie es sich anfühlt, meditativ, ganz gegenwärtig, frei von Gedanken zu sein.

Besser und länger leben leicht gemacht

Informationen für ein gesundes Leben

Auf den folgenden Seiten finden Sie praktische Anregungen, wie man in Selbsthilfe etwas für ein langes und gesundes Leben tun kann.

Haben Sie etwas gegen

Kopfschmerzen, Migräne Nervosität,

Stress?

Zeit für mich selbst

Tiefe Entspannung

CD von Marco Leonardo

Wir alle brauchen regelmäßige Zeiten der Ruhe und Entspannung, um unsere innere Harmonie zu festigen und zu stärken und in einem natürlichen Gleichgewicht zu bleiben. Diese CD mit der beruhigenden Stimme von Marco Leonardo führt Sie ganz leicht in einen tiefen entspannten Zustand. Schaffen Sie, so oft Sie wollen, Momente bewusster (Gedanken)-Stille und erleben Sie die Freude Ihres wahren Seins. **Auch ideal zum Verschenken geeignet** (Selbsthilfe beim Abbau von Stress, um besser zu schlafen oder um sich von Verspannungen und Kopfschmerzen zu befreien).

Preis 12 € zzgl. Porto und Versand. Tel. 0340-6612460 und www.lebedeinleben.de

Grußkarten mit Zitaten von Marco- Leonardo mit verschieden Motiven A6

In den Augen eines kleinen
Kindes ist mehr Wahrheit
als in allen heiligen Schriften

Das einzige Glück heißt,
Du selbst zu sein

Die Bäume leben ihr Leben,
die Blumen leben ihr Leben,
die Vögel leben ihr Leben.
Alle Lebewesen leben ihr
Leben. Sie leben natürlich,
ehrlich und authentisch.

Was ist mit Dir?

Wach auf! Du bist frei.
Lebe Dein Leben.

Kostenlosen Katalog anfordern

Dauer - Magnete & ihre positive Wirkung auf den Energiefluss im Körper

Lebenskraft = Anziehungskraft für Gesundheit, Erfolg, Erfüllung ... für alles, was Du willst.

Energie ist gleich Leben, oder wie die alten Meister sagen, Qi oder Chi. Alles, was du tust, um deine Energie zu stärken, wird zu einer Zunahme deiner Lebenskraft führen. Chi, Lebenskraft braucht gesunde Energiekanäle, um darin frei zu fließen. Magnetismus unterstützt den Körper, gibt Signale, die Zellen werden erinnert an einen gesunden Ursprungszustand und die Energien kommen in ein natürliches Fließgleichgewicht. Mehr Vitalität ist die Folge.

Was ist das erste Anzeichen von Krankheit? Weniger LEBENSenergie. Magnetische Kraftfelder können unseren Körper positiv beeinflussen, Energien anregen (auch Ki, Qui, Prana genannt). Wenn diese Magnetkräfte jedoch unzureichend sind oder fehlen, dann kommt der Fluss der Lebenskraft ins Stocken.

Immer wieder wurde ich im Seminar gefragt, was es mit den Magneten auf sich hat, die unter meinen Füssen liegen. Hier noch mal die, wie ich meine, interessante Info: Es handelt sich um Keramik-Magnete mit 3950 Gauss Stärke. Vor ca. 4000 Jahren war das Magnetfeld der Erde 4000 Gauss stark, heute beträgt unser Magnetfeld nur noch 400! Gauss, also nur noch 10 %. Um zu leben, muss Energie in unserem Körper fließen. Je besser dieser Energiefluss funktioniert, um so gesünder und lebendiger sind wir. Auch Nikola Tesla wusste das.

Stell Dir vor, du hast einen Haufen Eisenspäne auf einem Blatt Papier zufällig verstreut. Wenn man jetzt ein Magnet unter das Papier hält, werden sich die Eisenspäne „organisieren" und sich in die Richtung der Kraftquelle anordnen. Das gleiche Phänomen findet in unserem Körper statt, rote Blutkörperchen (Eisen) werden positiv stimuliert in ihrer bioelektrischen ionischen Spannung.

Leben ist Energie. Energie ist Bewegung. Bewegung ist Veränderung.
Wer im Leben etwas bewegen und verändern will, der braucht Energie. Energie ist Leben. Je mehr Energie Du hast, desto lebendiger bist Du. Mehr Energie heißt, mehr frei fließende Lebenskraft in deinem Körper. Als du dieses Leben begonnen hast, warst du ausgestattet mit einer aufgeladenen Lebensbatterie - so voller Energie, dass es für die ganze Lebensreise reicht.

Leider lassen wir, geistig betrachtet, oft das Licht an (vieles Denken) und das innere Radio läuft die ganze Nacht weiter (Träume ohne Erholung), während unser Körper versucht sich im Schlaf zu regenerieren. Dann quälen sich viele Menschen durch den Tag und suchen nach künstlichen Wegen, den Körper zu stimulieren ohne zu erkennen, wie schwach die Lebensbatterie wird. Bis ihr Arzt sagt, ein Organ ist degeneriert aufgrund fehlender Energie. Wenn es zum organischen black out kommt, hört man selbst nichts mehr davon, denn dann ist man tot.

Deshalb haben die alten Qui Gong Meister die Menschen ermutigt, die lebensverlängernde Kunst zu lernen. Sie sagten und sagen noch heute, die menschliche Lebensbatterie ist eine Lebensessenz, auch jing genannt. Wir werden also mit pränatalem jing geboren. Das ist bei der Geburt vorgegeben und bestimmt unsere allgemeine Kondition. Es sagt auch einiges aus über Dispositionen zu Krankheiten, genetische Mitgift, Lebensspanne etc. Klingt ein bisschen wie schlechte Nachrichten, aber es gibt auch eine Gute!!!

Die gute Nachricht ist, dass es auch postnatales jing gibt, also Lebenskraft, die Du aufbauen kannst und so zu Deiner GrundEnergie hinzufügst. Ja richtig, damit hast du die Starterkabel gefunden. Dein postnatales jing addiert sich ständig zu deinem pränatalen jing. Solange, wie Du Deine Lebensbatterie auf diese Weise kontinuierlich auflädst, solange wirst du leben!! Dieses Aufladen nennt man die Kunst der Lebensverlängerung. Wissenschaftler haben herausgefunden, dass Tumorzellen im weiteren Wachstum aufgehalten werden, sich sogar verkleinern oder gar auflösen, wenn man den Magneten mit der Nordpolseite auf die tumorerkrankte Fläche hält. Mit anderen Worten, gesunde Zellen brauchen ein ausreichendes magnetisches Umfeld. Überall dort, wo man längere Zeit sitzt, könnten man seine Füße darauf „ausruhen“ (Reflexzonen) und so von der vitalisierenden Wirkung der starken Magnete profitieren. Das erlebe ich seit über 4 Jahren und kann es wirklich empfehlen. Der PH Wert des Körpers wird positiv beeinflusst, der Übersäuerung wird entgegengewirkt. Da einige Seminarteilnehmer mich gebeten haben, ihnen diese Magnete zu beschaffen, habe ich jetzt dafür gesorgt.
Ab sofort können 4.000 Gauss Magnete (jeweils als 1 Paar) bei mir bestellt werden.
403 Micro Tesla je Magnet 1 Tesla entspricht 10.000 Gauss, Größe 230 x 90 x 25,4 mm. Aus praktischen Gründen sind die Magnete auf eine Holzplatte aufgeklebt

Anwendungsmöglichkeiten

z. Bsp. darauf stehen wie beim Qui Gong
(Stehende Säule)
oder beim Sitzen beide Füße darauf „ausruhen“
 oder Seite 247

Atem ist Leben Luftionisierung, Sauerstoff und Vitalität

Wir können tagelang leben ohne zu trinken, wochenlang leben ohne zu essen, aber nur wenige Minuten leben, ohne zu atmen. Atem ist Leben – wie wir atmen, so leben wir. Aber auch, „was“ wir atmen, bestimmt den Grad unserer Wohlfühl- und Lebensqualität. Vielleicht kennst Du die Erfahrung wirklich „frischer Luft“ in den Bergen oder nach einem Sommergewitter?! Man atmet buchstäblich auf. Das Gegenteil ist sicher auch bekannt. Stickige, verbrauchte, „tote“ Luft in verkehrsreichen Lagen, in Lokalen oder in dem Raum, wo der Wäschetrockner läuft. Wusstest Du, dass in frischer Bergluft ca. 250.000-300.000 negativ geladene Sauerstoff-Ionen pro qcm Atemluft enthalten sind, und in muffigen Wohnzimmern oder im Autobahnstau nur noch 70!

Bis zu 4000 x mehr vitale Sauerstoffionen durch Ionengenerator. Was wäre, wenn Du der Lufterfrischung auf die Sprünge hilfst, genau dort, wo Du Dich am meisten aufhältst? Im Wohnraum und /oder bei Autofahrten. Die Technologie des Ionengenerators, in dem genau wie in der Natur der Sauerstoff, wie auch der Stickstoff in der Atemluft ionisiert wird, hilft dem gesunden, wie auch dem gestressten Menschen, seine Lebenskraft zu erhalten bzw. wiederzuerlangen, damit er ein vitales und aktives Leben führen kann. Welchen Nutzen bietet eigentlich ionisierter, aktiver Atemluft-Sauerstoff? Der neutrale Sauerstoff, den wir einatmen, ist „inaktiv“. Um in die Zelle zu gelangen, muss er im arteriellen System ionisiert werden, also zu aktivem Sauerstoff umgewandelt werden. Dieser Vorgang geschieht durch das Abspalten von Elektronen, die sich dann an andere Sauerstoff-Moleküle anlagern. Nur auf diese Weise kann das Sauerstoffmolekül in die Zelle gelangen. Mit unserem neuen Ionengenerator werden in der Ionisationskammer Bakterien, Viren und Krankheitskeime neutralisiert. Wie frische Bergluft zu Hause. Der Ionengenerator bietet Ihnen einen Mehrfachnutzen:

* Weltweit einzigartiges Gerät, das 250.000 Ionen pro Sekunde erzeugt
* Spürbare Verbesserung der Konzentrations- und Gedächtniskraft
* Mehr Arbeitsfreude und Wohlbefinden, mehr Leistungssteigerung und Kreativität
* Harmonisierung in Büro-, Praxen und Wohnräumen
* Vorbeugung gegen eine Vielzahl von Beschwerden
* Steigerung und Verbesserung des Immunsystems,
* Beseitigung bzw. Verminderung von Stressfolgen
* Verminderung von Kopfschmerzen und Migräne
* Steigerung der geistigen Aktivität beim Arbeiten

Leistung: Herstellung biologischer, gesunder Luft in Wohn- und Arbeitsräumen. Abbau hoher positiver Ionisation (statische Aufladung). Wiederherstellung elektrischer Felder im ausgeglichenen Verhältnis negativer zu positiver Ionisation. Erhaltung der relativen Feuchte im Raum.

Beste Luftqualität zu Hause und im Auto Das Gerät wird mit einem **Netzteil und** einem **Auto Adapter** ausgeliefert. Einzelpreis nur 49,90 EUR. incl Porto und versicherter Versand, 5% Rabatt ab 2 Bestellungen. www.lebedeinleben.de

Lebe Dein Leben, das geht nur, wenn Du gesund und vital bist

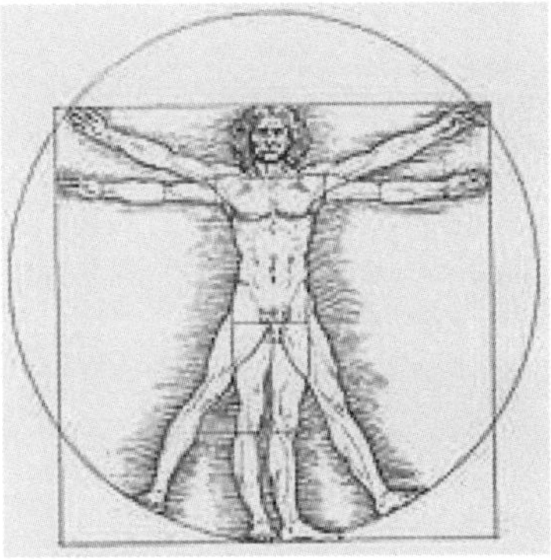

Gesund sein bedeutet auch, frei sein von krankmachenden Giftstoffen und alten Stoffwechselschlacken. Alle Krankheiten und auch das, was wir „Alterungsprozesse" nennen, sind, je nach „Schwere" Ausdruck der Vergiftung unseres Körpers und auch Zeichen dafür, wie wichtig körperliche und geistige Reinigung sind. Vergiftung, Verschlackung und Übersäuerung machen alt und krank oder krank und alt. Die gute Nachricht ist, das kann man in Selbsthilfe ändern.

Ewige Jugend - Verjüngung durch Entgiftung Teil I

Ein Erlebnis aus meiner Kindheit. Sehr gut kann ich mich noch daran erinnern. Ich war noch ein kleiner Junge und musste auch samstags zur Schule - gegen meinen Willen (Montag – Freitag war auch nicht freiwillig). Nun war ich gerade dabei ins Bad zu gehen, um mir die Zähne zu putzen, da klingelte es an der Tür. Mein Vater wurde von einem Bekannten abgeholt und der Bekannte „musste noch mal schnell aufs Klo". Also wartete ich mit dem Zähneputzen, bis der Mann „fertig" war. Als ich dann ins Bad ging, hat es gerochen, nein gestunken, als ob jemand gestorben war. So etwas schlimmes, nach Verwesung riechendes habe ich noch nie zuvor riechen müssen. Warum erzähle ich das hier? Nun, ein paar Jahre später war dieser Mann tot. Krebs. Irgendwie hab ich dann auch verstanden, warum und woran er starb…

Der Tod sitzt im Darm, so hört man viele Heiler sprechen. Wenn man diese Worte nicht nur hört, sondern auch versteht, dann weiß man, was man und wo man gezielt etwas für deine Gesundheit tun kann. Der im Darm lauernde Tod hat viele Helfer und Freunde, nämlich Krankheiten und Gifte. Unser Darm ist zu 80 % verantwortlich für ein gesundes Immunsystem, vorausgesetzt, der Darm ist selbst gesund und funktioniert optimal.

Gesundheitsprobleme? Gewichtsprobleme? Verstopfung? Energielos?

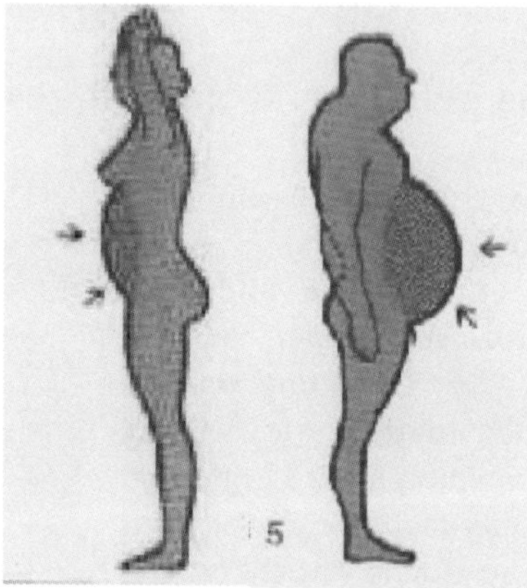

Der Tod sitzt im Darm
und die meisten Krankheiten auch

Gesunder Darm - gesunder Mensch
Hilfe durch natürliche Darmreinigung

80% der Menschen wären gesunder, schlanker und vitaler, wenn sie einen gesunden Darm, frei von Ablagerungen, hätten. Was ist das erste Zeichen von Krankheit? Keine Energie. Ist die Darmfunktion gestört, entstehen Energiemangel und Krankheiten. Das kann man leicht durch Selbsthilfe ändern. Lesen Sie selbst.

Als Kind habe ich einmal beobachtet, wie jemand eine Kastanie in den Auspuff eines Autos gesteckt hat. Als dieses Auto dann gestartet wurde, „hustete" der Motor kurz und ging sofort danach aus. Das gleiche passiert beim Menschen. Wenn die Ausscheidungskanäle verstopft sind, dann sind wir innerhalb weniger Tage tot.

Bei vielen Menschen sind diese Kanäle der Ausscheidung (Darm) verstopft, sie funktionieren falsch und zu langsam, was dazu führt, dass sich giftige Ablagerungen festsetzen. Wenn eine kritische Masse erreicht wird, werden wir krank.

Jeder Deutsche und Europäer trägt ca. 4-5 kg (manche bis 25 kg) toxischer festklebender Abfälle mit sich herum. Diese Krankmacher sind oft so fest und mit der Darmwand verklebt, dass sie Jahre und Jahrzehnte lang dort bleiben. Das ist nicht gesund! Das ist auch eine Hauptursache für die meisten Krankheiten unserer Zeit. Außerdem wölben sich diese Ablagerungen nach Außen (dicker Bauch durch feste Kotreste, Blähungen und chronische Entzündungen). Siehe Abb.2

Wie kommt es, dass so viele gesundheitliche Probleme (am Herzen, bei Krebs, Erschöpfung, Depression usw) ihre Ursache in der Verstopfung/ Verschlackung haben?

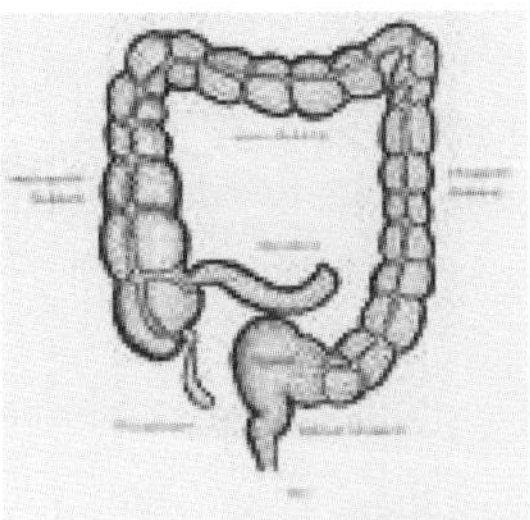

Der Dickdarm ist der „Nachbar" folgender Organe und Drüsen: Herz, Lunge, Leber, Galle, Magen, Nieren, Blase, Bauchspeicheldrüse, Milz, Gebärmutter, Prostata. Wenn es zu Verstopfung kommt und wenn sich im Dickdarm Ablagerungen ansammeln (oft über Jahrzehnte!), dann dehnt der Dickdarm sich an dieser Stelle aus und beeinträchtigt so das dort benachbarte Organ, die Nerven oder Gefäße. Mit Folgen!

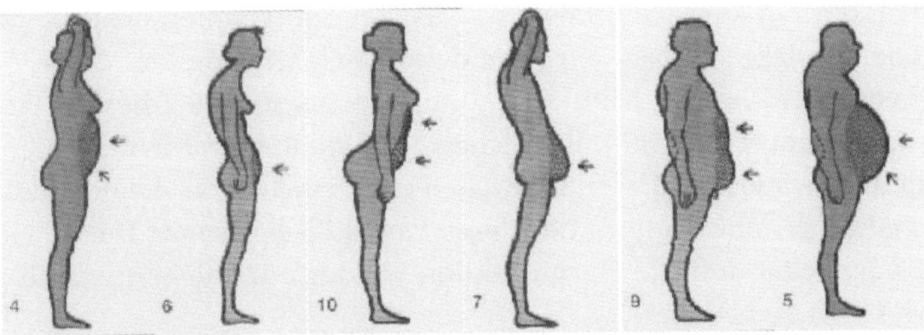

Bauchformen, 4-5kg feste Ablagerungen, Kot/Gasbauch

Wenn sich der Dickdarm aufgrund von Verstopfung an der Stelle des Herzens ausdehnt, dann drückt dort ein permanenter Störfaktor gegen das Herz und beeinträchtigt in dem Maße auch die Herz-Funktion. Wenn andere Organe „bedrückt" sind, zeigt sich diese Beeinträchtigung ähnlich. Dann treten alle möglichen Symptome auf und für jedes Symptom rennt man zu einem Spezialisten, der dann Herz oder Lunge behandelt, obwohl der Darm „drückt".

Wenn die wahre Ursache der Beschwerden in einem mit Toxinen belasteten und vergrößertem Darm liegen, dann muss der Darm entlastet, ja buchstäblich von krankmachenden Lasten befreit werden. Wenn am Auto die Öllampe leuchtet, dann schraubt man diese Warnlampe nicht heraus (Medikamente gegen „Etwas", um die Symptome abzustellen), sondern man versteht die Botschaft und tut das Notwendige. In den meisten Fällen ist es notwendig, das Falsche loszulassen. Am besten durch eine entgiftende Darmreinigung u. dann sorgt man für eine gesunde Darmfunktion.

Wie stark ist Ihr Immunsystem?

Gesundheit fängt im Darm an - 80% unseres Immunsystems liegen im Darm, der Darm ist unser größtes Immunorgan. Je natürlicher die Darmfunktion, desto stärker das Immunsystem.

Was ist optimale Darmfunktion?

Regelmäßiger Stuhlgang bedeutet, bei drei Mahlzeiten am Tag braucht es 3 x Stuhlgang. Pro Tag! Das heißt, die meisten Menschen haben im Jahr 700 x zu wenig Stuhlgang. 700 x zu wenig Entgiftung im Jahr. Das hält auf Dauer kein Körper aus. Selbstvergiftung macht krank.

Was kann ich für meinen Darm und für meine Gesundheit tun?

Der Körper heilt sich selbst, wenn wir das FALSCHE LOSLASSEN. (z. Bsp. feste, giftige Darmrückstände) Ein amerikanischer Arzt hat seit Jahrzehnten Heilerfolge mit einem Kräuterpräparat, dass einfach wirkt und zugleich günstig ist. Über 80 % seiner Patienten verlassen seine Klinik gesund, nachdem sie diese Darmreinigung durchgeführt haben. 80%! Egal mit welchen Krankheiten und Symptomen sie zu ihm kamen. Offenbar waren bei diesen Menschen die Ursachen der Leiden gleich – ein mit Toxinen verstopfter, entzündeter oder von Parasiten belasteter Darm. Nachdem die Entgiftung eingeleitet und die Darmfunktion wieder normalisiert wurde, begann der Körper, sich selbst zu heilen.

Zu dick? Zu schwer? Oder einfach nur verstopft?

Ein „dicker" Bauch ist nicht ein unbedingt „fetter" Bauch, sondern oft ein aufgeblähter Darm voller festklebender und verhärteter alter Schlacken (Gas/Kot-Bauch). Ein Mann aus Hawaii, der dieses natürliche Darm-Reinigungsprogramm durchgeführt hat, **„verlor" in einer Nacht** auf der Toilette **ca. 23 kg toxische Darmablagerungen**.
Eine schlanke Frau hat nach einiger Zeit Ausscheidungen gehabt, die sie so beschreibt: „Ein ca 150 cm langes, schwarzes, zugekleistertes gummiartiges Gewebe, ähnlich einem Schlauch oder einer Gummischicht, die die Form des Dickdarmes angenommen hat."

Darmreinigung leicht gemacht – mit bewährter Kräuter - Formula I + II

Teil 1 der Darmkorrektur stimuliert und stärkt die Darmperistaltik (Muskelbewegung des Darmes), stoppt übel riechende Verwesungszustände, desinfiziert und stärkt die Darmschleimhaut des gesamten Verdauungstraktes. Die meisten Anwender spüren diese Erleichterung oft schon nach wenigen Tagen und setzen die Kapsel-Kur fort.

Der zweite Teil des Reinigungsprogramms ist dafür da, die alten, an der Darmwand festklebenden Schichten und Rückstände zu lösen und auszuscheiden.

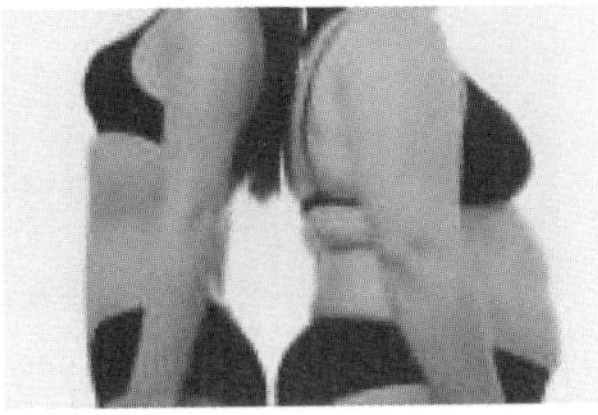

Flacher Bauch - Schlank(er) **durch Darmreinigung**

Positiver Nebeneffekt der Darmkorrektur: Ein Bauch OHNE alte, feste Darmablagerungen ist ein flacher(er) Bauch.Mehr Leichtigkeit. Abnehmen ist nur schwer möglich, solange Schlacken im Darm festsitzen. Mit der Darmreinigung werden diese Schlacken gelöst, man verliert totes Gewicht. Warum sollte man es sich im Leben unnötig schwer machen?

Innerer Frühjahrsputz für den Körper

Der Alterungsprozess und die Anfälligkeit gegenüber Krankheiten geht einher mit zunehmender Vergiftung und Verschlackung im Körper. Der Darm ist unser größtes Immunorgan, 80% des Immunsystems befinden sich im Darm. Je gesünder der Darm, desto stärker wirken Selbstheilungskräfte und die Regeneration der Zellen, was verjüngend wirkt.

Was bedeutet optimale Darmfunktion?

Wenn man Naturvölker, zum Beispiel Indianer im Amazonas besucht, also Menschen, die in nicht-industrialisierten Gebieten leben, ohne viel Stress mit ausreichender Bewegung und einfacher Ernährung mit natürlichen Nahrungsmitteln, wird man folgende Beobachtung machen: Diese entspannt lebenden Menschen mit ihrem einfachen Lebensstil haben ungefähr 20-30 Minuten nach einer Hauptmahlzeit ihren Stuhlgang. Und das geht ganz schnell. Sie brauchen nicht „drücken“, keine Magazine, um sich auf dem Klo die Zeit zu „vertreiben“. Also 2-4 Mal am Tag haben diese Menschen Stuhlgang, einen Gang für jede Hauptmahlzeit. Die meisten Menschen in Amerika oder Westeuropa sind froh, wenn sie das in einer Woche fertig brächten. Bitte anschnallen: natürlich ist, 3 Mahlzeiten am Tag bedeutet 3 x Stuhlgang am Tag! Weniger als das heißt, Darmträgheit.

Das heißt, die meisten Menschen haben **700 x zu wenig Stuhlgang pro Jahr**. Da sammelt sich etwas im Körper an, was längst hätte ausgeschieden werden sollte. Ein verstopfter Darm (voll mit giftigen Substanzen) neigt dazu, den Organismus zu schwächen, denn Toxine die nicht ausgeschieden werden können, verursachen eine ständige Selbstvergiftung.

Der Dickdarm besteht aus einem aufsteigenden, einem querliegenden und einem absteigenden Teil und ist der „Nachbar" folgender Organe: Herz, Lunge, Leber / Galle, Magen, Nieren, Blase, Milz, Bauchspeicheldrüse. Wenn es zu Verstopfung kommt und wenn sich im Dickdarm Ablagerungen ansammeln (manche über Jahrzehnte!), dann dehnt der Dickdarm sich an dieser Stelle aus und beeinträchtigt so das dort benachbarte Organ, Nerven oder Gefäße. Wenn der querliegende Dickdarm aufgrund von Verstopfung oder Verkrustung sich an der Stelle des Herzens ausdehnt, dann drückt dort ein permanenter Störfaktor gegen das Herz und beeinträchtigt in dem Maße auch seine Funktion. Bei allen anderen Organen zeigt sich diese Beeinträchtigung ebenfalls. Dann treten alle möglichen Symptome auf und für jedes Symptom rennt man zu einem Spezialisten. Ist das Herz betroffen, folgen womöglich Herzmedikament, ist es die Leber oder der Magen, dann werden diese gezielt medikamentös „Behandelt". Aber wenn die Ursache ein sich vergrößernder Dickdarm ist, dann muss der Darm entlastet werden! Wenn am Auto die Öllampe leuchtet, dann schraubt man diese nicht heraus (Medikamente, die Symptome abstellen), sondern man versteht die Botschaft und tut das Richtige.

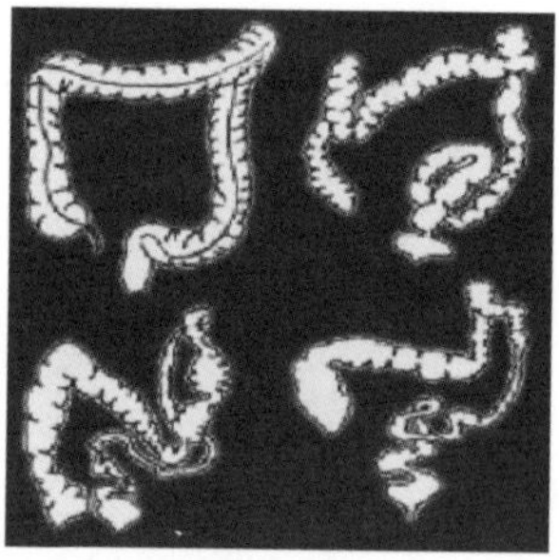

Gesunde (oben links) und deformierte Dickdarmformen

Superfood

Richtig ist auch die optimale Nährstoffversorgung, denn viele Menschen „verhungern" mit dickem Bauch. Sie essen zuviel vom Falschen und zu wenig vom Richtigen. „Superfoods" nennt man Nahrungsmittel, die für die körperliche und mittelbar auch geistige gute Verfassung des Menschen von Vorteil sind. Superfoods besitzen einen sehr hohen Nährstoffgehalt. Es handelt sich bei Superfoods immer um Naturprodukte, die sich bereits seit vielen Jahren bewährt haben. In ihrer Wirkung haben sie gegen-über herkömmlichen Nahrungsmitteln und künstlich hergestellten Nährstoff-präparaten eindeutige Vorteile. Superfoods sind Getreidegräser, Mikroalgen, wie Spirulina Chlorella und auch AFA-Algen. Eine bewährte Kombination mit über 30 jähriger Erfahrung. Natürlich in BIO-Qualität und aus Wildpflanzenernte. So versorgt man seinen Körper bestens mit wichtigen Minaralstoffen und Spurenelementen.

Zu dick? Zu schwer? Oder einfach nur verstopft?

Deformierungen / Verstopfungsformen des Dickdarms

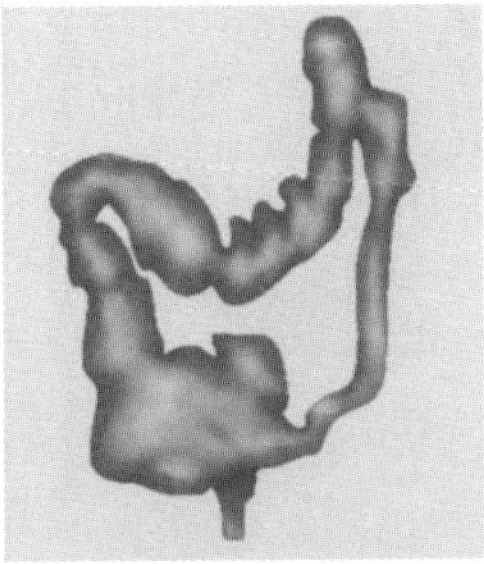

Unregelmäßiger Lebensrythmus

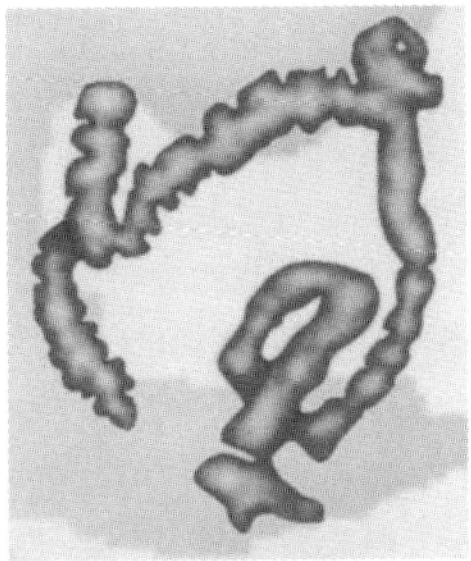

Unregelmäßiger Lebensrythmus

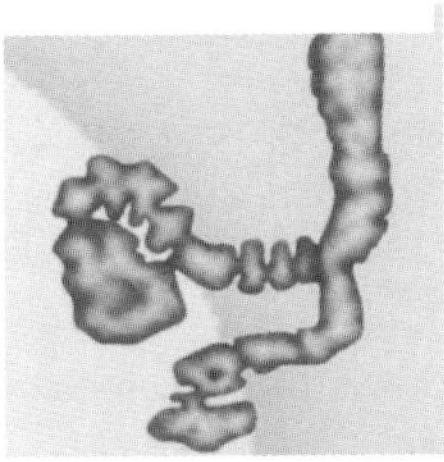

zu langes Sitzen, Bürotätigkeit

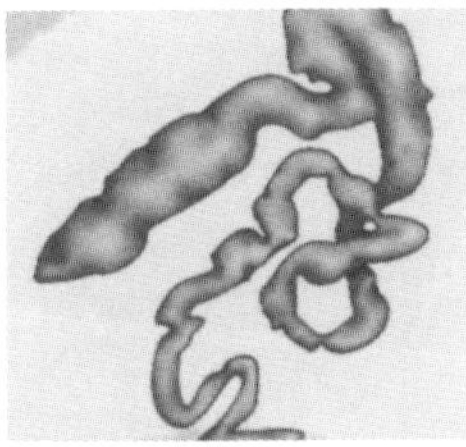

Mangelnde körperliche Bewegung

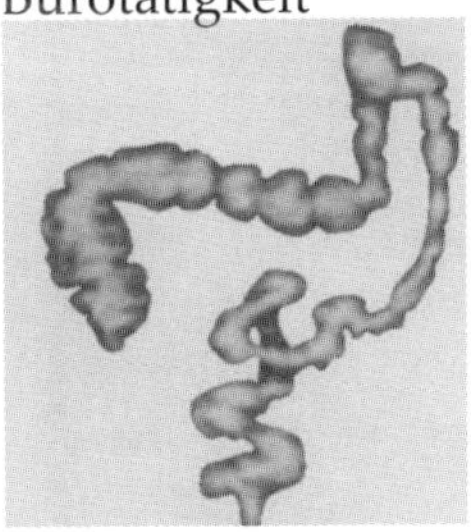

Dehydration

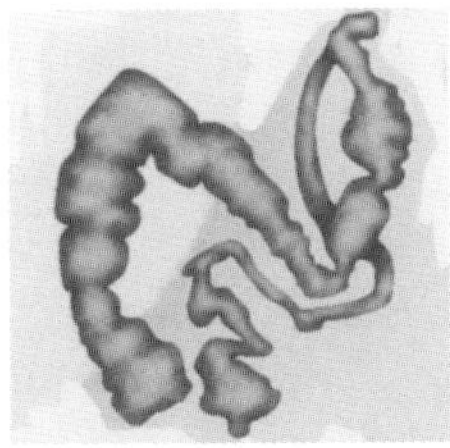

Überernährung, Völlerei

Eine wahre Geschichte
Ein Hawaiianer, der das entwickelte und sehr empfehlenswerte Darmreinigungsprogramm durchgeführt hat, **„verlor" in einer Nacht** auf der Toilette **ca. 25 kg toxische Darmablagerungen**.

Das entspricht in etwa 2, 5 vollen Wassereimern oder wie in diesem Fall, 2 einhalb Eimer alter Kotreste.

Mit anderen Worten, ein dicker Bauch heißt nicht ein unbedingt fetter Bauch, sondern möglicherweise ein Darm voller alter, festklebender und oft sehr verhärteter Fäkalien. Raus damit!

Aber auch „Schlank-sein" (wie im gleich folgenden Beispiel) ist keine Garantie dafür, dass der Darm frei ist von Parasiten, Entzündungen oder toxischen Ablagerungen. 98% der Menschen leiden an chronischer Verstopfung. Und zwei Prozent leiden an chronischer Darmentzündung – sie haben immer Durchfall. In diesem Fall empfiehlt sich gleich mit dem Darmprogramm Nr. 2 zu beginnen (siehe letzte Seite).

Die Zivilisation aus dem Darm „entfernen"

Eine schlanke Frau hat nach einiger Zeit Ausscheidungen gehabt, die sie so beschreibt: „ Ein ca. 150 cm langes schwarzes, zugekleistertes gummi-artiges Gewebe, ähnlich einem Schlauch oder einer schlangenartigen Gummischicht, die die Form des Dickdarmes angenommen hat, bestehend aus „ich will das lieber nicht beschreiben". Als ob sich mein Darm gehäutet hat mit dieser Reinigung. Dieser gummiartige Überzug machte es dem Darm unmöglich, Nährstoffe aufzunehmen. Deshalb ist es ratsam, vorher den Darm zu reinigen und erst DANACH mit aufbauenden Nahrungsergänzungen zu beginnen. Sonst kauft man gute Sachen für nicht wenig Geld und produziert nur teuren Urin aufgrund eines verklebten Darmes, der nicht fähig ist, die Nährstoffe im gewünschten Maße aufzunehmen.

1,50 m lange Darmausscheidung die durch diese Darmkorrektur gelöst wurde

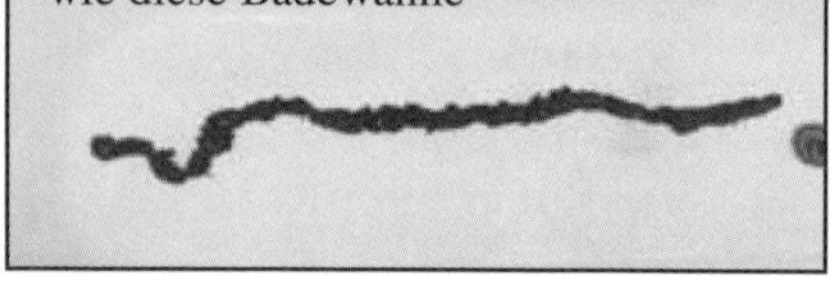
Bild: Darmausscheidung fast so lang wie diese Badewanne

Diese Ablagerung war viele Jahre im Darm der Patientin. Überreste, die nicht komplett ausgeschieden werden, kleben am Darmgewebe fest. Deshalb sah diese Ausscheidung so aus wie der Abdruck eines Dickdarms. Diese Ablagerungen können sich für Jahrzehnte fortsetzen und dazu führen, dass die Durchlässigkeit des Darmes immer mehr eingeschränkt wird. So wie Arterien verstopfen oder alte Wasserleitungen sich durch Rost und Ablagerungen zusetzen, so wird der Darmdurchmesser immer geringer. Verstopfung ist eine sich fortsetzende degenerative Krankheit, die oft dazu führen kann, dass der Darm sich vollständig verschließt und es zu Darmerkrankungen kommt, die zu Krebs und zum Tod führen. Manchmal löst sich bei der ersten Darmreinigung sehr viel, manchmal braucht es mehrere Reinigungen, je nach Gesundheitszustand und „Vorgeschichte und Ernährungsgewohnheiten. Zu der Ausscheidung im Bild kam es nach wiederholten Darmreinigungen. Die Person, die diese Ausscheidung (Bild) hatte, ist jetzt gesund, ihr Unterbauch ist wieder flach, nachdem er 10-15 Jahre "ausgeweitet" war durch feste Darmablagerungen.

Weisheit des Körpers

Unser Körper hat eine Blaupause, ein Schema von dem, was vollkommene Gesundheit bedeutet und er weiß genau, wie dieses Ziel zu erreichen ist. Alles, was es von unserer Seite braucht, ist ein wenig Unterstützung, in dem wir einen gesunden Lebensstil schaffen, und dann beginnt das Wunder der Heilung. Der Körper hat einen Stoffwechsel vergleichbar mit einem Automotor. Wir versorgen ihn mit Benzin (Nahrung), der Bordcomputer (Gehirn) sorgt für die Abstimmung der einzelnen Prozesse, das Benzin wird durch eine Benzinpumpe (Herz) gepumpt: Wir haben ein elektrisches System (Nerven), einen Ölfilter (Leber) und einen Auspuff, um das verdaute und Stoffwechselschlacken zu eliminieren (Darm). Jedes Organ, ja jede Zelle im menschlichen Körper nimmt Energie auf um zu funktionieren und eliminiert das, was nicht mehr gebraucht wird.

Unser Darm hat dabei die größte Aufgabe, all die verdauten Nahrungsreste wieder abzugeben. Als Kind haben wir manchmal eine Kartoffel in den Auspuff eines Autos gesteckt und gewartet, was passiert. Wenn das Auto gestartet wird, läuft es nur für ein paar Sekunden, bevor der Motor ausgeht. Das gleiche geschieht mit unserem Körper. Wenn der Darm seine Funktion des Loslassens nicht erfüllen kann (totale Verstopfung), sterben wir innerhalb weniger Tage. Bei den meisten Menschen ist die Darmfunktion gestört, träge und eingeengt, was dazu führt, dass die Abfälle und Toxine im Körper verharren und ihn mit Giftstoffen überfluten. So lagern sich diese giftigen Abfälle – genannt Fäkalien – im gesamten Körper ab, im Fettgewebe, in den Muskeln, Organen, in jeder Zelle. Im Durchschnitt trägt ein Amerikaner oder ein Westeuropäer ständig ca. 3-5 kg teilweise uralter giftiger Fäkalien mit sich herum. Das ist nicht natürlich und auch nicht gesund, leider aber normal. Wenn die eingelagerten Gifte und Abfälle einen kritischen Level erreichen, folgen daraus fast alle uns bekannten Krankheiten. Die schwächsten Organe und Zellen erkranken und sterben ab. Man hat bei einer Obduktion eines Mannes sage und schreibe über 25 kg fester Fäkalien im Darm gefunden

Wenn man die Motorhaube eines alten VW Käfer oder Trabant öffnet, dann sieht man alle Teile, die den Motor ausmachen und man erkennt auch, dass noch sehr viel Platz zwischen den einzelnen Teilen vorhanden ist. So kann man beim Trabi leicht mit dem Werkzeug an alle Stellen gelangen und selbst reparieren. Es war viel leerer Raum um die Motorteile. Bei einem Passat oder BMW Baujahr 2010 sieht es unter der Motorhaube ganz anders aus. Alles ist so aufeinander abgestimmt, dass kaum ein Finger zwischen die Einzelteile passt – der vorhandene Raum wird optimal ausgenutzt und es gibt keinen Platz für „Fremdkörper". Was hat das Autobeispiel mit dem Dickdarm zu tun? Im menschlichen Körper wird der „Raum" optimal genutzt. Alles ist aufeinander abgestimmt und liegt dicht nebeneinander. Organe, Blutgefäße, Nervenbahnen befinden sich eng nebeneinander. Wenn jetzt „Fremdkörper" Platz beanspruchen, dann auf Kosten von Organen, Blutgefässen, Nerven. Organe werden eingeengt und in ihrer Funktion gestört, Blutgefässe und Nerven können gequetscht werden.

Viele Menschen gehen mit ihrem Auto besser um wie mit ihrem Körper. Schließlich will man das Auto noch gebraucht in Zahlung geben für ein Neues. Wenn im Auto die Öllampe leuchtet, dann schraubt man diese nicht heraus (Medikamente, die Symptome abstellen), sondern man versteht die Botschaft und tut das Richtige. Wenn im menschlichen Körper ein Warnsignal erscheint, dann betäubt man dieses mit einem Schmerzmittel, oder man erkennt die Ursache und tut, was zu tun ist.

Was kann ich für meinen Darm tun?

Ein amerikanischer Arzt hat seit Jahrzehnten Heilerfolge mit einem Kräuterpräparat, das einfach wirkt und zugleich günstig ist. Über 80 % seiner Patienten verlassen seine Klinik geheilt, nachdem sie diese Darmreinigung durchgeführt haben. 80%! Egal mit welchen Krankheiten und Symptomen diese Menschen zu ihm kamen. Offenbar waren bei diesen Menschen die Ursache ihrer Leiden gleich – ein mit Toxinen verstopfter, entzündeter oder von Parasiten belasteter Dickdarm. Darmreinigung Nr I und Nr II sorgen für eine natürliche Darmfunktion und befreien den Darm von Altlasten. Das Darmprogramm kann im normalen Tagesablauf verwendet werden. Sie müssen dafür keine speziellen Diäten und Fastenkuren durchführen. Mit der Formel 1 wird die Darmtätigkeit angeregt, Entzündungen im Darm klingen ab, Verstopfungen werden behoben und ein regelmäßiger Stuhlgang stellt sich ein. Ziel ist die Funktion eines gesunden Darmes: Pro Mahlzeit ein Mal Stuhlgang.

Nachdem über diesen regelmäßigen Stuhlgang schon große Mengen an alten Darmablagerungen aus dem Körper entfernt wurden, wirkt nun zusätzlich die Formel 2 wie ein „Staubsauger“. Ablagerungen und Giftstoffe, die seit langer Zeit in den Nischen des Darmes gelagert haben, werden von dieser Formel 2 gebunden und abtransportiert. Viele Patienten spüren eine Entlastung fast unmittelbar, da Lebensenergie und Wohlbefinden zurückkehren.
Ein träger Darm kann erstaunliche Mengen von altem und toxischem, fäkalen Material enthalten. Diese Ablagerungen sind oft die wahren Ursachen von Unwohlsein und Krankheit. Bei vielen Menschen ist also die Säuberung und Entgiftung des Darms der erste Schritt für eine Wiedererlangung von Gesundheit und Wohlbefinden.

Als der Naturarzt seine Praxis eröffnete (1979), kamen Patienten mit allen möglichen Krankheiten und Schmerzzuständen zu ihm. In jedem einzelnen Fall begann seine Therapie damit, eine BASIS zu schaffen. Das heißt, egal welches Gesundheitsproblem vorlag (Herz-/Atem-/Kreislauf-/Hauterkrankungen usw., Krebs), 80 % der Patienten konnten nach der Darmkorrektur (Formula I und 2 und nach erfolgreicher Darmreinigung das spezielle Superfood) die Praxis als geheilt verlassen, all ihre Krankheiten waren ursächlich die Selbstvergiftung oder Verstopfung im Darm (der, wenn verstopft, gegen andere Organe drückt und deren Funktion behindert bzw. einschränkt). Und viele seiner Patienten sahen bereits in den ersten Wochen dramatische Ergebnisse im Wiederkehren ihrer Gesundheit – einfach durch die Entschlackung. „Egal welches gesundheitliche Problem sie haben", so der Naturarzt, „beginnen sie mit der Darmkorrektur. In dem Maße, wie ihr Körper diese alten Schlacken und Gifte ausscheidet, kehrt Vitalität in sie zurück."

Die Darmoberfläche mit all ihren Darmzotten ist so groß wie ein Fußballfeld - da kann man viel Müll ablagern. Und wenn man sich die „westliche Lebensweise" anschaut, dann ist diese Darmkorrektur ein buchstäbliches Aufatmen für den Körper.

So wie die Haut atmet, so nimmt der Darm Nährstoffe auf. In dem James Bond Film Goldfinger wurde eine Frau am ganzen Körper mit Goldfarbe bemalt. Das Ergebnis – sie starb einen Erstickungstod, denn die Hautatmung ist ebenso wichtig wie die Atmung mit der Lunge. Wenn unser Darm verklebt ist, egal ob mit „Gold" oder mit Fäkalrückständen, dann kann er nicht funktionieren - und wir auch nicht.

Kräuter Formula Darmgold I und II zur Darmreinigung

Der zweite Teil des Reinigungsprogramms ist dafür da, die alten, an der Darmwand festklebenden Schichten und Fäkalrückstände zu lösen und auszuscheiden. Teil 1 der Darmkorrektur stimuliert und stärkt die Darmperistaltik (Muskelbewegung des Darmes), stoppt übel riechende Verwesungszustände, desinfiziert und heilt die Darmschleimhaut des gesamten Verdauungstraktes. Der zweite Teil wiederum mit den Bestandteilen von Bentonite -Ton und Weiden-Holzkohle sorgt dafür, alte Rückstände von den Darmwänden zu entfernen und auszuscheiden. In diesem Prozess werden Gifte, Antibiotika-Rückstände, Schwermetalle wie Quecksilber (angereichert im Darm aus Amalgamfüllungen der Zähne) gelöst und ausgeschieden. Außerdem ist diese „Mischung aus Kräutern bekannt dafür, über 3000 bekannte Medikamentenrückstände hinauszubefördern. Oft werden mit der Darmkorrektur nicht nur alte Verdauungsreste ausgeschieden, sondern auch Parasiten (u.a. Würmer).

Für jeden Euro/Dollar, den man im Bio oder Naturkostladen für sich selbst ausgibt, für jeden Euro/Dollar gehen der Pharmalobby 20 Euro/Dollar verloren. Denn wer auf sich achtet, der vermeidet Krankheiten durch eine gesunde Lebensweise. Das heißt auch, wenn das Gesundheitssystem nicht mehr bezahlbar ist (weil es ein Krankheitssystem ist), dann werden sich viele nicht mehr leisten können, krank zu werden. Wenn man das Rechenbeispiel von eben nimmt, dann wird Krankheit 20 x teurer und 100 Mal unangenehmer als Gesundheit.

Gesundheitliche Befreiung ist auch geistige Befreiung – und umgekehrt

Vergangenheit loslassen - auf der Toilette. Mit dem Gang zur Toilette kann man buchstäblich eine Menge loslassen. Altes Zeug, die Sch von gestern und vorgestern. Darmentleerung bedeutet auch, tote alte Dinge loszulassen, denn geistig gesehen ist der Darm der Sitz der Vergangenheit. Unverdaute Erfahrungen oder ungelöste Konflikte hängen oft über Jahrzehnte als „manifestierte" Verkrustungen im Darm und in den Darmzotten fest und stören und vergiften so 24 Std. am Tag den gesamten Organismus und unser Wohlbefinden. Hier noch mal eine kurze Zusammenfassung.

Erfahrungsberichte mit der Darmreinigung (Darmgold)

Das erste Mal, wie ich Nr. 1 einnahm, bekam ich ein ganz wohliges Körpergefühl. Auch wurde der Stuhlgang leichter. Ich spürte, da tut sich was. 2. Woche bei Nr. 2 spürte ich nicht viel, außer, ich hatte überhaupt keinen Hunger mehr. Diese Einnahmen waren für mich wie eine Mahlzeit. Ganz liebe Grüße Waltraud aus Österreich

Stuhlgang klappt ausgezeichnet. Danke für den Tipp. Das ist es, was ich schon lange gesucht habe. Annett aus Gera

Endlich etwas, das hilft. Stuhlgang nach jeder Mahlzeit. Toll. Maren aus Düsseldorf

Habe etwas an Gewicht verloren, meine Hosen rutschen, schlafe manchmal etwas besser, mein Bauch ist flacher, ja, das alles ist mir aufgefallen. J. aus Leipzig

Hatte bisher 1x wöchentlich Stuhlgang, manchmal auch erst nach 10 - 15 Tagen. Seit den Kapseln zuerst 1x täglich, nach 4 Tagen 2x täglich - durchweg - bis heute- (auch mit Kaffee und Schokolade). Das ist pure Befreiung nach 25 Jahren Verstopfungsproblemen. T. aus Leipzig

Ich fühle mich befreit. Es hat sich eine Regelmäßigkeit eingestellt. Vorher 1x am Tag, jetzt 2-3x. Und das Beste: Mein Bauch ist viel flacher geworden. Keine Blähungen mehr, irgendwie fühlt sich mein Körper leichter und wohlig an. Ich bin jetzt viel lieber "in mir drin"! Danke für diese tolle Erfahrung. Kann ich unbedingt empfehlen. Liebe Grüße Christine aus Berlin

Monats-Kuren für die Darmreinigung schon ab je 73,60 € (Formula 1 und 2 zusammen).

Bestellung: Marco Leonardo Tel. 0340-6612460 e mail lebensschule@gmx.de www.lebedeinleben.de shop

Bestell – Coupon, bitte zutreffendes ankreuzen Hiermit bestelle ich:

Anzahl

( ) Buch Lebe Dein Leben, je 19,80€, 3-5 B=20%, 6-10 B 30%, ab 11 B. 40%
( ) Buch Lebensschule für Kinder, je 14,80 €
( ) Bewusstheit befreit, je 19,80 €
( ) Buch Ewige Jugend Jetzt – nur in Verbindung mit dem Seminar
( ) Grußkarten mit Zitaten – kostenloser Katalog
( ) Magnete 89 € pro Paar
( ) CD Zeit für mich selbst, je 12 €, ab 2 CDs 10% Ersparnis
( ) Darmreinigung Darmgold 1 je 36,80€ (Darmgold 1 + 2 gehören zusammen)
( ) Darmreinigung Darmgold 2 je 36,80€ (Darmgold 1 + 2 gehören zusammen)
( ) Superfood – Vitalstoffe z. Energieaufbau 56€ / Monatsdosis oder **kostenlose Info**
( ) Seminarinformation Lebe Dein Leben
( ) Seminarinformation Ewige Jugend
( ) Seminarinformation Lebenswegplanung für Jugendliche
( ) Seminarinformation Ausbildung zum Universalberuf

Vorname..Name....................................

Strasse...PLZ............Ort........................

Tel. ..../............................ e mail ....@..

Datum..Unterschrift.............................

Wem wünschst du noch, wirklich befreit(er) zu leben? Hast du Freunde oder Bekannte, die an dem Seminar LEBE DEIN LEBEN/Ewige Jugend interessiert sind oder den Wunsch haben, eine Lebensschule aufzubauen? Gern sende ich Seminarunterlagen Lebe Dein Leben/ Ausbildung. zum Lebenslehrer + Ewige Jugend auch an folgende Anschrift:

Vorname Name Str. PLZ Ort e mail

....

....

....

Bestellungen per Telefon 0340 6612460, per Fax 0911-30844-80086
per Post an Marco Leonardo, Heinz Röttger Str.1, 06846 Dessauonline
www.lebedeinleben.de, per e mail an **lebensschule@gmx.de**

Bildnachweis Wach auf und Lebe Dein Leben

Seite 226 Fotalia Fotolia_27518805_XS Tafel Bildung www.lebedeinleben.de
Seite 227 Fotalia Fotolia_5169816_XS Schüler www.lebedeinleben.de
Seite 237 und 239 Fotalia
alle anderen Foros Marco Leonardo